학생부 종합 전형 A to Z

'깜깜이 전형', '금수저 전형', '현대판 음서제' 학생부 종합 전형을 둘러싼 수식어들이다. 최근 국정감사에서도 이 문제가 수면 위로 드러났다. 모 의원의 지적에 따르면 서울대에 합격한 학생의 생활기록부 중 교내 수상이 평균 27개라고 한다. 3년 학교생활 동안 한 달에 1개 씩 상을 받았다는 것인데 일반적인 학생이라면 도저히 불가능한 일이다.

이처럼 학생부 종합 전형을 둘러싼 수험생, 학부모들의 고민은 날로 깊어만 가고 답답한 마음에 없는 돈, 있는 돈 모아 사교육 업체의 문을 두드리거나 주변의 선배들 조언을 구한다. 하지만 학교, 과목별 선생님, 대학에 입학한 선배, 사교육 업체 등 모두의 말이 어찌나 다른지, 안 듣는 것만 못하고 머릿속은 복잡해진다.

이것이 아마 대다수 학부모와 학생들의 마음일 것이다. 이 책을 발간하게 된 계기도 수험생들과 학부모의 이런 문제를 해결하는데 도움을 주고 싶었기 때문이다. 필자가 전국에서 최상위권 외고, 국제고, 의대생부터 최하위권 학생들까지, 그리고 '수시'라는 이름의 모든 전형/유형의 수많은 학생을 가르치고 압도적으로 합격을 시킨 경험과 실력을 바탕으로 그들의 궁금증을 절실히 해결하고자 이 책을 쓰게 되었다.

이 책은 아래와 같은 5가지 문제의식에 기반을 두고 철저히 수요자인 '수험생'을 위해 집필했다.

첫째, 비용을 들이며 컨설팅을 받지 않고도 6개 대학 선정을 잘 할 수 있을까?

둘째, 쓸데없는 정보를 빼고 수험생들에게 필요한 정보만 줄 수는 없을까?

셋째, 자소서, 누군가의 도움을 받지 않고도 혼자서 작성할 수 없을까?

넷째, 인터넷에 떠도는 합격자 자소서, 그들은 왜 합격했고 나는 불합격했을까?

다섯째, 면접, 어떻게 하면 스스로 준비할 수 있을까?

책을 접한 순간 이와 같은 궁금증은 모두 해결될 것이다.

이 책은 '뻔한' 자소서 서적과는 차원이 다르다. 나는 여기저기서 있는 경력, 없는 경력 갖다 붙인 '스펙'과 학벌을 내세우지도 명문대 합격자 자소서를 짜깁기하지도, 원론적인 원칙과 궤변을 늘어놓고 싶지도 않다. 오직 학생들에게 도움이 되기 위해 집필을 결정한 만큼 실질적으로 도움이 될 수 있는 노하우를 아낌없이 방출할 것이다 (하지만, 쉽고 재밌을 것이다).

나는 여러분들 앞에서 '학생부 종합전형'에 대한 가치판단을 하고 싶지 않다. 가치판단은 여러분들의 몫이고 선생으로서의 나는 이미 정해진 입시 정글 속에서 경쟁에서 돈이 아닌 '실력'으로 살아남는 법을 가르치는데 집중하려 한다. 정책에 대한 것은 '그들'의 몫이다.

내가 실력으로 이 시장에서 살아남았듯 여러분들도 최소한 입시 동안에는 'WHY'를 치열하게 고민하되 경쟁에서 살아남기 위해 노력해 주었으면 좋겠다. 그리고 내가 만든 회사의 이름처럼 '자소서로 자수성가'하길 바란다.

이 책이 나올 수 있도록 조언을 아끼지 않으신 권의현 강남삼성학원 원장님과 김영민 부원장님 그리고 학생 저자로서 작업에 참여한 김지민 학생에게 감사의 인사를 전한다.

그리고 이 책의 출간을 허락해준 화산미디어 현근택 사장님과 관계자 여러분에게 다시한번 고마움을 전한다.

끝으로, 이 책을 보는 여러분 모두가 행복했으면 좋겠다. 여러분들의 꿈과 앞날을 진심으로 응원한다.

자소서로 자수성가하길 바라며
저 자 김영진

차 례

학생부 종합전형 A to Z

PART 01 **컨설팅편**

학생부 종합전형 A to Z

PART 02 　자소서편

학생부 종합전형 A to Z

PART 03 　면접편

특별부록: 재외국민 특례전형편

컨설팅편

선생님, 질문 있어요!

이 장은 성격 급한 당신을 위한 장이다. 학생부 종합 전형의 준비를 결정한 당신. 시간은 없고 성격은 급하고 여러 가지 궁금한 점이 있을 것이다. 그래서 자주 하는 질문들 몇 가지를 모아보았다. 너무 급하고 바쁜 친구들, 이 질문만 우선 보고 가자(하지만 책 끝까지 다 안 보면 후회할걸).

수험생이 자주 하는 질문은 이렇다!

◎ 1 컨설팅 꼭 받아야 하나요?

이 내용은 바로 다음 장에 꽤 비중 있게 하나의 독립된 챕터로 다룰 것이다. 결론부터 말하면 정답은 'NO'이다.

전국 각지에서 컨설팅을 받고자 모인 수험생과 학부모들 때문에

8월에만 가면 대치동 입시 학원들은 문전성시를 이룬다. 학생들은 다른 친구들이 받으니까 불안해서, 그리고 부모들은 컨설팅을 안 받으면 내 아이가 뒤처질까 봐 너도나도 컨설팅 업체의 문을 두드린다. 또 여러 사교육 업체들은 작년 합격률과 현란한 말솜씨로 당신들을 홀린다. 하지만 컨설팅보다 중요한 것은 나의 '실력'이다. 컨설팅받을 시간에 실력이나 올리라고 말하는 것이 아니다. 컨설팅이 '만병통치약'이 아니라는 것이다.

또한, 학원에서 말하는 입시 정보라는 것은 누구나 다 접근할 수 있다. 너무나 많은 정보가 존재하는 것이 문제고 이 정보 속에서 올바르게 판단할 수만 있다면 컨설팅은 굳이 받지 않아도 여러분들이 좋은 전략을 설계할 수 있을 것이다. 그 방법에 대해선 바로 뒤 챕터에서 공개하겠다.

◎ 2 내신이 안 좋으면 학생부 종합에 지원 불가능한가요?

NO. 내신이 안 좋다고 해서 학생부 종합에 지원 불가능한 것도 아니며 내신이 좋다고 해서 학생부 종합 전형에 적합한 것도 아니다. **학생부 종합은 내신 + 학교생활 기록부 + 자기소개서, 이 3가지를 종합적으로 판단하는 전형**이다. 그렇기에 내신이 낮은데 본인의 생활기록부 내용이 많이 부실하다면 지원이 힘들 수는 있겠지만 내신이 낮다고 해서 무조건 학생부 종합전형을 포기할 필요는 없다.

◎ 3 합격의 당락에 자소서가 중요한가요?

반은 맞고 반은 틀린 이야기이다. 대부분의 학생부 종합전형에는 자소서가 있다. 자소서를 학교에서 요구하는 목적은 학교생활기록부와 내신으로 확인할 수 없는 여러분들의 이야기를 듣고 싶어서다. 즉, 자소서만으로 합격의 당락을 결정하는 것은 아니며 또 반대로 자소서가 합격에 아무런 영향을 미치는 것도 아니다. 자소서는 절대적이진 않지만, 어느 정도는 큰 영향을 미친다.

단, 자소서만으로 대학을 갈 수 있다는 학원 및 업체가 있다면 믿고 거르기 바란다. 그런 일은 있을 수 없다. 학부모와 학생들도 현명한 판단을 하시길.

◎ 4 자소서 첨삭 꼭 받아야 하나요?

첨삭을 꼭 받아야 한다고 말하기는 어렵다. 다만, 학교 선생님이나 선배 등 믿을만한 누군가에게 자신의 자기소개서에 대한 객관적인 피드백을 듣는 것은 분명 필요하다. 또한, 첨삭보다 중요한 것은 무엇보다 본인의 자소서가 문항에서 요구하는 내용과 부합하게 정확히 썼는지를 확인하는 것이다.

문항의 출제 의도에 맞게 본인의 이야기를 진솔하고 정확하게 쓰는 것이 첨삭보다 더 중요하다. 마지막으로 만약 첨삭을 받는다면 여러 명에게 물어보지 말고 믿을 만한 1~2분에게 받는 것이 좋다.

◎ 5 유사도 검사가 무엇인가요?
첨삭 받으면 유사도 검사에 걸리나요?

유사도 검사란 대학에서 대필 등의 행위를 방지하기 위해 기존의 표본들과 지원자의 자소서의 유사도를 검사하는 것이다. 당연히 일정 수준의 유사도를 넘기게 되면 대학에서는 이를 의심해 지원자에게 소명을 요구하거나 심한 경우, 입학이 취소될 수 있다.

정확히 말하면 첨삭 받으면 유사도 검사에 걸리는 것이 아니라 본인이 기존의 내용을 참고해 짜깁기해서 썼기 때문에 걸리는 것이다. 또한, 대부분 학생과 학부모들이 1%의 유사도만 나와도 안절부절못하는 경우가 많은데 5% 미만의 유사도라면 전혀 걱정할 것이 없다. 유사도라는 것은 '~ 것이다', '했다' 등의 조사가 유사한 것도 유사도에 포함되니 일정 정도의 유사도는 당연하다. 너무 걱정하지 마시길.

〈유사도 검사는 이렇게〉

유사도 검사는 이렇게
Google
유사도 검사

Copy Killer
01
회원가입&로그인
이메일 주소만으로 간편한 회원가입!
- 회원가입하시면 입력한 메일계정으로 인증확인 메일이 발송됩니다.
- 인증확인을 거친 후 정상적으로 로그인이 가능합니다.
- 로그인 ID는 이메일 주소입니다. 잊지마세요~!
02
문서 업로드
1일 3건 무료검사 가능합니다.
- 카피킬러라이트는 무료서비스입니다.
- 파일업로드(hwp,doc,xls,ppt,txt,pdf 지원) 또는 직접 입력 가능
- 1회 업로드 문서크기 1MB로 제한
03
표절검사
50억 건 이상의 인터넷 공개 콘텐츠와 비교 검사합니다.
- 인터넷 공개 콘텐츠 포함 검사.
- 문서 대 문서인 1:1 표절검사 가능
- 6어절, 1문장 이상 일치할 경우 표절로 인식
- 목차/참고문헌 제외 검사 가능
- 인용/출처표시 문장 제외 검사 가능
- 법령/성경/불경 문장 제외 검사 가능
- 텍스트 추출을 통한 이미지 문서 검사 가능
04
검사결과 확인
정확하고 빠릅니다. 업로드 후 1분 이내 확인!
- 실시간 온라인 표절률 확인
- 문장단위 표절률 확인가능
- 문장별 상세 검사결과보기 가능
- 표절 의심 부분을 한눈에 파악 가능
05
결과확인서 다운로드
PDF 검사결과 확인서를 제공해 드립니다.
- 1:1 비교결과 확인서
- 문서별 상세검사결과 확인서

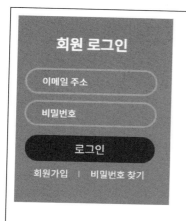

STEP 1
로그인 하기

| 문서업로드

STEP 2
'문서 업로드' 들어가서
문서 유형 '자기소개서' 체크

STEP 3
파일 첨부하고
표절 검사 누르기

번호	등록일	검사명	검사문서	비교문서	표절률	검사결과	
6	2019-03-11	자소서1번.hwp	◉	◉	14%	다운로드 ↓	☐
5	2018-09-14	연세대 자소서.hwp	◉	◉	7%	다운로드 ↓	☐
4	2018-09-14	건국대 자소서.hwp	◉	◉	9%	다운로드 ↓	☐
3	2018-09-14	강남대 자소서.hwp	◉	◉	10%	다운로드 ↓	☐
2	2018-09-11	완성 (1차).hwp	◉	◉	3%	다운로드 ↓	☐
1	2018-09-10	완성 (1차).hwp	◉	◉	3%	다운로드 ↓	☐

STEP 4
표절률 확인 후,
검사 결과 다운로드 하기

Copy Killer Lite

표절검사의 기준! 카피킬러
www.copykiller.com

표절 검사 상세 결과

문서표절률	전체문장	동일문장	의심문장	인용/출처	법령/성경
3%	52	0	5	0	0

표절결과문서별   완성 (1차).hwp

평소 세계 경제에 관심이 많던 저는 다큐멘터리를 통해 세계 여러나라의 사회 현상을 접해왔습니다. 특히, 제 3세계 빈곤 문제는 저의 관심사 였습니다. '부시이야기' 동영상을 보고, 함께 더불어 살아가는 경제방식인 공정무역에 대해 알게 되었습니다. 그 후, 독서와 문법 시간에 자유주제로 모둠 토의 시간이 주어졌습니다. 마침 교과서 속 공정무역에 관한 '작은 커피숍' 공정무역 이야기'를 읽게 되었고, 이에 관해 깊이 있는 공부를 해보고 싶다는 생각이 들었습니다. 그래서 '공정무역의 허와 실'이라는 주제로 토의를 제안했고, 제 3세계 생산자의 노력만큼 임금이 지급되지 않고, 소비자들은 생산원가보다 몇배로 돈을 내지만 그 이익의 대부분은 대기업에 돌아간다는 사실을 알고 세차례에 걸쳐 열띤 토론을 펼쳤습니다. 생산자에게 작은 이윤이라도 돌아가기 위해서는 현재의 무역 시스템을 유지해야 한다는 주장과 대기업을 배제한 생산자와 소비자 간의 직거래 운동을 활성화해야 한다는 주장까지 생각은 다양했습니다. 그 답을 찾기 위해서는 '제 3세계는 왜 가난할까'라는 근본적인 접근을 해야 한다는 생각이 들었습니다. 그래서 다음 토의에 앞서 관련 책을 읽었고 이를 통해 반대의 문제도 무관심에서 비롯되며, 지구촌 모든 구성원이 관심을 가질 때 비로소 해결의 첫단추가 끼워질 수 있다는 것을 알게 되었습니다. 이를 통해 학문을 바라보는 시야를 넓힐 수 있었고, 교과서에서 벗어나 스스로 찾아가는 과정의 필요성을 깨달았습니다. 전체의 프레임에 맞을 찾아내는 방법을 터득할 수 있었고 성적 향상을 위한 한정된 공부보다 누군가에게 도움을 줄 수 있는 공부를 할 때 '학문의 즐거움'이 배가 된다는 사실을 깨달았습니다. 더 나아가 방송부 활동을 하며 밝은 일상을 키메라에 담아내며 때로는 사회의 규범, 표정의 여러 모습을 비추는 것도 필요하다는 것을 알았습니다. 이상, 공약의 강시, 비판의식도 높여 여향이

STEP 5
'카피킬러라이트 표절 검사 결과 확인서'
확인하기

◎ 6 학생부 종합전형은 외고와 같은 특목고를 위한 전형이라는 데 사실인가요?

전형적인 '카더라' 통신이 만든 헛소문이다. 대학에서 학생들을 평가하는 입학사정관이 전국의 모든 고등학교와 특목고의 수준을 알지 못하고 그 대학의 정도조차 알 수가 없다. 그리고 외고라 해서 가산점을 주는 등의 그런 전형은 존재하지 않는다. 그런데도 주변에 보면 외고나 소위 좋은 고등학교의 내신 4~5등급 친구들이 서울 주요 대학에 합격하는 경우가 많은데 이는 대학에서 보는 '표준편차' 때문이다. 표준편차가 작다는 것은 곧 잘하는 학생들이 몰려 있으므로 성적 격차가 나지 않는다는 것이고 이는 곧 우수한 학생들이 많이 있는 고등학교라는 것이다.

대학에서도 내신을 볼 때 무조건적인 수치가 아니라 이런 고등학교 내신의 '표준편차'를 고려하여 보는 것이기 때문에 내신이 낮은 학생들도 상대적으로 '좋은' 대학에 진학할 수 있다.

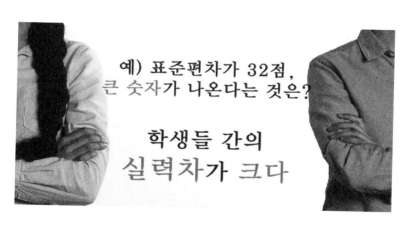

예) 표준편차가 32점,
큰 숫자가 나온다는 것은?

학생들 간의
실력차가 크다

◎ 7 생활기록부 장수 중요한가요?

중요하지 않다. 나는 학생들을 평가할 때 생활기록부 장수가 몇 장인지 관심도 없는데 유달리 학생들이 이 질문을 너무 많이 하더

라. 모든 것은 상식선에서 생각하자.

생활기록부 10장 있는데 전공과 진로에 대해 일관적으로 노력한 흔적이 많은 학생과 30장 있는데 이것저것 중구난방 활동을 해서 이 학생이 무엇을 하고 싶은지 모르겠는 학생, 어떤 생활기록부가 더 좋은 평가를 받을까? 당연히 전자일 것이다. 전공과 진로에 대한 노력과 학습이 일관적인 생활기록부가 몇 장이 있더라도 좋은 것이다. 실제로 대학에서도 그렇게 말한다.

Q 8 3년 동안 진로가 바뀌면 불이익이 있나요? 진로의 확고함이 필요한가요?

물론 확고한 것이 더 좋은 인상을 받을 수는 있겠지만 진로가 바뀐다고 해서 큰 불이익은 없다. 많은 학생은 이 문제로 불안해하곤 하는데 고등학생 때는 진로가 수차례씩 바뀌는 것이 정상이다.

진로가 바뀌는 것에 대한 불안해하지 말자. 가장 중요한 것은 진로가 바뀌었다면 얼마나 그 진로에 맞게 노력했는지가 생활기록부에 나타나 있는 것이 중요하다. 또한, 부모님의 직업과 나의 직업이 다른 것도 고민하지 말자. 그런 건 중요하지 않다. 입학사정관도 진로의 변경에 대한 불이익은 없다고 항상 말한다.

◉ 9 학생부 종합전형은 3학년부터 준비해도 되나요?

된다. 하지만 준비할 것이면 철저히 하자. 3학년이 되어 수능 성적은 안 되고 내신은 어느 정도 되는데 좋은 대학은 가고 싶고 하는 친구들이 문의한다. 3학년부터 해도 충분하다. 하지만 올바르게 준비해야 한다. 이 방법에 대해선 뒤의 장을 참고해 주길.

◉ 10 내신이 낮은데 학생부 종합전형으로 갈 수 있을까요?

내가 수차례 반복하고 앞으로도 더 반복하겠지만 학생부 종합전형은 내신만으로 평가하지 않는다.

내신이 지원하는 대학에 비해 터무니없이 낮지만 않다면 여러분들이 준비만 잘하면 충분히 약간의 낮은 내신도 커버할 수 있다. 그러니 걱정할 시간에 준비를 철저히 하자.

제1장

컨설팅편: 스스로 컨설팅하기

컨설팅편을 들어가며

최근 화제가 된 드라마 'SKY 캐슬'을 보았는가. 극 중에서 예서는 서울대 의대에 진학하기 위해 '강남 아파트 한 채 값'을 들이며 입시 코디를 받는다. 이렇게까지는 아닐지라도 대다수의 많은 학생과 학부모님들이 원서 철이 되면 컨설팅을 받으러 이곳저곳 다니며 대학입시에서 원하는 결과를 얻기 위해 분주하게 움직인다.

컨설팅은 크게 두 가지, 생활기록부와 내신 등을 종합해 학생의 지원 대학과 학과에 대해 컨설팅해주는 '지원전략 컨설팅'과 학생의 자기소개서를 첨삭 및 컨설팅해주는 '자기소개서 컨설팅'으로 나뉜다.

이 장에서는 여러분의 이러한 '컨설팅'에 대한 고민을 말끔히 해결해 주고자 한다. 내가 컨설팅을 하며 많은 학생을 합격시킨 비법을 아낌없이 방출해 '컨설팅을 스스로 하는 방법'을 알려줄 것이다.

이제는 비싼 돈을 내고 컨설팅을 받을 필요가 없다. 내가 알려준 방법 대로만 하면 입시에 대한 정보가 부족한, 또는 형편이 어려워 컨설팅을 받고 싶지만 고민하는 학생, 학부모님들에게 완벽한 해답이 될 것이다.

수시 컨설팅 들어가기 전 고려해야 할 두 가지

All In이냐 분리 지원이냐

수시에는 학생부 종합 전형만 있는 것이 아니다. 수시 전형 종류에는 크게 학생부 종합/학생부 교과/논술 이렇게 3가지로 나눌 수 있다(특기자 전형 등 특별한 전형은 우선 논외로 하자).

(1) 학생부 종합 전형: 말 그대로 내신+자기소개서+학교생활기록부 내용 이 3가지 요소+면접(1차 합격자 대상, 면접 없는 대학도 존재한다.) 등의 요소를 종합적으로 판단하는 것이다.

(2) 학생부 교과 전형: 학생부 교과 즉, 내신을 중심으로 판단하는 것이다. 이때 합격을 가르는 가장 중요한 요소는 내신이며 내신이 해당 지원 대학의 범주에 맞지 않으면 지원을 하면 안 된다.

(3) **논술 전형**: 문과는 인문 논술 이과는 수리/과학 논술이 있을 것이며 논술 성적＋내신 등 비교과 점수를 바탕으로 합격의 당락이 결정된다. 물론 여기서 논술 전형은 논술 성적의 비중이 절대적이며 논술 전형을 지원하는 친구들은 반드시 해당 대학의 논술에 대한 대비가 없이는 불가능하다.

이처럼 이 3가지 전형에 대해 기준을 잡고
① 학생부 종합 6개를 쓸 것인지, ② 학생부 종합＋교과를 쓸 것인지, ③ 학생부 종합＋논술을 쓸 것인지 등의 조합을 정해야 한다.

조합을 정하기 전에 우선, 본인의 수능 성적을 바탕으로 지원 대학의 범주를 정해야 한다. 수능이 잘 나오게 되더라도 수시 전형에 합격하면 그 대학에 가야 하기에 수능 성적을 고려해 지원 대학의 범주를 정한다. 만약, 수능이 잘 나오는데 그에 비해 수시로 갈 수 있는 대학의 범주가 너무나도 좁다고? 그렇다면 수능이 잘 나올 것이라 믿는다면 예외적으로 이 학생의 경우는 수시를 지원하지 않는다.

1) 학생부 종합 All In

본인의 생활기록부의 내용이 좋지만 반대로 교과로 지원하기엔 내신이 좋지 않고 또, 논술도 대비하지 않은 학생들이 학생부 종합 ALL IN을 하게 된다(이 경우는 내 경험상 그리 많지는 않다). 이와 같은 학생의 경우 주저 말고 학생부 종합 전형에 올인 해라. 올인하는 것도 나쁘지 않은 선택이다. 혹여나 원서접수 철에 학생부 종합 올인이 불안해 논술을 준비를 고민하는 학생도 있는데 논술을 더 추가로 공부하면 학습에 대한 부담이 가중되어 수능도 제대로 나오지 않을 수 있다. 그냥 올인 하자.

2) 학생부 종합 + 교과

이 조합은 보통 내신 성적이 어느 정도는 되고 학생부 종합 준비도 어느 정도 되어 있는 일반고 학생들이 많이 선택하는 조합이다. 가장 보편적으로 많은 학생이 학생부 종합과 교과를 섞어서 지원한다.

* 일반적으로 종합과 교과는 종합이 4개, 교과 전형 2개를 지원하 는 것이 보통이다. 그리고 그렇게 하는 것을 추천한다.

3) 학생부 종합 + 논술 + 학생부 교과(혼합형)

논술 전형을 지원하기 위해 대비한 학생들이 주로 이 방식으로 지원하게 된다. 이런 유형의 학생들에게 가장 중요한 것은 본인의 '준비 정도'이다. 예를 들어 논술을 열심히 준비했고 그에 비해 상대적으로 학생부 종합, 교과 전형에 대한 준비가 미흡한 상태라면 논술에 더 많은 비중을 두어 지원한다(논술 4, 종합 2 이런 형태로 지원). 반대로 논술 대비를 많이 하지 않았고 학생부 종합 전형을 위주로 준비했던 학생은 학생부 종합에 더 많은 비중을 두어 지원하면 된다.

또한, 특정 대학을 무조건 가고자 하는 학생들은 그 대학의 논술 전형을 집중적으로 대비한 뒤 학생부 종합 전형을 위주로 지원하는 것도 하나의 방법이다(참고로, 문과 인하대 논술의 경우 유형이 정해져 있기에 대비가 쉬워 인서울 하위권을 노리는 친구들이 많이 지원하는 경향이 있다).

단, 특별한 일이 없다면 수시 6장 카드는 모두 사용해라. 6번의 기회가 있는데 사용하지 않는 것은 너무나도 아깝다.

CHECKLIST

☑ 내가 가고 싶지 않은 대학에는 지원하고 싶지 않아

☒ 수시 원서 접수를 빠르게 마무리하고 정시에 집중할래

☑ 원하는 학교를 지원하기는 해도 안정적이 되고 싶어

☑ 무조건 이번에 대학을 가야해

☑ 안정적인 대학 2~3개를 세이브 한 뒤
적극적으로 도전해볼래

❓ 재수도 생각 중이야

성향별 대학 지원

1) 공격형

'나는 재수를 감수하더라도 내가 가고 싶지 않은 대학에는 지원하고 싶지 않아'라고 생각하는 학생들이다. 이 학생들이 옳지 않은 것은 아니다. 물론, 공격적으로 지원하게 되면 수시 전형에서 모두 탈락을 할 수도 있지만, 반대로 수시 원서접수를 빠르게 마무리하고 정시에 집중에 좋은 수능 성적 결과를 낼 수 있다.

이런 학생의 경우는 보통 학생부 종합전형 4(상향 3, 안정 1), 논술 2 교과 0의 형태로 지원하게 된다(논술을 대비한 학생의 경우). 이 유형의 학생의 경우 위험 부담은 가장 큰 선택일 수 있다. 하지만 본인의 결정인 만큼 수능에 더 집중한다면 생각보다 더 좋은 결과를 낼 수도 있을 것이다.

공격형 유형의 학생

- 학생부 종합전형 4
  (상향 3, 안정 1)
- 논술 2
- 교과 0

2) 소신형

소신 지원을 하는 학생으로 가장 일반적인 학생들이 이 유형의 형태로 지원한다. 보통 본인의 내신, 스펙 등 종합적인 내용을 기준으로 상향 2, 적정 2, 하향 2 이렇게 지원하게 된다. 특히 보통 하향 지원으로 학생부 교과 전형을 선택해 지원한다.

이때 주의해야 할 점은 1) 너무 하향을 낮춰서 지원하지 않는 것, 2) 가지 않을 대학을 지원하는 것이다. 하향은 1단계 정도만 낮춰서 지원하면 되며 본인이 가지 않을 대학은 애초에 지원하면 안 된다. 이점만 유의해서 지원하도록 하자.

소신형 유형의 학생

- 상향 2
: 본인의 성적 기준 성적이 한 단계
  높은 대학 지원

- 적정 2
: 본인의 성적에 부합하는 대학 지원

- 하향 2
: 교과 전형 지원, 본인의 성적보다
  낮으며 무조건 붙을 확률이 높은 대학

3) 안정형

말 그대로 상향 지원 없이 최대한 안정적으로 지원하는 친구들이다. 이와 같은 학생의 경우 보통 적정 4, 하향 2 이렇게 지원하는 것이 좋다. 또한, 이 유형의 학생들은 올해 무조건 대학을 가야겠다는 마음에 교과 전형을 4개 이상 지원하고 종합 전형을 거의 안 쓰는 친구들도 있는데 될 수 있으면 교과 전형은 2~3개 내외로 하고 나머지는 종합 전형을 통해 최대한 본인이 갈 수 있는 적정 대학까지는 도전해보는 것이 좋다.

대학 입시는 최대한 본인이 갈 수 있는 대학보다 더 잘 가기 위해서 노력해야 하므로 움츠러드는 것보다는 안정적인 대학 2~3개를 세이브 한 뒤 도전을 적극적으로 해보자.

안정형 유형의 학생

- 적정 4
: 본인의 성적에 부합하는 대학 지원

- 하향 2
: 교과 전형 지원, 본인의 성적보다 낮으며 무조건 붙을 확률이 높은 대학

선택은 자신이
책임도 자신이!

1 선택은 자신이, 책임도 자신이!

선택은 자신이 하고 책임도 자신이 지는 것이 학생의 가장 기본이다. 본인이 가야 할 대학을 아무것도 알아보지 않고 부모님과 컨설턴트에게 맡길 것인가? 맡기더라도 본인이 최종적으로 알아보고 선택하도록 하자. 여러분들이 다닐 대학은 짧게는 4년 길게는 수십 년 동안 꼬리표처럼 달고 다닐 곳이다. 올바른 정보를 바탕으로 잘 알아보고 자신이 주체적으로 결정하는 학생이 되도록 하자.

내신이 대학의 라인 결정,
학생부(생기부 + 자소서)가 당락 결정

2 내신이 대학의 라인을 결정하고 학생부(생활기록부 + 자소서)가 당락을 결정한다.

여러분이 대학을 설정하는 데 있어 가장 중요한 부분이다. 내신을 중심으로 하는 학생부 교과 전형은 내신으로 인해 사실상 모든 것이 결정된다. 하지만 학생부 종합 전형은 내신을 바탕으로 대학의 라인을 결정한 뒤 학생부의 내용과 자소서로 당락이 결정되게 된다. 내가 앞서도 몇 번 언급했지만, 학생부 종합은 '종합'전형이다. 내신

＋자기소개서＋학생부 내용 이 3가지의 조합임을 잊지 말자. 물론 이에 대한 구체적인 내용은 어느 정도의 비중을 가지고 바로 뒤에서 설명할 것이다.

지원전략은 냉정하게 때로는 과감하게

3 지원전략은 냉정하게, 때로는 과감하게.

본인이 지원할 수 있는 대학과 없는 대학을 명확히 파악해 지원전략을 정확히 설정한다. 우리가 갈 수 있는 대학과 가고 싶은 대학은 다른 것이다. 합격할 가능성이 없는 대학은 원서 1장을 버릴 생각이 아닌 이상 지원하지 않는다. 반대로 지나치게 본인의 성적을 낮춰 지원하진 말자. 조금이라도 가능성이 있는 대학이라면 과감하게 지원한다. 의외의 곳에서 성과가 나올 수도 있다.

교과는 2개 이상 지원 NO

4 교과는 2개 이상 지원하지 않는다.

강제사항은 아니지만 내가 간곡히 부탁하고 싶은 말이다. 교과는 최대 2개 까지만 지원하자. 교과 전형은 무조건 갈 수 있는 대학만 지원하는 것이다. 그렇기에 대다수 학생이 교과 전형을 지원할 때는 '하향 지원'의 형태로 지원하며 대부분 교과 전형은 합격한다.

우리는 합격을 많이 하는 것이 중요한 것이 아니라 본인의 성적 대비 최대한 대학을 잘 가는 것이 중요한 것이다. 교과 전형을 많이 지원하는 것보다는 안정적으로 2개까지만 지원하고 최대한 종합 또는 논술 전형을 통해 좋은 대학을 갈 수 있도록 도전하자. 일부 선생님들께서도 교과 전형을 무조건 최대한 4개 이상 많이 지원하라고 권유하시는 분들도 많은데 무슨 말씀이신지는 매우 잘 알지만, 최대한 많은 도전을 할 수 있게 해주십사 공손히 부탁드리는 바이다.

사공이 많으면 배가 산으로! 1~2분에게만 조언을 구하자

5 사공이 많으면 배가 산으로! 1~2분에게만 조언을 구하자

내가 학생들을 컨설팅하다 보면 많은 학생이 '결정 장애'에 시달린다. 어떤 선생님은 이 대학이 좋다고 하고, 대치동 A 선생님께서는 이 대학 가라고 하고 선배는 저 대학 가라고 한다.

누가 옳은지는 알 수 없지만, 너무 많은 조언을 들으면 본인의 선택에 고민만 가중 된다. 본인을 가장 잘 알고, 입시에 대한 경험이 풍부한 선생님 1~2분의 상담 또는 조언만 받고 그것을 바탕으로 결정하는 것이 좋다.

이 책을 보시는 학부모님들도 명심하셨으면 좋겠다. 대치동에서는 나를 비롯하여 여기저기 이곳저곳 컨설팅을 받으며 결과를 받아보시려는 분들이 많다. 정말 시간 낭비, 돈 낭비이다. 컨설팅을 받더라도 믿을 만한 1곳에만 받으셨으면 좋겠다. 그렇지 않으면 입시 컨설턴트마다 저마다의 방식 및 가치관들이 달라서 다 제각기 말이 다르고 혼란만 가중될 것이다.

고민은 짧게
자소서와 수능에 집중!

6 고민은 짧게 자소서와 수능에 집중!

'너 그렇게 하면 떨어진다. 어머님, 그렇게 계속 주저하시면 붙을 가능성이 없습니다.

나는 항상 고민만 많고 결정은 하지 않는 학부모님과 학생들에게 이렇게 단호하게 말한다. 그리고 그 결과는 무섭도록 정확하게 맞아 떨어진다. 아무리 좋은 컨설턴트가 붙어도 (SKY 캐슬의 예서 코디더라도 마찬가지다) 그리고 백날을 고민해도 여러분의 내신과 생활기록부 내용은 변하지 않는다.

최대한 고민은 짧게 하고 자소서 작성에 더 많은 시간을 기울이고 원서를 마무리한 뒤 수능에 더 집중하자. 상담을 받고 올바른 정보를 바탕으로 고민과 결정은 '최대 3일'까지만 하자. 제발 좀!!! 그리고 우리 자소서와 수능에만 집중하자. 최소한 이 책을 보는 학생들은 나와 약속이다.

학생부 종합전형은
자소서와 생활기록부 비중이 높은
대학 위주로 지원!

7 학생부 종합전형은 자소서 + 생활기록부 비중이 높은 대학 위주로 지원!

당연한 이야기지만, 어려운 이야기이다. 학생부 종합 전형을 지원하는 학생들의 대부분은 내신이 그 지원 대학의 평균에 비해 좋지 않은 학생이 대부분이다. 그러므로 당연히 본인이 상대적으로 불리한 내신을 적게 반영하고 노력으로 역전할 수 있는 자소서와 생활기록부를 더 많이 보는 대학을 지원하는 것이 좋다. 그것을 어떻게 아느냐고? 물론 대학에서 이를 말해주지는 않지만, 통계에서 다 나와있다. 내가 그 해당 대학과 이를 보는 방법 역시 뒤에서 알려주겠다.

정시 포기는 금물
정시라는 보험을 들자

8 정시 포기는 금물. 정시라는 보험을 들자.

대부분 학생은 수시를 보는 학생은 뒤에 9월 모의평가를 치고 나면 수능을 포기하는 경향이 많다. 수시 붙을 가능성이 100%가 아닌 한, 또는 재수할 것이 아니라고 한다면 정시는 포기하지 말자. 선배로서의 부탁이다.

공부 잘 하는 친구들, 수시에서 붙을 줄 알고 수능 공부 안 하다 수시가 다 안돼서 재수하거나 아니면 자신이 목표하는 대학보다 한 두 단계 낮춰서 간 경우들 정말 많이 봤다. 제발 그러지 않기를 바란다.

스스로 컨설팅하기 나도 예서 코디?

이 장에서는 스스로 컨설팅하는 방법을 이야기해 보고자 한다. 최근 절찬리에 방영된 드라마 SKY 캐슬, 이 드라마에서 극 중 주인공 예서는 어마어마한 돈을 내며 입시 코디네이터 김주영 선생님에게 코디를 받는다. 실제로 이 드라마가 방영된 뒤 대치동 학원가에서는 컨설팅 문의가 급증했다고 한다.

지금 이 글을 읽는 여러분들도 컨설팅을 받아야 하는지, 정말 예서처럼 입시 코디네이터가 있어야지만 좋은 대학에 갈 수 있는지 고민이 많을 것이다.

지금부터 이 글을 읽고 내가 알려준 단계대로 차근차근 따라 해보길 바란다. 그렇게 하면 여러분도 누구나 쉽게 본인의 지원 대학을 쉽고 정확하게 정할 수 있다.

여러분도 이제 누구나 예서 코디가 될 수 있다!!

Step 1 수시 6장 분배하기

제일 먼저 우리가 해야 하는 일은 수시 6장을 어느 전형에 쓰고 어떤 지원전략을 취할지를 고민해야 한다. 먼저 내가 알려준 내용에 따라 수시 6장을 분배해보자.

(1) 수시 전형의 특성에 따라

교과 전형, 학생부 종합전형, 논술 전형으로 나뉜다.

1) 논술 전형을 지원하는 학생

논술을 일정 기간 이상 준비를 한 학생은 논술 전형을 지원하게 된다. 이때 학생들이 가장 궁금해하는 것은 학생부 종합전형과의 비중이다. 이 비중은 철저히 여러분의 '노력'에 비례해서 짜도록 해라. 예를 들어 논술 전형에 투자한 시간과 노력이 학생부 종합전형보다 훨씬 더 많다면 당연히 논술 3 또는 4, 학생부 종합전형 2 이렇게 지원해야 한다. 그 반대라면 논술 2 또는 3, 학생부 종합전형 3~4 이렇게 지원하시는 것이 좋다.

그렇기에 여러분들이 논술 전형을 지원하기 위해서는 1) 논술이 자신의 성향에 맞는지(논술을 대비하면 할 수 있겠는지) 2) 본인이 논술 전형으로 가고 싶은 대학이 있는지 이 2가지를 확인하는 것이 필요하다.

또한, 만약 논술 전형으로 2개 미만을 지원하겠다는 생각으로 논술을 준비하는 학생이라면 반드시 본인 지원 대학을 대비하는 논술 대비반에 가서 수업을 듣거나 본인 지원 대학의 기출문제만을 풀어 보시기 바란다. 논술도 대학마다 유형이 각자 달라서 자신이 지원하는 대학의 문제를 풀어보는 것이 가장 도움이 된다.

2) 교과 전형을 지원하는 학생

논술 전형을 지원하진 않지만, 교과 전형을 지원하는 학생이다. 이 학생들은 크게 고민하실 필요가 없이 교과 전형 2개 학생부 종합 전형 4개를 지원하면 된다(그 이유는 앞과 뒤에서 충분히 설명했으니 생략하겠다). 또한 학생부 종합 전형 4개도 본인의 성향에 맞게 전략을 짜 지원하면 된다.

(2) 학생의 성향에 따라

1) 일반적 학생

대다수 학생이 취하는 전략이다. 상향과 적정, 하향을 골고루 지

원해 본인보다 성적이 높은 대학에도 도전하고, 또 불합격을 피하고
자 본인보다 성적이 낮은 대학에도 지원하려는 학생이다.

이런 학생들은

상향 지원 대학 2개

적정 지원 대학 2개

하향 지원 대학 2개(학생부 교과 전형 지원)

이렇게 2 : 2 : 2의 구조를 취하는 것이 좋다.

이때, 하향 지원 대학은 본인의 성적이 교과 전형으로 지원 가능
하다면 하향 지원 대학은 학생부 교과 전형으로 집어넣자. 그 이유
는 하향 지원 대학이라는 것은 자신이 불합격을 피하고자 지원하는
대학인데 교과 전형은 거의 100% 합/불을 예측할 수 있지만, 하향
지원 대학으로 학생부 종합전형을 지원하게 되면 이 경우는 합격 가
능성을 예측할 수 없기 때문이다. 본인이 교과로 지원 불가능하면
상관없지만, 지원 가능하다면 반드시 이대로 지원하자.

ⓠ 상향, 적정, 하향의 기준이 무엇인가요?

당연히 이와 같은 질문이 나올 수 있다.

상향은 본인의 내신 성적보다 지원 대학의 점수가 0.5~1등급 정도
높은 대학을 말한다. 예를 들어 본인의 내신이 3.5라고 한다면 2.5 정
도 되는 점수가 상향 지원 대학이라고 볼 수 있다(1점 이상 높은 곳은
상향이 아니라 지원하면 안 될 대학이다).

적정은 자신의 내신 점수보다 +－0.5등급 높거나 낮은 대학이다. 2.5
가 자신의 점수라고 한다면 2.0~3.0등급 정도가 본인의 적정 대학인
것이다.

> **하향**은 당연히 본인의 내신 점수보다 1.0 낮은 대학이다. 2.5가 자신의 점수이면 3.5등급 이하의 대학이 하향이라고 볼 수 있다.
> 이 기준대로 상향, 적정, 하향을 평가하도록 하자.

* 대부분의 대학에서는 작년 학격자 '평균 등급 컷'정보를 제공한다.
  내신 등급 기준 및 기준은 이것을 보고 판단하자.

2) 안정형

이 친구들은 수시로 무조건 대학을 가려는 친구들이다. 수능 성적이 생각보다 잘 나오지 않아 정시보다는 수시로 가는 것이 승산이 있고 또 반드시 올해 대학을 가려는 친구들이 주로 안정형 전략을 택한다. 이와 같은 유형의 친구들은

> **적정 지원 4개 + 하향 지원 2개**
>
> or
>
> **적정 지원 3개 + 하향 지원 3개**

이렇게 지원하는 것이 좋다.

즉, 상향 지원을 하지 않고 적정지원이나 하향 지원 대학을 늘리는 형태이다. 여기서 강조할 점은 앞서도 언급했지만, 반드시 교과 전형은 2개 까지만 지원하도록 하자. 교과 전형은 100% 붙을 대학이고 이런 대학만 우리는 지원하기 때문에 굳이 많이 지원할 필요도 없고 나머지 카드는 본인이 최대한 대학을 더 잘 가도록 노력해보자.

3) 위험 부담형

이 유형의 친구들은 위험을 감수하고서라도 자신이 원하는 대학에 꼭 지원하려는 학생이다. 그래서 이 학생들은 대학을 낮춰 지원

할 바에는 차라리 재수하겠다는 마음가짐으로 본인이 원하는 대학만을 접수한다. 이와 같은 유형의 학생들은

상향 지원 4개 + 적정 지원 2개
or
상향 지원 3개 + 적정 지원 3개

이렇게 지원하는 것이 좋다.

다만, 지원할 때는 터무니없이 올려 적는 것보다 성균관대, 중앙대, 경희대, 건국대 등과 같이 생활기록부 내용과 자소서 등을 많이 반영하는 경향이 있는 대학을 지원하는 것이 좋다.

또한, 논술 전형도 섞어 지원하는 것이 좋다. 중앙대, 성균관대 등이(인문 논술의 경우입니다.) 논술의 유형이 정형화되어 있어 학생들이 단기간에 논술 대비를 하기 쉬운 대학이기 때문에 이 대학들은 논술 전형으로 준비해 대비하는 것이 좋다.

마지막으로, 이 친구들에게 선배로서 진심으로 해주고 싶은 말은 이 유형의 친구들은 원서를 쓴 다음 원서 쓴 것을 잊어버리고 수능 공부에 매진하기 바란다. 나도 수험생활 때 성적이 상대적으로 좋지 않았지만, 고대를 가겠다는 일념 하나로 고려대에 원서를 집어넣었고, 마치 고대에 합격한 양 들떠서 공부를 못했던 경험이 있다(그래서 재수했다).

원서를 지원한 것이 중요한 게 아니라 붙는 것이 중요한 것이다. 최대한 빠르게 원서접수 마무리하고 설령 내가 수시로 다 안되더라도 난 정시로 내가 가고자 하는 대학에 가겠다는 마음가짐으로 공부

에 임하시길 바란다. 그래야 본인이 간절하게 원하는 그 대학에 갈 수 있다.

Step 2 — 내신으로 대학 라인 '잠정'결정하기

1단계에서 지원전략과 전형을 결정했다면 우린 이제 내신으로 갈 수 있는 대학교의 라인을 정해야 한다. 내가 제목에서도 '잠정'결정이라고 했던 이유는 말 그대로 학생부 종합은 내신만으로 대학교를 확실하게 결정할 수 없기 때문이다.

> **"내신이 대학의 라인을 결정하고,**
> **생활기록부와 자소서가 합격을 결정한다."**

학생부 종합 전형을 준비하는 친구들이 가장 명심해야 할 말이며 내가 앞으로 수없이 반복할 말이기도 하다(이 책이 끝날 때쯤 외우게 될 것이다). 이 말을 명심하자.

(1) 3학년 1학기까지의 전체 내신을 산출한다.

문과는 국, 영, 수, 사를 반영하며 이과는 국, 영, 수, 과를 반영한다. 반영비율은 1학년, 2학년, 3학년 1학기 각각 2/4/4가 일반적이나 대학마다 반영비율, 과목별 가중치 등 기준이 다를 수 있으니 이점 참고하도록 한다. 물론, 대학마다 산출을 해보는 것이 가장 정확하겠으나 우선은 가장 일반적인 반영비율에 따른 전체 내신을 산출해 놓는다.

이 산출한 내신을 바탕으로 지원 대학의 라인을 결정하는 것이다.

(2) 본인의 전형 지원 전형/성향에 따른 대학/학과를 리스트 업 한다.

앞서 본인의 지원 전형에 따른 지원전략, 그리고 성향에 따른 지원전략을 이야기했다. 그 지원전략에 따라 본인이 생각하는 대학과 학과를 최대한 많이 리스트 업 하는 것이 좋다.

최대한 많은 대학을 뽑아놔야 내신 평균 등급 컷을 바탕으로 제거하기도 비교하기도 편하다. 이때 대학/학과를 잘 모르겠다면 반드시 '대학 어디가' 사이트를 이용하도록 한다. 거기에는 대학/학과에 대한 정보가 다 나와 있으며 본인이 가고 싶은 대학이지만 해당 전공이 그 대학에는 없는 경우도 존재하기 때문이다.

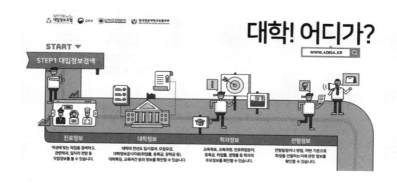

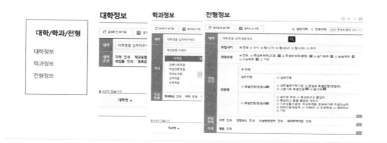

(3) 학교별 내신 평균등급 컷을 참고, 최대 2배수를 선정한다

각 대학교 입학처에 가면 항상 정시까지의 전형이 끝나고 입학처에서 작년 합격자 평균 등급 컷 등을 발표한다(물론, 대학에서 이것은 의무가 아닌지라 대부분 대학에서는 발표하지만, 그렇지 않은 대학도 일부 있다). 우리는 오직 이 데이터를 바탕으로 상향/적정/하향 대학을 선정한다. 그리고 지원 대학은 최대 2배수까지 선정하도록 한다.

(실제 지원 등급 컷과는 관련 없는 예시)

상향	건국대 경제학과, 내신 등급 2.0 경희대 경제학과 내신 등급 1.7
적정	국민대 경제학과 단국대 경제학과
하향	명지대 경영학과 성공회대 경영학과(교과)

나는 내신 2.8등급,
희망 학과는 경제, 경영학과입니다

여기서 마지막으로 말하고 싶은 것은 우리 학교는 00대가 싫어한다더라, 선배가 많이 붙은 학교더라, 이 학교는 붙은 선배가 단 한 명도 없더라 이런 '카더라 통신'을 믿지 마라.

대학교는 고등학교에 대한 정보를 잘 모를뿐더러 모교 선배의 합격, 불합격 여부가 마치 진리인 것처럼 말하는 것은 옳지 않다. 오로지 대학을 결정할 때는 대학에서 제공해 준 통계만 믿어라. 학원이, 입시 컨설턴트가 너네들 대학을 보내는 것이 아니다. 대학을 보내는 것은 학교다.

여기까지 오느라 수고했다. 이제는 마지막 단계, 생활기록부 내용을 기반으로 우리가 지원하고자 하는 대학을 확정하는 단계이다. 마지막 단계는 점수에 따라 배분하는 '정량' 평가가 아닌 '정성' 평가이다. 따라서 기존 2단계보다 어려울 수도 있는데 잘 보고 그대로 따라 하도록 하자.

쌤이 실제 학생들을 컨설팅하며 사용하는 방법은 상/중/하 평가이다. **상, 중, 하 평가**는 말 그대로 영역별로 평가요소(전공적합성, 인성, 학습 능력 등)를 반영해 상/중/하를 메겨 그 결과를 바탕으로 지원 대학을 확정하는 방식이다.

내가 개발한 이 상/중/하 평가의 장점은 명확하다.

첫째, 구체적인 평가요소가 있기에 정확하고 누구나 쉽게 생활기록부의 내용에 대한 자신의 위치를 알 수 있다. 또한, 정성 평가인 생활기록부 평가 영역에서 최대한 많은, 핵심적인 질문들을 바탕으로 질문을 구성했기 때문에 일반화에 용이하다.

둘째, 최신 입시 경향들, 각 대학의 평가자료, 지표를 모두 철저하게 분석 및 반영하였다. 그래서 가장 정확하다.

셋째, 가장 중요한 장점이다. 본인이 부족하다고 스스로 평가한 영역에 대해 추가적인 보완의 기회를 제공할 수 있다는 점에서 아주 효과적이다. 본인이 독서가 부족하다면 독서 영역에서의 보완을 진로나 자율 동아리 등의 영역이 부족하다면 그 영역에서의 보충 활동이나 보완을 할 수 있으므로 스스로 명확한 가이드 라인을 세울 수 있다.

쌤이 실제 학생들의 사례 및 제작된 사례를 바탕으로 누구나 쉽게 할 수 있게 알려주겠다!

(1) 영역별 상/중/하 평가하기

지금부터 상/중/하를 평가할 것이다. 이때 평가는 나를 포함한 1~2명 정도가 평가하는 것이 좋다. 꼭 생활기록부를 돈 내고 입시 컨설팅을 받을 필요가 없다. 내가 명확한 기준을 제시할 터이니 친구, 잘 아는 선생님 등 자신을 객관적으로 봐줄 수 있는 사람에게도 평가를 받아보자.

'상'
해당하는 내용이 많이 있고 두드러진다고 볼 수 있음.

'중'
해당하는 내용이 있긴 있지만 뚜렷하게 드러나진 않음.

'하'
해당하는 내용이 아예 드러나지 않음.

* 아래 상중하에서도 여러 예시 사례를 통해
  스스로 기준을 세울 수 있을 것이다.

1) 진로 직업

진로 직업이란, 생활기록부 첫 칸을 보면 1, 2, 3학년 희망 진로를
기재하게 되어 있다. 이 진로 직업 칸은 입학사정관들이 눈여겨보는
첫 번째 내용으로 이것을 보고 학생들의 관심 전공을 예측하며 다음
내용을 보는 것이 일반적이다.

〈진로희망사항〉

학년	특기 및 흥미	진로희망		희망사유
		학생	학부모	
1	시사프로그램 시청, 영화 감상, 영상 편집, 글쓰기, 클래식 기타, 피아노 연주하기	검찰수사관	검찰수사관	시사프로그램을 통해 수사 오류로 인해 억울해 하는 사람들과 탈세, 은폐 등의 사회부조리를 알게 됨. 검찰수사관의 역할 중요성을 알게 됨. 공동과제를 몰입, 리더, 해결할 때에 성취감. 희열을 좋아하고, 새로운 일에 호기심이 많고, 도전해보는 나의 흥미에 맞는 직업이라 생각함. 검사가 정의롭게 수사진행할 수 있도록 진실을 말할 줄 아는 검찰수사관이 되고 싶음.
2	법 관련 시가 프로그램, 영화 감상, 영상 편집하기, 글쓰기, 클래식 기타 연주, 유튜브 UN 관련	UNHCR 소속 외국법자문사 (국제변호사)	UNHCR 소속 외국법자문사 (국제변호사)	탈북자 인권 유린 문제에 대한 영상을 보고 탈북자들 국제 문제로 바라보게 됨. 탈북자 인권을 위하는 한국인 국제변호사가 부족하다는 것을 알게 됨.

학년	특기 및 흥미	진로희망		희망사유
		학생	학부모	
.	소식 찾아보기			UNHCR에서 외국법자문사로 활동하며 통일 시기를 앞당기는 데 이바지하고 싶음. 토론, 법 관련 독서를 좋아하고 계획성 있게 일처리를 하며 국경없는 법조인협회를 직접 설립해 봉사의 삶을 살고 싶은 자신에게 적합한 직업이라고 생각됨.
3	법 관련 시사프로그램 및 뉴스시청. 영상편집하기, 기타연주 피아노 연주	UNHCR 소속 외국법자문사 (국제변호사)	UNHCR 소속 외국법자문사 (국제변호사)	국제인권, 인도, 형사법을 중점으로 공부하여 빈곤, 인권유린 등으로 고통 받는 사람들에게 법을 통해 행복을 찾아주고자 함. 한국에서 할 수 있는 활동은 제한적이므로 국내법도 함께 공부하여 더 많은 사람들에게 도움의 손길을 주고자 함. 국제법, 미국법 분야의 전문가로 국제기구에서 필요로 하는 사람이 되기위해 근성있는 책임감, 소통과 지식의 리더십, 합리적인 판단력 등 변호사의 자질을 스스로 키우고 있음.

앞서 언급했듯 진로 직업은 평가자인 입학사정관들이 눈여겨보는 첫 번째 내용이다.

이 칸을 보면서 '아 이 학생은 경영에 관심이 많구나, 이 학생은 공학 계열을 지망하는 학생이구나.' 등을 예측하면서 당신의 생활기록부 뒷장을 넘기게 된다. 그렇기에 여러분들은 최종 선택한 진로와 관련된 학과를 지원하는 것이 유리하며 이와 관련된 활동 내용과 여러 과정을 보여주는 것이 중요하다. 당연히 희망 진로가 경영인데 이와 관련해 고민한 내용이 하나도 없다면 이상하게 느낄 것 아닌가.

또한, 앞서 언급했지만 만일 진로가 계속 달라도 이것이 큰 불이익이 될까 염려하지 말자. '최종 진로'가 중요하고 또 진로가 바뀌었

다면 면접에 가서 면접관이 질문하면, 밝히면 되는 것이지 진로가
바뀐 것으로 당락이 결정되지는 않는다.

〈평가 질문〉

Q1. 진로 직업이 최소 2년 간 일관적이며 바뀌지 않았는가?
Q2. 본인이 선택한 직업이 지원한 학과와 연결되는가?

평가요소 : 전공적합성
* 이때 부모의 희망 직업은 중요하지 않다.

본인의 진로 및 직업이 경영학에 관련한 것이고 활동도 이와 관련해서 지원했다면 진로와 무관한 학과는 지원하면 안 된다. 생활기록부 내용이 다 경영학에 관련된 내용인데 학생은 영문과에 지원하는 때도 있다. 물론 이 학생은 경영이나 상경 계열의 학과가 높으므로 하향 지원을 생각해 지원을 결정한 것을 알고 있다.

하지만 학생부 종합전형에서는 학교에 대한 레벨 차이는 있겠지만 학과에 대한 상향, 하향 지원은 없다. 그런 학생들은 차라리 학교 레벨을 낮춰 지원해라.

학과와 관련된 학생을 뽑는 것이 학생부 종합전형이다. 매년 수백 명씩 학생들을 만나다 보니 나도 내성이 생겨서 그런 학생들, 학부모님을 볼 때마다 내가 나쁜 소리를 듣더라도 난 세게 말하는 편이다. '그렇게 지원하시면 떨어질 확률이 100% 됩니다.' 제발 진로와 무관한 학과는 지원하지 말자 제발 좀!!!

2) 독서

전에는 독서 사항은 제목과 저자명, 그리고 독서를 통해 느낀 점까지 자세하게 기재되도록 하였다. 하지만 현재 독서 사항은 제목과 저자명만 (ex. 생활 법률 상식 사전(김용국)) 기재하게 되어 있다.

독서는 모든 학교마다 다르지만, 학교에서 의무적으로 하는 '공통독서'가 있고, 이 외에 학생의 필요하면 독서를 하고 이를 독후감 형태로 써 제출을 하면 담당 선생님께서 책을 기재해주시는 '선택 독서'가 있다. 물론 공통독서는 우리가 통제할 수 있는 것이 아니므로 학생들은 후자, 즉 선택 독서에 많은 신경을 기울여야 한다. 독서는 아래의 질문을 보면 알 수 있을 것이다.

　① 독서를 통해 이 학생이 어떤 가치관을 함양했는가?
　② 독서를 꾸준히 열심히 하였는가?
　③ 전공과 관련된 독서를 잘 했는가?
이렇게 크게 3가지의 요소를 학교에서는 보는 편이다.

〈평가 질문〉

Q1. 3년 간 다양한 영역의 독서를 꾸준히 해왔는가?
Q2. 특정 영역에 대해 관심을 가지고 공부를 해왔는가?
Q3. 독서를 통해 인성과 가치관 함양을 위해 노력한 흔적이 보이는가?

평가요소 : 전공적합성, 학습능력, 인성

위의 사례를 바탕으로 볼 때 1, 2번 내용은 누가 판단해도 상이다. 하지만 3번 내용에 대해선 애매하므로 고민하지 말고 중이라고 놓는 다. 이처럼 누가 봐도 상, 하면 표시를 하되 애매하면 그냥 중이라고 체크를 하도록 한다.

3) 봉사활동

봉사활동은 주로 인성의 한 영역으로 평가의 대상이다. 물론, 학과에 따라 봉사활동이 전공 적합성의 영역으로 평가되기도 한다. (교육 관련학과, 간호학과, 사회복지학과 등의 학과의 경우) 예전에는 봉사활동이 입시의 중요한 영역으로서 활동 시간에 따라 당락이 좌우되기도 했다. 하지만 지금은 그 영향력이 많이 축소된 추세다. 그렇지만 안 중요한 것은 아니다.

봉사활동에서 제일 중요한 것은 '지속성'이다. 봉사활동이 양이냐 질이냐에 대해 논쟁이 많은데 무엇보다 1개를 조금씩 하더라도 꾸준히 하는 것이 현재에서는 가장 중요하다. 한편 봉사활동이 전공과 관련된 학과들이 있다. 교육 관련학과, 간호학과, 사회복지학과 등의 학과의 경우에는 봉사활동도 전공 적합성의 중요한 요소로서 들어가니 신경써서 하는 것이 좋다.

봉사활동도 독서와 마찬가지로 모든 학교마다 다르지만, 학교에서 의무적으로 하는 '공통 봉사활동'이 있고, 이 외에 학생이 필요할 때 봉사활동을 하고 증명서를 제출하면 담당 선생님께서 책을 기재해주시는 '선택 봉사활동'이 있다. 당연히 우리는 선택 봉사활동에 신경을 써야 한다.

〈평가 질문〉

Q1. 봉사활동을 꾸준히 지속적으로 실천해 왔는가?
Q2. 전공/계열과 관련된 봉사활동을 해 왔는가?
(교육/사회복지 등 특수 계열의 경우)

〈예시〉

4) 내신

내신은 2단계에서 말했듯 대학의 라인을 결정하는 정량적 지표이 기도 하지만 생활기록부의 정성적 평가요소 중 하나로도 작용한다. 내신 영역에서 대표적으로 보는 것이 성적의 상승 여부이다.

실제 입학사정관들이 몇 차례 밝혔듯 '학교생활을 열심히 노력한 사람'이라는 것을 말해주는 지표가 성적의 상승 여부이다.

김영진 학생의 내신

3학년: 1.3

2학년: 2.3

1학년: 3.3

　내신의 절대적 지표는 다른 지원자에 비해 뒤처질 수 있겠지만 이렇게 뚜렷한 상승 곡선을 그리고 있는 친구라면 좋은 평가를 받을 수 있다.

　그렇다면 학생들은 저 내신 계속 떨어지고 있는데 어떻게 합니까? 이런 질문할 것이다. 물론 내신 점수가 하락하고 있다는 것이 좋은 것은 아니다. 하지만 내신의 상승 여부 못지않게 보는 것이 전공과 관련된 과목의 내신이다. 예를 들어 정치외교학과와 같은 사회계열의 학생이라면 사회문화 등 사회 관련 과목을, 물리학과를 지원하는 학생이면 물리 Ⅰ, Ⅱ를 잘 받는 것이 좋다. 이것에 대한 상승도 평가에서 중요하게 작용하는 요소이다.

　예를 들어 물리학과 지원하는 학생, 1학년 공통과학 4등급, 2학년 물리 Ⅰ 2등급, 3학년 물리 Ⅱ 1등급이라면 전공과 관련된 과목에서 좋은 점수를 받았기 때문에 상대적으로 내신이 하향곡선이라도 어느 정도 감안될 수 있다.

　만약, 내신 관리가 어려운 학생이라면 '전공과 관련된 과목'이라도 잘 받길 바란다.

> Q1. 성적의 상승/하락 여부?
> Q2. 자기 진로와 학과의 주요 과목 내신이 잘 받았는가?
> Q3. 자신의 고등학교의 위치는 어느 정도인가?

◎ 1 성적의 상승/하락 여부?

여기서 성적의 상승과 하락 여부는 약간의 상승이 아닌 최소 0.3~0.5점 이상의 지표가 상승 또는 하락하는 것을 기준으로 한다.

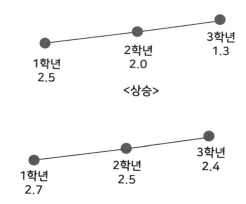

<상승>

<약간 상승했지만 뚜렷하게 상승이라고 보기 힘듦>

Q 2 자기 진로와 학과의 주요 과목 내신이 잘 받았는가.

사회학과 전공
1학년 공통사회 : 4등급
2학년 사회문화 : 2등급
3학년 사회문화 : 1등급

물리학과 전공
1학년 공통과학 : 4등급
2학년 물리 I : 4등급
3학년 물리 II : 4등급

Q 3 고등학교의 위치는 어느 정도인가?

표준편차를 기준으로 한다.

〈평가 기준 예시〉

~ 10 이하: 上
11~20: 中
20 초과: 下

5) 세부능력 특기 사항/진로 적합성

세부능력 특기 사항은 아래의 교육부에서 제시한 예시처럼 특정 과목에 대해 과목 담당 선생님이 활동 내용, 학생의 역할, 평가 등을 남기는 것이다.

이것은 학생이 쓰는 것이 아닌 선생님이 직접 학생에 대해 기재하는 것으로 대부분 학생은 이 세부능력 특기 사항을 그렇게 중요하게 생각하지 않지만, 대학에서는 내신 다음으로 가장 중요하게 생각하는 요소 중 하나이다(물론 간혹 선생님께서는 학생에게 자신이 원하는 내용을 반영해준다는 선생님도 계시지만 이것은 일반적 경우도 아니고 좋은 경우도 아니므로 제외한다).

그 이유는 간단하다. 생활기록부 내에서 학생을 지도했던 제 3자인 선생님이 학생에 대한 주관적 평가를 기재하는 유일한 항목이기 때문이다. 입학사정관은 데이터만 가지고 있지 그 학생이 실제로 어떻게 학교생활을 하고 살아왔는지를 모른다. 그렇다고 모든 학생을 찾아가서 면담할 수도 없는 노릇이다. 그러니 그들은 과목별 선생님들이 알려주는 이 세부능력 특기 사항에 많이 의존해서 학생을 판단한다.

다음은 교육부에서 제시한 잘된 세부능력 및 특기 사항의 예이다.

이 내용을 통해 우리가 세부능력 특기 사항에서 봐야 할 세부사항에 관해 설명하겠다.

과목	세부능력 및 특기사항
세계 지리	'자연재해에 대한 발표'에서 동일본 대지진과 최근 경주 지진과의 연관성에 대해 구체적으로 제시함으로써 동아시아 지역의 지진 발생 원인에 대해 정확한 이해력을 보여줌. '축제지역 기상일기'에서는 몽골의 나담축제를 주제로 하여 우리나라와 몽골의 유사한 전통인 씨름, 결혼풍습, 간장을 담그는 방법 등의 적절한 사례를 제시함으로써 자연·인문환경이 반영된 축제의 역사적 배경을 서술하고 몽골의 역사적 특징을 우리나라와 비교하면서 기상일기를 작성함. 모둠 활동에서 모둠장을 맡아 모둠원들에게 자신이 직접 준비한 자료를 제공하고 모두 발언을 조절하며 전체 활동을 조율하는 리더십을 발휘함.

우선 세부능력 특기 사항에서 보는 것은 크게 3가지 전공 적합성과 인성 그리고 학업능력이다. 이것을 세분화해서 평가항목으로 나타내 보았다.

Q1. 전공과 관련한 과목에서 특이성이 있는가?

Q2. 본인의 성격과 인성이 세특에 잘 드러나는가?

Q3. 전공과 관련없는 과목이더라도 진로와 연관점이 많은가?

Q4. 전공과 관련없는 과목이더라도 열심히 학업에 임한 흔적(성실성)

Q5. 추성적이지 않고 구체적으로 표현해 있는지?

Q6. 진로와 적합한 강연, 진로를 위해서 많은 고민을 했는가.

Q7. 과목에서 리더십을 발휘했는가?

평가요소 : 전공적합성, 학업 능력, 인성

Q 1 전공과 관련한 과목에서 특이성이 있는가?

전공과 관련된 과목이라 하면 대학에 지원한 학과와 이 학과와 유사한 교과 과목의 세부능력 특기 사항에서의 특이성이 있는가이다. 예를 들어 이 학생의 경우 사회 관련 학과를 지원했다고 한다면 세계 지리에서 매우 두드러지게 잘 나타나 있기에 좋은 평가를 받을 수 있다.

Q 2 본인의 성격과 인성이 세부능력 특기 사항에 잘 드러나는가?

쉽게 이야기해서 전체적으로 세부능력 특기 사항에서 당신이 '좋은 사람'이라는 평가를 받았는가를 물어보는 것이다. '착하고, 성실하다.' 등 세부능력 특기 사항에서 좋은 평가를 받았다고 하면 당연히 이 항목에서는 '상'이라고 체크하면 된다.

@ 3 전공 관련 없는 과목이더라도 진로와 연관점이 많은가?

예시로 설명하겠다.

기하와 벡터 평소 이 학생은 건축에 관심이 많아 '현대의 건축물과 기하학'이라는 주제의 발표를 통해 학생들의 건축에 대한 이해를 도움. 수업시간에도 평소 많은 호기심을 가지고 수업에 임하며 건축과 기하학에 관심이 많은 학생임.

물론, 이 예시는 쌤이 임의대로 만든 것이다. 이 학생의 세부능력 특기 사항을 보면 어떤 느낌이 나는가? 얼핏 보면 기하와 벡터라는 과목이 건축과는 전혀 무관할 것 같지만 진로와의 연관성이 높고 누가 이 글을 봐도 이 학생은 건축에 관심이 있는 학생인지 알 것이다. 이것이 좋은 세부능력 특기 사항이다.

@ 4 전공과 관련 없는 과목이더라도 열심히 학업에 임한 흔적 (성실성)

이 질문에서 보는 요소는 '성실성'이다. 전체의 세부능력 특기 사항 내용을 볼 때 전공과 관련 있든 없든 무엇이든 열심히 학업에 참여했다는 것이 두드러지게 드러난다면 좋은 평가를 받을 것이다. 이 성실성 지표 역시 꽤 중요한 대목이니 행여나 수업에 불성실하게 참여를 하는 일은 없도록 주의한다(세부능력 특기 사항을 쓰는 것은 담당 선생님 자유니까).

@ 5 추상적이지 않고 구체적으로 표현해 있는지

어떤 것이 구체적이고 어떤 것이 추상적이냐? 이 질문에 대한 대표적인 예시는 위의 교육부 예시를 참고하면 되겠다. 그냥 특정 과목에 대해 열심히 참여했다는 것보다 '000분야에 관심이 많아 참여했는데 결과가 어떠했다.'라는 식으로 최대한 원인과 결과가 구체적

인 것이 좋다. 구체적이면 상 애매하면 중 완전히 추상적이라면 하를 매기도록 한다.

◎ 6 진로와 적합한 강연, 진로를 위해서 많은 고민을 했는가.

교내강연 및 진로특강이란 부분이 있을 것이다. 이것에 관한 판단 기준은 본인이 얼마나 진로와 적합한 강연 등을 들었는가이다. 이것은 학교마다 학생마다 많은 차이가 있기에 진로와 적합한 강연을 듣지 못했다 하더라도 실망은 금물. 학생부 종합전형은 말 그대로 종합적으로 여러분들을 평가하는 것이다.

◎ 7 과목에서 리더십을 발휘했는가?

과목마다 특성 또는 학과 선생님마다 성향이 다르겠지만 특정 과목에서는 연구 및 발표를 하는 것들이 있다. 이런 과목에서 리더십을 발휘해 연구 및 발표를 주도하는 것 역시 입학사정관들이 눈여겨 보는 요소이다(또한, 면접 단골 질문 주제이기도 하다).

6) 자율 동아리/동아리

자율 동아리는 학생들이 자율적으로 인원을 모아서 일정 조건이 충족되면 학교의 승인하에 자율적으로 개설할 수 있는 동아리를 말한다. 대부분 학생은 본인의 희망 전공과 관련되어 자율 동아리를 개설하는 편이다. 동아리는 자율 동아리와는 다르게 학생들이 자발적으로 만드는 것이 아니라 학교 내에서 기존에 존재하는 동아리를 말한다.

이러한 자율 동아리와 동아리는 생활기록부와 자소서의 관점에서 중요한 요소이다. 일단, 전공 적합성을 명확히 드러내는 요소이기 때문에 입학사정관이 가장 주의 깊게 보는 항목이며 학생도 마찬가지로 이 동아리를 바탕으로 자소서의 내용을 채워가기 때문에 중요하다고 볼 수 있겠다. 자율 동아리와 동아리 활동이 미흡한 학생들은 본 내용과 다음 장에 나오는 내용을 바탕으로 힌트를 얻어 잘 활동을 하고 채워나가길 바란다.

동아리활동	B1	(하나린—B)(61시간) 법 신문을 만들기 위해 이태원 살인사건을 주제로 정하고 구체적인 조사를 통해 사건정리를 체계적으로 잘 함. 동아리피켓 제작 중 맡은 과제를 수행하기 위해 조배숙 검사님께 인터뷰를 청해 진로에 대한 궁금증을 풀고 법조인의 꿈을 확신하는 계기를 가짐. (방송반:자율동아리) 청란축제에서 부원들을 이끌며 프로듀서로서 촬영하고 편집한 작품으로 전교생들에게 웃음과 감동을 줌. 한일고 방송반과 함께 보이는 라디오 활동을 하는 타학교와의 교류활동을 꾸준히 해나감. (정세청세:자율동아리) 월별 주제를 선정하여 주제관련 동영상을 보고 토론에 참여하였으며 정의로운 사회를 만들기 위해 토론활동에 적극적으로 참여함. (학수고대:자율동아리) '인문학이란 무엇인가?'라는 주제에 대한 답을 찾기 위해 인문학에 대한 심도 있는 사유를 함. 자신의 꿈의 변천에 대해 자유로운 방식으로 발표하고, 유연한 생각으로 과거와 현재뿐만 아니라 미래까지 바라보고 꿈꾸는 생각을 갖게 됨. 명사초청강연 및 토론을 통해 생각을 공유하고 소통하여 올바른 가치관을 확립하는 기회를 가짐. (다함께 춤을2: 방과후 학교 스포츠클럽)(20시간) 자율적으로 참여하고 적극적으로 활동함.

〈창의적 체험활동상황〉

학년	창의적 체험활동상황		
	영역	시간	특기사항
2	동아리활동	56	(하나린—A)(56시간) 회장으로 매주 활동계획을 준비하여 One Young World Summit 탈북자 박연미 연설을 듣고 탈북자 인권유린의 심각성에 관심을 보임. 테러방지법 프로젝트를 추진하여 학생에게 올바른 법에 대한 인식을 심어줌. 제11회 전국 청소년 모의재판 경연에 참가하여 김황당 살인사건을 주제로 형사재판 시나리오 총괄, 변호사 역할을 맡기 위해 헌법, 형벌을 공부하는 등의 노력을 보임. 동아리 홍보에서 법학용어퀴즈 부분을 맡아 법에 쉽게 다가갈 수 있는 방안을 도출해냄. 인근 대학 법학과 견학, 모의면접을 통해 법조인이 되기 위한 진로계획에 도움을 받음. 사형제도 찬반 시사롤링페이퍼 활동에서 응보, 범죄 예방적 관점을 근거로

3	동아리활동	47	찬성을 주장함. IS성폭행, 국제인도법 주제의 PPT발표를 통해 이 법의 적용은 인간의 기본권을 위해 큰 역할을 할 것임을 강조함. LAD프로젝트에서 북한인권법을 제정해야하는가 판넬 제작 후, 1,2학년을 대상으로 찬반설문조사를 하고 국제사회와 우리의 인식변화 필요성을 주장함. 유럽난민사태에서 EU가 지향해야할 방향에 관한 발표를 통해 국정원 조사, 하나원 적응훈련을 하여 난민의 인권을 존중하는 우리나라를 예를 들고 정확한 준비, 규제의 필요성을 주장함.
			(하나린-A)(47시간) 행정부 재편성 활동에서 행정, 정치, 법의 의미를 되새기며 외교부의 한 부서로 통일부를 만들자는 의견을 제시함. 통일을 한 나라의 외교문제로 생각하자는 주장을 펼치고 우수 발표자로 선정됨. 유엔 연설문 발표활동에서 전 오준 UN대사의 연설을 토대로 북한인권과 세계 난민 문제를 주제로 연설문을 작성, 발표하고 친구들에게 큰 감동을 줌. 국제규약이 보장하고 있는 결혼이주여성의 권리에 대한 연설문 작성을 돕고 적극 피드백 함. CWW 프로젝트로 모의UN을 기획하고 미국대사관으로 참여하여 미국국무부가 낸 보고서를 바탕으로 북한의 해외노동자들이 노예와 같은 취급을 받는 것을 비판함. 이들이 위치한 나라들에게 국제법, 국제인권법을 준수하도록 촉구함. 미국헌법 판례분석 활동에서 기드온 판결분석을 통해 변호사의 조력 받을 권리는 어디까지 보장되는지, 에이츠 판결분석에서 폭력행위 선동의 범위는 어디까지인지에 대한 해답을 찾아냄. 거스름돈을 더 받았을 때 안 돌려주면 처벌인가라는 독특한 주제로의 법신문 제작, 정책제안 편지쓰기, Law 고정관념 깨기 플래시몹, 1일 여울이 법률사무소 활동을 진행하고 다방면으로 법을 바라볼 수 있는 종합적 사고를 향상시킴.

Q1. 학과와 관련된 동아리인가?

Q2. 전공과 관련된 한 동아리에서 2년 이상 활동하였나?

Q3. 자신이 한 활동/역할이 뚜렷한가?

Q4. 활동의 내용을 자소서에 녹여낼 수 있을 정도의 소재가 충분한가?

Q5. 동아리에서 리더의 경험이 있는가?

◎ 1 학과와 관련된 동아리

학과와 관련된 동아리는 물론 모든 동아리를 학과와 관련된 내용과 동아리들로 채울 필요는 절대 없다(그것은 오히려 인위적인 생활기록부로 역효과를 낼 수도 있어 좋지는 않다). 하지만 학과와 관련된 동아리를 하는 것은 매우 중요하다. 교육과 관련된 학과라면 멘토링 활동, 공대라면 공학과 실험 활동 등이 대표적인 학과와 관련된 동아리의 예이다.

'상'
2년 또는 3년 연속 학과와 관련된 동아리가 있다.

'중'
1년 정도 학과와 관련된 동아리가 있다.

'하'
학과와 관련된 동아리가 아예 없다.

◎ 2 지속성

동아리에서는 지속성도 매우 중요한 덕목이다. 지속성의 기준은 '전공과 관련된' 한 동아리에서 2년 이상 활동한 것으로 한다. 1년 차에 부원으로 활동하고 2년 차에 임원을 맡아서 활동하는 것도 좋은 예이다.

◎ 3 자신이 한 활동/역할이 뚜렷한가.

그냥 단순히 동아리를 했다는 식의 의례적인 내용이 아닌 본인의 역할과 책임이 명확하면 할수록 좋은 것이다. 생활기록부 내용에 자신이 한 활동과 역할이 비교적 뚜렷하고 주어졌다면 '상', 애매하다면 '중' 거의 내용이 없다면 '하'를 준다.

◎ 4 활동의 내용을 자소서에 녹여낼 수 있을 정도의 소재가 충분한가.

자율 동아리와 동아리는 '자소서'의 측면에서 중요하다. 2번과 4번 문항에 전공 적합성을 드러내야 하는데 대부분 이 문항들에 자율 동아리에서 활동한 내용을 쓰기 때문이다. 그렇기에 본인이 스스로 판단하건대 활동의 내용을 자소서에 쓸 정도로 충분하다면 '상'을 애매하다면 '중'을 활용할 소재가 전혀 없다면 '하'를 매긴다.

◎ 5 동아리에서 리더의 경험이 있는가?

굳이 학생회장만이 리더십을 나타내는 것은 아니다. 동아리에서 회장이든 부회장이든 차장이든 등등 본인이 어떠한 역할을 책임지고 맡아서 한 경험이 있는지도 굉장히 중요하다. 이것은 생활기록부 평가에서도 중요하게 작용할 뿐 아니라 자소서를 쓸 때 중요한 소재로 사용될 수 있으니 잘 챙겨두도록 하자.

(2) 최종 상/중/하 평가하기

마지막으로, 이를 바탕으로 자신의 생활기록부 내용에 대해 상/중/하를 최종 평가할 것이다. 압도적으로 영역에서 상이 많으면 최종 평가는 상, 중이 많으면 중, 하가 많으면 하가 되는 것이다.

〈생기부 스스로 평가하기〉

내용	상	중	하
진로 직업			
– 진로 직업이 최소 2년간 일관적이며 바뀌지 않았는가?			
– 본인이 선택한 직업이 지원한 학과와 연결되는가?			
독서			
– 3년간 다양한 영역의 독서를 꾸준히 해왔는가?			
– 특정 영역에 관해 관심을 가지고 공부를 해왔는가?			
– 독서를 통해 인성과 가치관 함양을 위해 노력한 흔적이 보이는가?			
봉사			
– 봉사활동을 꾸준히 지속해서 실천해왔는가?			
– 전공/계열과 관련된 봉사활동을 해왔는가?			
성적			
– 성적의 상승/ 하락 여부는?			
– 자기 진로와 학과의 주요 과목 내신이 잘 받았는가?			
– 자신의 고등학교 위치는 어느 정도인가?			
세부능력 특기 사항			
– 전공과 관련한 과목에서 특이성이 있는가?			
– 본인의 성격, 인성이 세부능력 특기 사항에 잘 드러나는가?			
– 전공과 관련 없는 과목이더라도 진로와 연관 점이 많은가?			
– 전공과 관련 없는 과목이더라도 열심히 학업에 임한 흔적			
– 추상적이지 않고 구체적으로 표현했는가?			
– 진로와 적합한 강연, 진로를 위해서 많은 고민을 했는가?			
– 과목에서 리더십을 발휘했는가?			
자율 동아리			
– 학과와 관련된 동아리인가?			
– 전공과 관련된 한 동아리에서 2년 이상 활동하였나?			
– 자신이 한 활동/역할이 뚜렷한가?			
– 활동의 내용을 자소서에 녹여낼 수 있을 정도의 소재가 충분한가?			
– 동아리에서 리더의 경험이 있는가?			

(3) 이를 바탕으로 지원 대학 조정 및 확정하기

이 상, 중, 하 평가를 바탕으로 지원 대학에 대한 어느 정도의 조정도 할 수 있다. 만약 본인의 생활기록부가 중~하 정도의 수준이라면 내신을 중점적으로 보는 대학에 그것이 아니라면 생기부 내용과 자소서를 중점적으로 보는 대학에 넣는 것이 좋다.

그 기준을 어떻게 아느냐고? 이것은 생각보다 간단하다.

학생부 교과 등급 컷과 학생부 종합 등급 컷의 차이가 별로 없는 대학은 내신을 많이 보는 대학이고, 그 반대인 대학은 내신보다 스펙과 자소서를 많이 보는 대학이다.

평균 등급 컷을 볼 때 대학에서는 대개 교과와 학생부종합 등급 컷이 같이 나와 있다. 교과와 학생부 종합 등급 컷의 차이를 비교해 볼 때(교과 전형이 없는 대학은 예외로 한다.) 그 차이가 대체로 거의 나지 않는 대학은 내신을 중점적으로 보는 대학이며 교과와 학생부 종합 등급 컷의 차이가 크게 나는 대학 또는 교과 전형은 없지만, 학생부 종합 평균등급 컷이 대학의 레벨에 비해 턱없이 낮은 대학(대표적으로 건국대)은 스펙과 자소서를 많이 보는 대학이다.

물론 스펙에 대한 자신이 없고 내신이 좋은 학생은 내신 중심 대학에 지원하는 것이 옳다. 하지만 그렇지 않은 학생은 대학에 대한 택일을 고민한다면 스펙과 자소서를 많이 보는 대학을 선택하자. 내신은 우리가 변화할 수 없지만, 이 둘은 원서접수 전까지 우리가 변화할 수 있는 항목이기 때문이다. 도전하자.

Ⓠ 하고 싶은 전공, 하고 싶진 않지만, 생활기록부가 가르치는 전공 어느 것이 좋을까요?

Ⓐ 쉽지 않은 질문이다. 필자도 대학에서 전공이 맞지 않는 서러움이 무엇인지 알기에 원치 않는 전공을 선택하라고 권하기는 쉽지 않다. 물론 본인의 하고 싶은 전공과 생활기록부에서 가르치는 전공이 맞아떨어져 지원하는 것이 가장 최선이다. 하지만 하고 싶은 전공은 A이지만 생활기록부에서 한 활동 및 생활기록부가 가르치는 전공이 B라면 선택을 해야 한다. 만약 학생부 종합 합격을 위한다면 생활기록부가 가르치는 전공을 택해라.

<SKY 캐슬 속 학생부 종합전형의 진실>

SKY 캐슬 에서의 전교 회장, 과연 중요할까?

화제의 드라마 'SKY 캐슬'

예서와 혜나는 전교 회장으로 나섭니다. 혜나의 당선 가능성이 커지자 김주영 선생님과 예서 어머니는 혜나를 협박해 자진 사퇴를 유도합니다. 그리고 예서가 전교 학생회장으로 당선되죠.

SKY 캐슬 속 입시 코디네이터인 김주영 선생님은 전교 회장이 리더십을 평가하는 데 중요한 영역이라고 하면서 전략 등을 짜주며 당선을 시키는 데요. 현실판에서도 이런 학생회장 컨설팅이 대치동에서 성행한다고 하는데 (저는 대치동에 있었지만 한 번도 못 봤음 ㅠㅠ) 과연 이 학생회장과 임원이 중요할까요?

일단, 김주영 선생님의 말처럼 학급 임원이나 전교 회장 등은 리더십을 평가하는 데 중요한 요소입니다. 당연히 회장을 했던 학생은 리더십이 있는 학생이라고 대학에서도 평가를 하겠죠.

하지만, 이것보다 더 중요한 것은 '본인의 경험'입니다. 즉, 본인의 리더십을 발휘했던 경험을 자소서에 얼마나 잘 녹여내는가가 중요합니다.

또한, 혹여 임원을 안 한 학생도 좌절하지 마세요! 동아리 임원 등의 내용도 리더십에서 좋은 평가를 받을 수 있고 임원을 안 한 학생이더라도 학생부 종합전형은 종합적인 전형이니까요!

본인이 전공에 얼마나 부합한 학생인지, 또는 인성이나 여타 학교생활을 얼마나 충실하게 했는지 등이 잘 드러날 수 있으면 됩니다.

결론은 임원은 하면 좋다.

하지만, 안 하더라도 다른 기회가 있으니 너무 고민 말자!

생기부 작성 A to Z

앞서 컨설팅을 스스로 하는 방법과 기준을 제시했다. 이 기준대로 한다면 굳이 누군가에게 컨설팅 및 조언을 받지 않아도 여러분 스스로가 기준을 가지고 대학/학과 선정을 손쉽게 할 수 있을 것이다.

이번 장에는 생활기록부를 효율적으로 채우는 방법에 대해 말해줄 것이다. 이번 장은 생활기록부라는 것을 처음 접한 고등학생들에게 특히 도움이 될 것이다(물론 현행 고 1 학생들부터는 내용이 일부 변화되었기 때문에 이 부분은 부록 또는 별도의 책을 통해 설명하겠다). 여러분들은 이번 장의 내용과 컨설팅 자가진단에서 부족한 내용을 바탕으로 생활기록부의 내용을 잘 채우기 위해 노력하길 바란다.

여러분도 SKY 캐슬의 예서 그리고 김주영 쌤처럼 굳이 비싼 돈을 들이지 않고도 충분히 학생부 종합이라는 입시에서 좋은 결과를 얻을 수 있을 것이다.

생기부 작성에 대한 영진쌤의 조언

생기부의 작성 주체는 **학교**이다.

1. 학교/선생님의 성향과 정보를 파악하자
2. 본인의 진로에 대한 목표를 세우자.
3. 최대한 일반화하려 노력했지만 일반화 하지 말길 바란다.
4. 활동을 채우려고만 하지 말고 해야 한다
5. 진정성과 진심을 보여주자

❶ 학교/선생님의 성향과 정보를 파악하자.

말 그대로 생활기록부를 작성해주는 주체는 학교이다. 우리는 선생님들께 자신이 한 활동을 말씀드리고 부탁을 할 수는 있지만, 작성을 직접 할 수는 없다(그러면 불법이다). 그렇기에 우리 고등학교에 대한 정보와 선생님의 스타일에 대해서 잘 파악하는 것이 아주 도움이 된다.

예를 들어 우리 학교가 과학 중점학교라면 공대에 지원하고자 하는 학생들은 과학 실험과 관련된 활동을 쉽게 할 수 있을 것이다. 또 우리 선생님이 생활기록부의 내용을 잘 채워주시도록 노력하시는 분이라면 적극적으로 활동을 해서 많은 내용을 채워갈 수 있도록 하면 되고 만약 그렇지 않은 분이시라면 생활기록부 내용을 잘 채워주시는 선생님을 찾아가 활동을 하고 내용을 채워가면 된다.

내가 이 이야기를 서두에 하는 이유는 선생님마다 성향이 너무 다르시고 어떤 학생들은 선생님께서 생활기록부 내용을 너무 잘 채워주셔서 좋아하지만 어떤 학생들은 반대로 선생님들이 학생부 종합에 대한 인식이 없어 이런 생활기록부에 대해 전혀 신경을 쓰지 않으시는 선생님도 계셔서 해주는 것이다.

2️⃣ 본인의 진로에 대한 목표를 세우자.

나는 1학년 때부터 본인이 무슨 진로를 가기 희망하는지, 어떤 학과에 가고 싶은지 등을 적극적으로 탐색해보라고 추천한다. 구체적이지 않아도 좋다. 나는 어학을 좋아하는지 아니면 경제나 경영을 좋아하는지, 공학을 좋아하는지 등 대략적인 것들만 목표로 하는 것도 큰 도움이 된다. 그래야 이 목표에 맞추어 생활기록부 작성 및 활동에 대한 계획도 세우고 무엇보다 공부에 강한 동기부여도 되기 때문이다.

3️⃣ 최대한 일반화하려 노력했지만, 일반화하지 말길 바란다.

어? 이게 무슨 말이야? 하는 학생들도 있을 것이다. 말 그대로 나는 여러분이 알기 쉽도록 생활기록부에서 채워야 할 내용을 중심으로 일반화를 하려고 할 것이다. 하지만 여러분들은 각자의 상황이 너무나 다르고 생활기록부라는 것이 주관적일 수밖에 없기에 내 모든 말은 곧이곧대로 받아들이지 말고 본인의 상황에 따라 잘 판단해 적용하길 바란다. 이것은 학생들을 가르치는 선생님들과 사설 컨설턴트에게도 말씀을 드리고 싶다.

본인의 주관과 사실을 꼭 구분해주셨으면 좋겠다. 각자마다 판단

기준과 가치관이 다르기에 본인의 주관을 마치 사실처럼 학생들에게 주입하는 선생님들이 없길 진심으로 바란다.

④ 활동을 채우려고만 하지 말고 해야 한다.

많은 학생이 대학에 잘 가고 싶은 욕심에 3학년이 되고 여름방학이 되면 생활기록부에 몇 줄 더 채우려고 담임 선생님과 학과 선생님들을 찾아가 괴롭히기 시작한다. 물론 나도 일선에서 수많은 학생을 만나며 컨설팅을 해왔기에 선생님들이 최대한 학생들의 생활기록부에 좋은 내용, 한 줄이라도 더 채워주시려고 하시는 것을 안다.

하지만 이것은 올바른 행동은 아니다. 활동은 무조건 해라. 그래야 면접 때 어떤 질문이 와도 막힘없이 대답할 수 있고 진정성이 보일 것이다. 실제로도 활동에 대해 면접 때 입학사정관이 집요하게 물어봐서 제대로 답변을 못 해 떨어진 학생들이 너무나 많다. 꼭 그래 주길 바란다.

⑤ 진정성과 진심을 보여주었으면 좋겠다.

음 …. 이 말은 내가 많은 학생을 상담하고 가르쳐왔기에 진심으로 해줄 수 있는 말이라 생각하는데, 본인이 진정성 있고 진심으로 노력한 흔적은 놀랍게도 생활기록부에도 보인다. 나도 생활기록부를 보면서 간혹 참 뿌듯하다고 느끼는 학생들이 있다. 3년 동안 그들이 한 노력을 생각하면 너무나 기특하다. 그런데 놀랍게도 생활기록부에서는 그런 것들이 느껴지고, 이런 학생들은 대학에 떨어진 적이 없다(모든 대학에 다 붙진 못하겠지만 최소 1개 이상의 대학엔 붙었다). 나는 진심은 반드시 통한다는 말을 좋아한다. 여러분이 진심으로 노력하면 입학사정관들도 사람인데 그것을 알지 않을까?

생기부 작성의 A to Z

이 내용을 보기에 앞서 꼭 기억해야 할 것

여기에 나와 있는 모든 내용을 할 필요는 없음! 본인에게 맞는, 할 수 있는 활동을 할 것.

쌤은 입시의 관점에서 이야기하는 것. 어느 것이 중요한지에 대한 가치판단은 하지 않는다.

생활기록부 자가진단을 통해 본인이 부족한 점을 확인하고 그 점을 위주로 할 것.

그냥 단순히 내용 채우는 것만이 아닌 활동을 꼭 할 것.

(1) 봉사활동

예전에는 봉사활동이 대입에서 굉장히 중요한 부분을 차지했다. 봉사활동을 점수로 매겨서 이 점수로 당락이 어느 정도 결정되기도 해서 학생들이 너도나도 경쟁적으로 봉사활동을 하려고 매달리기도 했었다. 하지만 지금은 입시 상황이 바뀌어서 입시의 당락을 좌우했던 과거만큼 봉사활동이 큰 영향력을 갖고 있지 않다.

그냥 '인성'의 영역이 한 영역? 그 정도만 나타낼 뿐이다. 봉사활동은 학교에서 누구나 하는 공통 봉사활동과 개인이 노력해야 받을 수 있는 '개별 봉사활동'이 있다.

Step 1 ▶ **본인에게 맞는 봉사활동을 하자**

쌤 어떤 봉사활동이 좋은가요?

항상 학생들이 나한테 이런 식으로 봉사활동의 종류를 물어보는 경우가 많은데 결론은 자신에게 맞는 봉사활동이 가장 좋은 봉사활동이다. 봉사활동을 한 번 하게 되면 최소 몇 개월에서 1~2년은 하게 될 것인데 본인에게 맞지 않는 봉사활동을 하게 되면 좋지 않다. 꼭 봉사활동 후보군을 정했다면 주변의 이야기도 들어보고 직접 조금이라도 봉사활동을 하면서 본인에게 맞는지 확인하자.

그렇게 해서 본인이 이 봉사활동을 하고 싶은 마음이 있다면 그때부터 봉사활동을 해도 늦지 않다. 그리고 쌤은 진심으로 대입 점수에 보태기 위한, '스펙'을 쌓듯이 하는 봉사가 아니라 진짜 마음이 담긴 봉사활동을 했으면 한다.

Step 2 ▶ **봉사활동은 지속성이다. 한 곳을 하더라도 꾸준히**

봉사활동은 양이 아니라 질!

1년 동안 10곳의 봉사활동을 조금씩 하는 것보다는 1년 동안 매주 1번을 가더라도 꾸준히 한 개의 봉사활동을 정해서 하는 것이 좋다. 봉사활동에서 입학사정관이 중요하게 판단하는 것은 지속성이다. 이것은 이 친구가 얼마나 이 봉사활동을 진심으로 했는지 하는 진정성과도 연관되기 때문에 매우 중요하다. 봉사활동에서 양과 횟수는 중요하지 않다. 한 번 갈 때마다 적은 시간을 할애하더라도, 일회성보다는 오래 할 수 있는 일을 찾아 꾸준히 하는 편이 훨씬 좋다.

좋은 예시	나쁜 예시
3년 동안 꾸준한 양로원 봉사활동 단, 1학년 40시간, 2학년 30시간, 3학년 20시간 학업에 집중해야 해 봉사시간을 줄이더라도 꾸준히 하는 것이 중요	1학년 40시간 2학년 30시간 3학년 30시간 봉사활동 : 양로원 노인정, 복지원, 도서관 등등(총 10가지)

Step 3 **봉사활동이 전공과 관련된 학과는 봉사가 중요하다!**

마지막으로 대학의 학과 중에서 '봉사활동' 경력이 매우 중요하게 작용하는 학과가 있다. 예를 들어, 사회 복지 학과, 간호학과, 교육과 관련한 학과 등이 대표적이다.

이런 학과는 기본적으로 '타인을 위한 배려와 희생'을 필요로 하는 곳이며 그렇기에 봉사활동이 전공 적합성의 일부로 평가가 들어간다. 이런 전공을 목표로 하는 학생이라면 봉사활동에 신경을 쓰는 편이 좋습니다. 예시를 여러 가지 들어 줄 테니 이 예시를 바탕으로 본인의 상황과 적용하기 바란다.

< 간호학과 지망 A학생 >

- 요양원 봉사 3년간 지속 활동
- 병원 봉사 2년간 지속 활동
- 노인 전문 간호사 희망. 자소서 3번 소재 봉사활동 에피소드 사용

< 영어교육학과 지망 B학생 >

- 보육원에서 영어 교육 봉사 2년간 지속 활동
- 교대 지망, 초등학생 지도 경험 2번 소재 에피소드 사용

< 기계공학과 지망 C학생 >

- 청각 장애우 봉사활동 3년간 지속 활동
- 공학 계열 지망
- 청각 장애인을 위한 보청기를 만들고 싶다는 진로 설정
  2번 및 3번 소재 에피소드 사용.
- 봉사활동이 전공과 무관해보이지만 전공과 봉사활동을 살려
  자소서에서 사용한 좋은 예이다.

< 사회복지학과 지망 D학생 >

- 노인정 봉사활동 2년
- 사회복지사 희망. 2번 3번 소재 에피소드 사용

잠깐, 봉사활동에 대한 영진쌤의 조언

하기 싫다면 굳이 개별 봉사활동을 하지 않아도 좋다. 하기 싫은데 봉사시간을 위해서 하는 봉사활동이라면 봉사활동을 하는 곳에 대한 예의도 아닐뿐더러 본인도 시간 낭비를 하는 것이다. 다른 영역에서 채우면 되니 봉사활동은 마음에 우러나오거나 정말 하고 싶은 활동이 있을 때만 하도록 하자. 그렇다면 의외로 배우는 것이 많을 수도 있다. 단, 선생님이 앞서 말한 전공이 봉사활동과 관련 있는 곳을 지원한다면 가능하면 봉사활동을 꼭 하는 것이 좋다.

(2) 독서

독서에서는 전공 적합성과 인성 등을 평가한다. 독서는 입학사정관 입장에서 중요하게 보는 항목 중 하나이다. 독서를 통해 이 학생이 전공과 관련된 독서를 읽었는지, 얼마나 이 전공에 관심이 많은지를 볼 수 있고, 독서를 한 목록 등을 보며 이 학생의 가치관이나 생각 등을 엿볼 수 있으며 얼마나 꾸준히 읽었는지를 보면서 지속성을 볼 수 있다.

한편, 학생으로서도 이 독서 영역이 중요한 이유가 있다. 왜냐하면, 가장 쉽게 추가할 수 있는 생활기록부 내용이 독서이기 때문이다. 오해는 하지 말자. 쉽게 추가할 수 있다고 해서 선생님께 책을 읽지 않고 무작정 넣어달라 해서는 절대 안 된다. 독서는 제목만 기재하면 되고 학생으로서도 독서를 했다는 간단한 증명만 선생님께 하면 대부분은 추가를 해주시고 또 선생님으로서도 마감 전까지 부담 없이 추가가 가능한 대목이 이 독서이다.

다시 한번 강조한다. 책은 반드시 읽어라. 간혹 목차나 요약본만 보고 읽었다고 하는 학생들이 있는데 면접에서 실제로 그 책을 읽었는지 검증하기 위해 물어보는 경우도 정말 많이 존재한다. 책은 꼭 읽어라.

또한, 그럼 선생님 몇 권 읽나요? 이런 식으로 물어보는 학생이 분명히 있다. 독서도 마찬가지 양보다 질이다. 그 기준은 본인이 면접에서 이 책에 대해 어떠한 질문을 교수님이 던져도 다 대답할 수 있을 정도의 양과 책만 읽는다. 즉, 본인이 소화할 수 없는 너무 많은 양의 책을 읽지도 말고 성인도 이해하기 어려운 책도 읽지 말라는 이야기이다. 서울대생이 추천하는 독서 100선 뭐 이런 거 …. 제발 읽지 좀 마라!

한편 독서에서는 입학사정관들이 이와 같은 부분을 본다.

독서에서 보는 **전공 적합성**
– 전공과 관련된 책을 읽었는지
– 학생이 실제로 이 분야에 관심이 있는지

독서에도 봉사활동과 마찬가지로 모든 학생이 공통으로 읽는 공통 독서가 있고 학생들이 개별적으로 읽는 개별 독서가 있다. 우리는 당연히 개별 독서에만 초점을 맞춘다.

Step 1 ▶ **자신만의 기준 및 독서 계획표를 세운다.**

독서를 하기 전 무턱대고 하기보다는 본인의 진로가 무엇인지를 먼저 고민하고 답을 내리는 것이 좋다. 물론 바뀌는 것은 어쩔 수 없지만, 최대한 그 진로에 맞는 독서를 하는 것도 어느 정도 필요하다. 그 이후 연간 독서를 몇 권 할 것인지 읽고 싶은 책이 무엇인지를 고른다. 독서가 아무리 대학 입시를 위해 한다지만 본인이 읽고 싶은 책을 최대한 읽고 하는 것이 좋다.

Step 2 ▶ **3가지의 방향에 해당하는 독서를 읽는다.**

독서는 크게 아래 3가지의 방향에 부합하게 읽는 것이 좋다.

1) 전공과 관련된 독서
   예를 들어 본인이 정치외교학을 전공하고자 하는 학생이라면 정치와 관련된 내용의 독서를 하시는 것을 말한다.

2) 본인의 가치관과 관련된 독서

본인이 봉사와 희생정신을 강조하고 싶다면 이와 관련된 인물들의 자서전이나 내용을 써주는 것이 좋다.

3) 본인의 롤모델과 관련된 독서

예를 들어 본인이 국제기구에 종사하고 싶다고 하면 이미 진출한 선배들이 쓴 책 등을 롤모델 독서로 선정하시는 것이 좋다.

Step 3   본인에게 부족한 영역의 독서를 남은 기간 (학년) 집중해서 채운다.

말 그대로 본인이 부족한 영역의 내용을 분석한 뒤 그 영역에 대해 집중해서 채우는 것이다.

내가 좋은 예와 나쁜 예를 통해 설명하겠다.

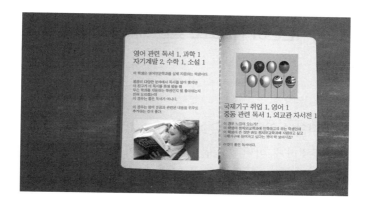

(3) 세부능력 특기 사항

세부능력 특기 사항은 앞서 언급했다시피 입학사정관이 굉장히 중요하게 보는 영역 중 하나이다. 하지만 쌤의 입장에서는 이것을 입력하는 주체가 전적으로 담임/학과 선생님이기에 내가 이 부분에 대해 어떻게 하라고 조언해주는 것 자체가 사실 조심스럽긴 하다. 물론 그 중, 학과 선생님께서 원하는 내용에 대해 신청을 받고 그대로 반영해주시는 선생님도 있다는 것을 알지만 그것은 일반적인 방법도 아니고 내가 강요할 수도 없는 영역이기 때문에 언급하지 않겠다.

그렇다면 내가 이 영역에서 할 수 있는 역할은 무엇인가를 생각해 볼 때 '좋은 세특'은 무엇인지를 알려주고 그렇게 실제 작성이 될 수 있도록 행동을 하는 것을 권하는 것이 나의 최선의 역할이라고 생각한다. 그리고 내가 '좋은 세특'을 알려주는 것은 세부능력 특기 사항 작성을 고민하시는 선생님 입장에서는 큰 도움이 될 것이라 생각하기에 이 글을 쓴다.

Step 1 본인이 작성되고 싶은 세특 내용을 그려 본다.

'좋은 세특'이란?

1) 본인의 역할이 뚜렷하면 할수록 좋다. (학업능력)

본인이 뚜렷하게 어떤 활동을 했다든지 어떤 역할을 했다던 지가 명확하면 입학사정관으로서도 이 학생에 관해 관심을 가진다.

2) 활동이 구체적이어야 한다. (전공 적합성)

'한국지리 시간에 열심히 활동했다.' 이런 내용보다는
'한국지리 시간에 ○○○ 내용에 대한 발표가 있었는데
이 학생은 ○○○ 주제로 발표했다.' 이것이 좋은 내용이다.

3) 학생의 성격과 리더십이 반영되면 좋다. (인성)

학생의 어떤 성격을 가졌다든지, 이 학생은 리더십이 탁월하고 희생정신이 뛰어나든지 등의 내용이 기재되면 좋다.

좋은 세특에 대한 예시를 내가 해당하는 내용을 바탕으로 그냥 써보겠다. 이 예시는 실제 사례가 아닌 선생님이 즉석에서 써본 것이다.

> 이 학생은 한국지리 시간에 평소 호기심이 많아 매 시간 많은 질문을 하는 학생임. A 단원을 공부할 때 지역별 관광 안내서 작성 팀 프로젝트가 있었는데 여기서 리더를 맡아 자신의 고향인 계룡 지역 안내서를 작성함. 탁월한 리더십과 유쾌한 성격을 바탕으로 프로젝트를 잘 주도하며 재미있는 안내서와 발표를 통해 학생들의 이해를 높임. 또한, 관광 관련 학과에 지망하고자 하는 학생답게 고장에 대한 정확한 이해와 함께 수준 높은 전문성을 보여 학생들로부터 주목을 받음.

→ 학생에 대한 긍정적 평가
→ 전공 적합성 및 관광에 대한 전문성이 드러남
→ 지도력이 드러남
→ 활동 내용이 구체적임.
  입학사정관이 궁금해하고 눈여겨 볼만한 내용임.

Step 2 ▶ **본인이 쓰이고 싶은 내용대로 실제로 행동한다.**

당연한 이야기이다. 본인이 1단계처럼 쓰이고 싶다면 실제로 그렇게 행동하면 된다. 간혹 많은 학생이 어떻게든 좋은 내용을 세특에 쓰려고 본인이 하지도 않은 내용을 가지고 써달라고 요청하는 경우가 많은데 선생님도 사람이기 때문에 당연히 하지도 않은 내용을 써달라고 하면 안 써주지 않을까? 본인이 쓰이고 싶은 내용이 있다면 그대로 꼭 행동하길 바란다.

Step 3 ▶ **본인이 실제로 그 활동을 했다면 선생님께 요청하자.**

본인이 실제로 쓰이고 싶은 대로 활동이나 행동을 했다면 당당하게 선생님께 공손히 요청하도록 한다. 명확한 근거를 가지고 선생님께 요청하면 선생님도 이것을 최대한 반영해 써주실 것이다. 선생님들은 최대한 대학에 잘 보내고 싶지 여러분을 떨어트릴 필요는 없으므로 최대한 도와주실 것이다.

(4) 내신

내신은 당연히 여러분의 성적이기 때문에 내가 통제할 수 있는 부분은 아니다. 다만, 당연한 이야기지만 두 가지만 강조하고자 한다.

- 내신은 무조건 잘 받자.

- 문과는 국·영·수·사, 이과는 국·영·수와 영역이 반영되기 때문에 이 과목은 내신이 반영되는 3학년 1학기까지 최대한 잘

받도록 노력해야 한다. 내신은 좋으면 좋을수록 본인에게 유리하다.

ⓠ 모든 과목을 잘 받기 힘들다면?

ⓐ 전공과 관련된 과목이라도 잘 받자.
당연히 내신 성적이 상대적으로 좋지 못한 학생이라면 내신 관리에 부담을 느낄 것이다. 그런 학생들은 본인의 전공과 관련된 성적이라도 잘 받자. 영어영문학과에 지망하는 학생이라면 다른 과목은 공부하지 못하더라도 영어와 관련된 과목은 무조건 어떻게든 좋은 성적을 받도록 노력하자. 만일 영어영문학과에 지망하는 학생인데 영어 성적이 좋지 못하고 국어 성적이 좋다면 이것은 치명적인 감점요소가 될 수 있다.

---

(5) 자율 동아리/동아리

자율 동아리 및 동아리의 중요성과 평가요소는 앞에서 설명했으니 생략하고 그렇다면 자율 동아리와 동아리를 어떻게 채워야 하는지를 말해줄 것이다. 여기서도 마찬가지 내가 통제할 수 없는 요소인 학생이 전공에 맞는 동아리를 지원했지만 불합격하는 경우(이런 경우는 정말 비일비재한데 내가 어찌할 수 없다.) 와 누구나 해야 하는 공통 등록 동아리 등은 제외하겠다.

이번 내용에서는 많은 설명보다는 많은 예시를 통해 설명할 터이니 잘 적용하기 바란다.

자율 동아리/ 동아리는 내가 굳이 설명하지 않더라도 가장 중요한 부분이라는 것을 알 테니 반드시 잘 따라서 활동을 열심히 하길 바란다.

진로와 목표를 설정하고 학교의 성향을 파악한다.

　앞서도 많이 언급했던 내용인데 우선 자율 동아리나 동아리에 들기 전에 본인의 진로와 목표에 대해 설정하는 것이 중요하다. 이때 진로나 목표가 바뀌는 것은 상관없다. 현재 진로대로 동아리에 들고 또 만약 진로가 바뀐다면 그 진로에 맞게 동아리와 활동을 하면 되기 때문이다. 또한, 학교나 선생님의 성향을 파악하는 것도 중요하다. 이 학교가 중점학교(영어, 과학 등)인지 아니면 자율 동아리와 같은 동아리 지원을 많이 해주는 동아리인지, 선생님들도 어떤 선생님이 동아리 지도나 역할을 잘 해주시는지 등 이런 요소를 생각해보는 것이 중요하다.

　자율 동아리라는 것은 기본적으로 자율적으로 하는 동아리이기도 하지만 전공과 관련해 드는 경우가 대부분인지라 입시에 도움이 될지와 별개로 학생들이 이것을 하면서 많은 것을 배우고 느끼고 또 지도를 받아 성장할 수 있어야 하는데 그렇기 위해서는 학교와 선생님의 도움이 절대적이기 때문이다. 이를 바탕으로 다음과 같이 목표를 설정할 수 있다. 목표는 자세히 정할 필요도 없이 대략적인 목표면 된다.

　이 학생을 보면 우선 화장품을 만들고 싶다는 단순한 호기심에서 출발한다.

　그리고 검색을 해보았더니 화장품을 만드는 것은 화학공학 쪽 전공을 해야 한다는 것을 알게 된다. 그래서 실험과 관련된 활동을 하고자 마음을 먹고 이 학교가 과학 중점학교이고 ○○ 선생님이 지도를 잘 해주는 것을 파악 이것을 적극적으로 활용해 실험 동아리를 만든다. 그리고 최소 2년간 활동하면서 지속해서 활동하고자 하는 의지를 보인다. 이렇게 목표를 정한 학생은 그렇지 않은 학생들보다 당연히 활동을 잘 할 확률이 높을 것이다.

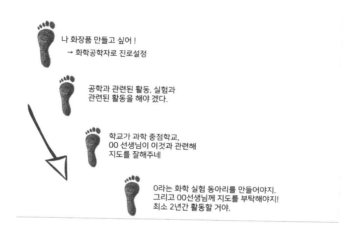

나 화장품 만들고 싶어!
→ 화학공학자로 진로설정

공학과 관련된 활동, 실험과 관련된 활동을 해야 겠다.

학교가 과학 중점학교, OO 선생님이 이것과 관련해 지도를 잘해주네

O라는 화학 실험 동아리를 만들어야지. 그리고 OO선생님께 지도를 부탁해야지! 최소 2년간 활동할 거야.

Step 2 ▶ 전공과 관련된 동아리를 만들거나 들어간다.

목표를 세웠다면 이제 실천할 차례. 이제 전공과 관련된 동아리를 만들거나 들어갈 차례다. 물론 본인의 전공과 관련된 동아리가 이미 자율 동아리로서 학교에 존재한다면 무리해서 만들 필요 없다. 물론 동아리를 창설했다는 경험이 중요하긴 하지만 괜히 만들어져 있는데 힘들여서 만들 필요는 없지 않은가. 보통 동아리를 만들기 위해서는

① 5명 이상의 부원
② 활동 계획서
③ 활동을 지도할 담당 교사

이 3가지가 갖추어져 있다면 학교에서 승인을 해줘 공식적으로 학교에서 공식적으로 인증을 받은 자율 동아리가 된다. 물론 이 요소들은 학교마다 다르며 또한 학교에서 승인받지 않은 동아리는 나중에 생활기록부 반영이 어려울 수가 있으니 활동을 할 때 반드시 학교 측에 승인을 받고 해야 한다.

잠깐, 영진쌤의 조언

무조건 자율 동아리를 만들고자 하는 생각을 버리자."

대치동 학원가를 보면 자율 동아리를 만드는 것에 대한 컨설팅 프로그램까지 존재하기도 한다. 정말 필요 없다. 여러분들이 굳이 내성적이고 나서는 것을 좋아하지 않는 성격인데 자율 동아리를 만들어야 하나? 자율 동아리를 만들지 않고 만들어진 동아리에 들어가는 것도 좋은 방법이다. 그리고 꼭 화학 공학 전공을 할 것이라 해서 무조건적으로 '화학 실험'을 하는 동아리만이 전공과 관련된 것이라는 생각도 버리자. 실험과 관련된 동아리면 무엇이든 좋다. 일단 들어가 보자. 실행이 반이다.

Step 3 ▶ 열심히, 지속해서, 책임감 있는 활동을 한다.

당연히 동아리에 들어갔다면 그냥 이름만 넣는 것이 아닌 책임감 있는 활동이 전제되어야 한다. 그리고 전공과 관련된 동아리에 들어갔다면 중간에 나오지 말고 최소한 2년 이상 꾸준히 활동하는 것이 좋다. 무엇이든 처음 들어간 동아리에서는 역할을 제대로 하기 힘들다. 2년 정도 계속 동아리에서 꾸준히 활동하면서 회장 같은 임원 역할도 망설이지 말고 해보자. 이것은 당연히 대학 입시에도 도움이 될 뿐 아니라 여러분 인생에도 리더십을 가지고 책임감 있게 한 활동 자체가 많은 도움이 되기 때문이다.

Step 4 전공과 관련 없는 동아리도 상관없다! 본인이 재미있는 동아리를 들며 고등학교 생활을 즐기자.

　3단계까지 말하면 무조건 자율 동아리/동아리 ＝ 전공과 관련된 동아리? 이렇게 생각할 수도 있겠다. 절대 절대 아니다. 자율 동아리나 동아리는 일반적으로 전공과 관련된 동아리를 1개 이상 정도 드는 것이 좋으므로 3단계에 걸쳐 말을 한 것이고 전공과 무관한 동아리를 드는 것은 전혀 나쁘지 않다. 아니, 오히려 좋다. 고등학교 생활에 입시와 관련 없는 본인이 즐거워서 하는 동아리를 많이 들고 참가하는 것도 매우 좋다. 예를 들어 춤을 좋아하는 학생이라면 춤 동아리에 들도록 하자. 입시와 무관하게 일주일 몇 시간 그 날만큼은 본인이 아이돌이 된 것처럼 즐기고 오는 것이다. 'Seize the Day' 수험생의 관점에서 인생을 즐기라고 말하기는 참으로 어렵지만, 그 순간만큼은 현재를 즐기길 바란다!

PART 02

자소서편

Pre 자소서: 소재와 컨셉 너는 누구?

컨설팅과 생활기록부 편이 끝나고 본격적으로 자기소개서에 관해 이야기하기 전에 하나의 챕터로 '소재와 컨셉'편을 따로 다루고자 한다.

① 자소서는 소재가 사실상 당락을 좌우한다.

내가 학생들에게 계속 강조했던 말이다. 이 글을 읽는 여러분은 첨삭에 대한 관점부터 바꿔야 한다. 대부분 학생이 자소서 첨삭이라고 하면 흔히 문장들 하나하나 꼼꼼하게 해주는 것을 첨삭이라고 하고 올바른 첨삭이라 믿는다. 하지만 그건 '형식 첨삭'이고 이 형식 첨삭을 받기 위해 여러분들은 지금까지 비싼 돈을 주고 첨삭을 받았다.

생각해보라. 문장의 어순과 단어를 조금 더 깔끔하게 바꾼다고 그것이 당락에 영향을 미칠까? 그리고 이 많은 학생의 글을 확인해야 하는 입학사정관이 그렇게 사소한 것 하나하나 신경을 쓸까? 문제는 내용이다. 학생들은 절대 글을 못 써서 떨어지는 것이 아니라 그 문항에 해당하는 적합한 소재, 또는 변별력이 있는 소재를 찾지 못해서 떨어지는 것이다. 첨삭을 해주는 선생님들, 사설 컨설턴트 분들도 마찬가지이다. 제발 형식만 첨삭해주지 말고 소재 추출부터 같이 도와주시길 부탁드린다. 학생들은 본인이 어떤 소재를 써야 하는지를 잘 모르기 때문이다.

바보야, 문제는 내용이야! 내용이 곧 소재다!

2 좋은 소재와 나쁜 소재가 존재한다. 그것이 곧 당락의 갈림길이다.

이번 장과 다음 장에 걸쳐 꽤 많은 비중과 예시, 좋은 소재와 나쁜 소재, 그리고 소재 찾는 법을 설명할 것이다. 내가 그렇게 자세히 설명하고자 하는 이유는 소재에도 좋은 소재와 나쁜 소재가 있기 때문이다. 좋은 소재는 당연히 자소서에서 써야 하는 소재이고 나쁜 소재는 자소서에서 쓰면 절대 안 되는 즉, 변별력이 없는 소재이다.
좋은 소재를 쓰고 나쁜 소재를 쓰지 말아야 한다.

3 소재와 컨셉을 정하면 자소서를 작성하기 쉽다.

학생들이 자소서에 글을 쓰기 전 소재와 컨셉을 정해 놓으면 그것이 일종의 뼈대가 되기 때문에 자소서를 작성하기 쉬울 것이다. 그냥 백지상태에서 펜을 드는 것보다는 뼈대가 어느 정도 정해지는 것이 더 넣고 빼고 하기 쉽지 않은가. 그러므로 꼭 미리 소재와 컨셉을 정해야 한다.

물론 각 문항에 맞는, 그리고 좋은 소재가 무엇인지는 각각의 문항에 관해 설명하면서 잘 다루겠지만 이번 장에는 소재와 컨셉이 무엇인지에 대해 간략히 들어가 보자!

(1) 컨셉을 통해 소재 정하기

컨셉을 정하는 것은 자기소개서의 숲을 정하는 것과 같다. 자기소개서에서 1번부터 4번까지의 문항에 대해 전체적으로 쓸 방향을 정하게 되면 당연히 자소서를 작성하는 데 훨씬 수월할 것이다.

컨셉을 한 문장으로 정의하면

'가치관 + 진로 + 학과'

즉,

'나는 어떠한 가치관과 마인드를 가지고 ○○학과에 진학해 어떠한 진로를 향해 달려가겠다'라는 것을 정하는 것이다.

본인만의 컨셉을 가지려는 방법은 3단계로 설명할 수 있다.

< 본인의 컨셉 가지기 >

Step 1. 본인의 관심사 정하기

Step 2. 컨셉을 바탕으로 단어 나열, 브레인 스토밍하기

Step 3. 각 문항에 대해 소재 분배하기

내가 **무엇에 관심**이 많지?
내가 **어떠한 직업**을 가지고 싶지?
나는 3년 동안 **어떤 활동**을 해왔지?

관심사는 이에 대한 답을 서술하면 된다.

한 학생을 예로 들어보자

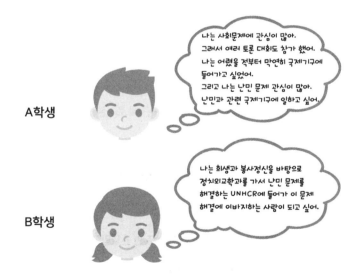

A학생

나는 사회문제에 관심이 많아.
그래서 여러 토론 대회도 참가 했어.
나는 어렸을 적부터 막연히 국제기구에
들어가고 싶었어.
그리고 나는 난민 문제 관심이 많아.
난민과 관련 국제기구에 일하고 싶어.

B학생

나는 희생과 봉사정신을 바탕으로
정치외교학과를 가서 난민 문제를
해결하는 UNHCR에 들어가 이 문제
해결에 이바지하는 사람이 되고 싶어.

이처럼 컨셉에는 가치관＋학과＋진로에 대한 계획＋구체성이 전
제되어야 한다.

컨셉을 바탕으로 단어 나열, 브레인스토밍하기

먼저 각 문항에 대한 소재를 분배하기 위해서는 본인이 '컨셉'에 기반해 한 활동과 가치관 등을 나열해야 한다. 이때 나열은 최대한 많이 그리고 단어를 중심으로 나열하도록 하자

위 학생을 예로 들면

> 사회 문제, 토론, 난민 문제, 사회 문화, 난민 봉사활동,
> 국제기구, 모의 UN, 갈등 조정, 토론 사회자,
> 시리아 난민, UNHCR 등

우선 본인의 컨셉에 해당되는 단어와 가치관 등을 생각나는 대로 나열하자. 지금 생각 안 나는 것은 걱정하지 말고 각 문항을 보면서 추가하면 된다.

Step 3 **각 문항에 대해 소재 분배하기**

큰 틀의 컨셉을 바탕으로 우리는 1~4번 출제 의도에 맞는 소재를 분배할 것이다. 물론 지금 이 내용이 이해 안 되더라도 뒤의 자소서 부분에서 더 자세히 구체적으로 설명해 줄 것이니 대략적으로만 이해하길 바란다.

1번 문항 : 학습경험과 노력을 묻는 문제

키워드   사회 문제, 토론, 사회문화 등

평소에 사회 문제에 관심이 많기 때문에 사회 문제에 대한 관심을 바탕으로
사회 공부도 열심히 하고 토론도 열심히 했음.
해서 사회 과목을 어떤 방법으로 노력했고 그래서 좋은 점수를 받음.

이것이 1번 문제의 컨셉이 되겠다. 여기에서 당연히 이제 살을 붙이며 작성해 나가는 것이다.

2번 문항 : 전공적합성을 묻는 문제

키워드   난민 봉사활동, 모의 UN, 토론

난민을 돕는 봉사활동을 함.
평소 여러 정치 사회 이슈에 관심이 많아 토론을 함.
모의 UN 대회에서 독일 대표로 난민 문제의 필요성을 역설

3번 문항 : 배려, 나눔, 협력, 갈등관리 등 인성을 묻는 문제

 키워드   **토론 대회 참여**

토론 사회자로 대회에 참가해 끝이 보이지 않는 갈등을 조정함.

4번 문항 : 학업계획과 진로계획을 묻는 문제

 키워드   **지원 동기, 학업/진로 계획 등**

난민 문제에 관심을 가지게 된 동기와 난민문제를 해결하기 위해 정외과에 지원. 그리고 이 학과에 입학하면 어떻게 공부를 해서 어떻게 UNHCR에 들어갈 것인지.

4번 학업계획과 진로계획에 관해 물어보는 문제에 대해서 이 정도가 4번 문제에 대한 컨셉이 될 것이다. 특히 4번 문제는 위의 내용(학업계획과 진로계획)에 대해서 어느 정도의 검색과 사전조사가 필요하다.

잠깐, 영진쌤의 컨셉에 대한 조언

컨셉을 잡고 1~4번 문제를 써 내려가는 것이 가장 효율적이며 쉽게 쓸 방법이긴 하다. 하지만 이것이 꼭 유일한 방법은 아니다. 모든 내용에 대해 일관되게 컨셉을 잡지 않더라도 본인의 특색이 있다면 1~4번 모두 다 개별적으로 소재를 잡고 작성해도 전혀 무방하지 않다. 꼭 이것만이 정답은 아니니 참고하길 바란다.

잠깐! 쉬어가기

◎ **쌤 저의 차별화 포인트는 무엇일까요? 강점 찾기 TIP!**

Ⓐ 첨삭하다 보면 학생들이 '변별력이 없어 보인다.'라는 고민을 많이 털어놓는다. 그리고 또 첨삭하는 선생님도 '변별력이 없다'라는 말을 하고 막상 '왜'라고 물어보면 제대로 답변을 못 해주는 경유가 부지기수이다. 그렇다면 우리의 차별화 포인트는 무엇일까?

가장 좋은 방법은 변별력이 없는 것 지우기이다. 본인이 다른 학생들과 비교했을 때 상대 우위를 가지는 내용을 선택해야 하는 것이 자소서와 면접에서 합격을 가르는 당연한 비법인데 변별력이 없는 내용부터 거른다면 남는 내용과 소재를 활용하면 된다. 이렇게 지우니 변별력이 있는 것이 없다고? 너무 박하게 본인을 평가하진 말자. 누구나 사람은 강점은 있는 법이다.

또, 선생님이 가장 많이 학생들에게 말하는 꿀팁 중 하나는 '전교 1등이라면?' 가정을 해보자! 본인이 전교 1등이라면? 물론 이 학생은 해당하지 않는다/^^

하지만, 본인이 전교 1등이 아닌 그냥 평범한 학생이라면 내가 이 내용을 쓸 때 내가 이 내용을 쓴다면 전교 1등이 이 내용을 쓰면 이 학생에 비해 내가 변별력이 있을까? 당연히 전교 1등이 훨씬 잘한다면 이 소재는 써서는 안 되겠지. 하지만 전교 1등과 붙더라도 내가 경쟁력이 있을 것 같아! 라고 생각한다면 이것이 바로 본인의 차별화 포인트이다. 기억해두길.

자기소개서 작성 A to Z

1 자기소개서 작성의 대원칙

(1) 소재가 반이다. 소재 선정에 심혈을 기울이자.

소재가 자소서의 70% 이상을 차지한다. 얼마나 다른 학생과 차별화된 내용과 소재를 작성했는지가 사실상 자기소개서 합격의 당락을 좌우한다. 그래서 내가 가장 강조하는 것이 소재이며, 소재가 제대로 갖춰지지 않으면 첨삭을 중단하고 소재 선정에만 몰두하기도 한다. 소재는 생활기록부를 보면 나오는데, 생활기록부를 꼼꼼히 살펴보며 각 문항에 맞는 소재를 찾는 데에 우선적으로 몰두해야 한다.

(2) 누구나 쓸 만한 내용은 쓰지 마라.

그렇다면 소재의 선정 기준은 무엇일까요? 딱 한 가지, 소재를 선정할 때 자신에게 이 질문만 던져보면 된다. '이 소재가 누구나 쓸 수 있는 내용인가?' 이것이 소재 선정의 가장 큰 기준이다. 누구나 쓸 수 있는 뻔한 소재는 전혀 변별력이 없습니다. 모든 학생이 같은 내용을 쓰기 때문이죠. 대표적인 예로, 추후에 언급하겠지만 봉사활동, 멘토링, 회장 경험이 있겠다. 이러한 것들은 누구나 할 수 있는 것으로 특별히 자신만의 이야기가 있지 않는 한 변별력을 가지기 어렵습니다. 이처럼, 소재를 정할 때는 누구나 쓸 수 있는 내용이 아닌 '자신만의 이야기'를 쓰는 것이 중요합니다.

이 뻔한 소재를 굳이 쓰고 싶다면? 본인만의 특별한 이야기가 있을 때는 당연히 이 소재를 활용해도 좋다.

(3) 전공 관련 문항에 주의하라.

자기소개서에서 가장 중요한 문항은 결국 전공과 관련된 문항이다. 대학에서 학생부 종합 전형으로 학생을 선발하는 이유는 해당 학과에 가장 적합하고 관련된 준비를 많이 한 학생을 찾기 편하기 때문이다. 그리고 학과에 적합한 준비를 했는지를 알기 위해서 대학교는 자기소개서에 '전공 관련 문항'을 개별 문항으로 제시한다(물론 이건 학교마다 문항 유형과 유무가 다르니 확인하기 바란다). 전공과 관련된 문항은 2번과 4번 문항인데 이 문항을 쓸 때에는 특히 신경을 써서 작성하도록 한다. 가장 중요한 것은 본인이 해당 학과에 들어가기 위해 어떤 노력과 활동을 했는지가 진정성 있게 드러나야 한다는 것이다. 이 점 잊지 말길 바란다.

(4) 마지막 문항은 개별 대학에 맞춰 작성한다.

1, 2, 3번 문항은 전체 대학 공통문항이지만 4번 문항은 대학마다 개별적으로 주어지는 문항이다. 당연히 학교의 입장에서는 각각의 인재상에 맞는 학생을 선발하기 위해 개별 문항을 부여하는 것이다. 그런데 대부분 학생은 동일한 학과를 지원한다고 해서 4번 문항을 동일하게 작성해 소위 복붙을 하는 경우가 많다. 무조건 대학교 입학처에 들어가 입시 요강을 살펴보며 해당 학교의 인재상과 요구조건, 그리고 대학교에 입학한 선배의 수기를 확인하여 개별 대학의

성향에 맞게 작성해야 한다. 인재상에 맞지 않게 쓰면 감점하거나 뽑는 데 결정적인 영향을 미치는 대학도 존재하니 반드시 귀찮다고 복붙하지 마시길 바란다.

(5) 하지만 형식은 잘 지켜야 한다.

물론, 자기소개서에서 가장 중요한 것은 내용이다. 하지만 내용이 중요하다고 해서 형식이 중요하지 않은 것은 결코 아니다. 형식은 기본적인 것이다. 대부분 학생이 많이 범하는 형식의 오류 중 하나는 맞춤법, 표현상의 오류인데 많은 학생을 첨삭하다 보면 맞춤법, 비문, 띄어쓰기 등 여러 형식상 오류가 많이 발견된다. 이것이 빈번하면 당연히 글을 읽는 사람 입장에서는 읽기 불편할 수밖에 없고 이는 곧 감점으로 이어진다.

그렇기에 자소서 작성 전에는 형식상의 오류가 없는지 꼼꼼히 살피도록 한다. 마지막으로, 학생들의 많은 실수 중 하나는 글자 수를 맞추려다 발생하는 오류인데 알다시피 1,000자라는 글자 수가 정해져 있으면 그 글자 수를 초과하면 안 된다. 그러다 보니 학생들이 그 글자 수를 맞추기 위해 글자 수를 줄이거나 늘리다가 꼭 필요한 문장들을 빠뜨리거나 문장이 어색해지는 상황이 자주 발생한다. 이러한 형식의 문제가 발생하지 않도록 차근차근 단계적으로 글자 수를 줄여나가도록 한다.

❷ 문항 공통 자소서 작성 방법

이번 시간에는 자소서 작성 방법에 대해 말해주도록 하겠다. 신학기가 되면 자소서를 써보라고 학교에서 시키긴 하는데 어떻게 써야하는지 모르고 막막한 학생들이 많은 것이다. 그래서 이번 부분에서는 개별 문항에 대한 분석과 방법을 말하기 이전에 모든 문항에서 공통으로 자소서를 써 내려가는 방법론에 대해서 말을 하고자 한다. 이것은 모든 문항에 적용되는 것이니 잘 보고 따라 하기 바란다.

(0) 우선 글을 쓰기 전 문장 구성을 대략 잡는다.

학생마다 1,000자를 1개의 소재로 쓰는 학생들도 있고 500자나 750자를 1개의 소재로 쓰는 학생들도 있을 것이다. 이것은 학생마다, 문항의 유형마다 다르니 글자 수에 맞게 내가 몇 문장을 써야 하는지를 먼저 잡는다. 이렇게 문장을 잡으면 거기에 해당하는 문장 구성을 잡을 수 있기에 쉽다. 보통 1문장은 때에 따라 다르지만 50자정도 내외가 일반적이다. 그래서 1,000자를 쓰는 학생은 20문장 정도를, 500자를 쓰는 학생은 10문장 내외를 쓴다고 생각하면 된다.

(1) 첫 문장 = 주제, 주제는 명확하고 간결하게 한다.

항상 첫 문장은 전체 내용의 주제(말하고자 하는바)여야 하고 이주제는 명확하고 간결하게 작성해야 한다. 주제 문장의 가장 큰 특징은 포괄성, 명확성, 구체성이다. 즉, 주제는 나머지 모든 문장을 포괄할 수 있어야 하고, 문장은 최대한 선명하고 명확해야 하며, 또한 첫 문장은 추상적인 이야기가 아닌 최대한 구체적으로 작성되어야한다.

(2) 두 번째 문장부터는 활동(동아리, 실험, 봉사활동 등) 또는 과목
을 하게 된(배우게 된) 계기와 이유를 쓴다.

최대한 구체적으로 개인의 경험을 위주로 서술해주는 것이 좋다.
(계기 부분)

내가 '두 번째 문장부터는'이라는 표현을 사용한 것은 이 계기 부
분을 몇 문장으로 구성할지는 학생마다 다르기 때문이다. 간단한 계
기가 있는 친구들도 있고 아니면 '처음에는 안 하려 했지만, 나중에
어떠한 계기로 참석했다'라는 식의 구체적인 에피소드가 있는 학생
들도 있으므로 이 부분에 대한 일반화는 어렵다. 다만, 최대한 본인
의 개인적 경험을 위주로 자세하게 서술해주도록 한다.

(3) 세 번째 구성할 내용은 활동에 관한 내용 및 과정 부분이다.

활동(또는 과목)에 관한 내용 및 과정 부분에서는 '과정과 경험'
중심의 서술이 되어야 한다. 그것에 관한 내용은 다음과 같다.

동아리 및 실험의 경우
- 몇 학년 때 어떤 에피소드가 있었는지
- 그 에피소드의 과정이 어떠한지
- 구체적으로 어떤 내용의 활동 및 에피소드가 있었는지
- 갈등이 있었다면 갈등이 왜 발생했고, 어떤 갈등인지
- 갈등이나 활동의 경우 문제해결 과정이 어떠했는지

과목에 대한 경험의 경우
- 어떤 과목, 내용을 배웠는지
- 어떠한 학습 경험이 있는지, 그 경험의 과정
- 과목을 배우면서 어려움은 없었는지,
  어려움이 있었다면 무엇인지
- 배움에 대한 과정 및 어려움 해결 과정은 무엇인지

이런 형태의 내용이 들어가면 좋다.

(4) 경험 또는 과정을 통해 '배우고 느낀 점'은 최대한 구체적으로 자세히 서술한다.

내용, 과정 부분을 썼다면 그 다음은 '느낀 점'부분이다. 학생들이 대부분 실수하는 부분이 이 부분을 거의 적게 쓰거나 안 쓴다는 것인데 이 느낀 점 부분은 대학에서 주요 평가의 대상이다. 그래서 문항마다 '배우고 느낀 점을 중심으로'라는 말이 들어가는 것이다. 배우고 느낀 점은 그냥 단순히 '보람 있었다. 재미있었다.' 이런 내용보다는 '○○○○ 때문에 보람 있었다.' '○○○점이 재미있었다.'라는 식으로 최대한 구체적으로 어떤 점 때문에 무엇을 배우고 느꼈는지를 중심으로 서술해주는 것이 좋다.

(5) 최대한 일반화했지만, 본인에게 맞게 변용해서 사용한다.

항상 자주 하는 말이지만 무엇이든 100%라는 것은 없다. 나 역시 이렇게 쓰게 되면 학생들이 일관되고 명확하게 쓸 수 있으므로 '법칙화'해서 가르쳐준 것이지 이 내용이 모든 학생, 문항에 100% 적용된다고 말하고 싶진 않다. 내가 말한 내용을 바탕으로 본인에게 맞게 변용을 하면 될 것이다.

(6) WHY라는 질문을 던져라. 물음에 대한 답이 끝날 때까지 서술하는 것이다.

선생님 글을 어떻게 하면 잘 쓸까요? 라고 정말 많은 학생이 나에게 물어보는 데 이때마다 해주는 말이 'WHY 질문 던지기'이다. 글에 대한 법칙을 설명하고자 하면 끝도 없고 학생들이 자소서를 위해서 그런 강의를 들을 시간도 없다. 자소서를 쓸 때는 계기 부분을 쓰던 내용 과정 부분을 쓰든 어느 부분을 작성하건 상관없이 계속 '왜?'라는 질문을 던지고 이 물음이 끝날 때까지 자소서를 서술하는 것이 좋다.

③ 자기소개서 1번 문항 분석하기

이제부터 자기소개서 문항들에 대해 알려주겠다. 모든 문항을
1) 문항 분석,
2) 나쁜 소재 걸러내기,
3) 좋은 소재 찾기,
4) 문항별 예시 분석,
5) 스스로 첨삭하기(수정 전 및 수정 후) 이렇게 구성하였다.

먼저 문항을 분석하면서 각 문항에서 말하는 출제의도를 분석한 후 학생들이 자주 사용하는 나쁜 소재를 걸러내는 연습을 하고, 본인에게 맞는 좋은 소재를 찾는 연습을 한 다음, 실전으로 문항별 예시 분석을 구경한 후 수정 전 내용과 수정 후 내용을 보면서 스스로 첨삭하는 연습을 해보자. 이 과정을 거치면 생활기록부에서 소재를 보는 안목과 스스로 글을 쓰고 첨삭하는 연습을 할 수 있을 것이다.

(1) 1번 문항 분석

고등학교 재학 기간 중 학업에 기울인 노력과 학습 경험에 대해, 배우고 느낀 점을 중심으로 기술해 주기 바란다(1,000자 이내).

1) 고등학교 재학 기간 중

고등학교 재학 기간 중을 공통문항에서는 항상 명시한다. 그 이유는 간단하다. 말 그대로 고등학교 재학 기간 중 있었던 경험과 내용만 쓰라는 것이다. 일부 학생들이 초, 중학교 때의 학습 과정을 언급하는 때도 있는데 이것은 철저히 삼가는 것이 좋다. 이 경우 그 부분이 채점에 들어가지 않거나 엄격한 입학사정관은 0점 처리하는 때도 있다. 반드시 고등학교 재학 기간 중의 학습 경험만 서술하도록 하자.

2) 학업에 기울인 노력과 학습 경험에 대해

이 문항의 출제의도이다. 말 그대로 1번 문항은 '학습 경험'에 관해서 묻는 것이다. 그러므로 학생들은 그냥 단순한 공부 방법이 아닌 학습을 해온 과정과 노력 중심의 서술을 해야 한다.

3) 배우고 느낀 점을 중심으로 기술

가장 많은 학생이 실수하는 부분이다. '배우고 느낀 점'을 중심으로 기술하라고 문항에서 나와 있음에도 불구하고 대부분 학생은 내용 중심의 서술을 하며 배우고 느낀 점을 거의 서술하지 않는다. 이 경우는 절대 좋은 자소서가 아니며 좋은 평가도 받지 못한다.

반드시 글을 쓸 때 본인이 이 과목과 과목에 대한 경험, 노력을 통해 무엇을 배웠는지를 중심으로 서술을 해줘야 한다. 처음 개요를 잡고 쓸 때 반드시 40~50%의 분량을 이 부분에 할당하도록 하자.

4) 1,000자 이내

1,000자 이내라는 것은 글자 수를 1,000자를 초과하지 말라는 것이다. 실제로 온라인에서 작성 시 1,000자를 초과하면 그 이후 글자는 입력할 수 없게 된다. 1,000자라 하면 20문장 내외의 글로 구성하면 되며 이를 바탕으로 개요를 짜면 된다.

앞서 말했던 내용을 그대로 개요를 짜면 다음과 같다.

- 주제 (1문장)
- 과목을 배우게 된 계기 (계기 부분, 2문장 이상)
- 내용 및 과정 (과정 부분, 8문장 이상)
- 배우고 느낀 점 (느낌 부분, 9문장 이상)

이렇게 구성을 하면 된다.

(2) 1번 문항 소재 고르기: 나쁜 소재 걸러내기

각 문항에 필요한 소재를 고르기 위해서는 우선 나쁜 소재를 걸러내는 작업이 필요하다. 내가 각 문항에서 나쁜 소재를 먼저 언급하며 걸러내려는 이유는 대부분 학생이 내가 말한 이 나쁜 소재를 쓰는 경향이 있으므로 먼저 글을 쓰면서 이 내용을 최대한 쓰지 않도록 노력하라는 것이다.

1) 과목에 대한 공부법 중심 서술

'비문학 공부 방법', '수학 공부 방법' 이렇게 대부분 학생은 공부에 대한 경험과 과정이 아닌 공부법을 중심으로 쓰는 경우가 많다. 여러분들도 상식적으로 생각해보자.

전교 1등이나 최상위권 학생이 아니라 3~4등급 학생이라면 과목별 공부법을 말하는 것이 의미나 변별력이 있겠는가? 또 이 공부법 중심 서술은 1번 문항의 출제 의도와도 어긋난다. 그러므로 과목에 대한 공부법 중심의 서술은 피하도록 하자. 안물안궁이다(안 물어봤고 안 궁금하다).

2) 멘토링 공부법

정말 많은 학생이 쓰는 대표적인 소재이다. 주요 레퍼토리는 '멘토링을 통해 다른 학생들에게 과목을 가르쳐주면서 나도 공부를 잘 할 수 있었음', 이런 내용이다. 그런데 이런 글들은 내 경험상 약 50% 이상(보수적으로 잡았을 때다.)의 학생들이 이렇게 멘토링 형태의 글을 쓴다. 글 자체의 문제를 떠나서 남들이 다 쓰는 소재는 전혀 변별력이 없다. 본인이 특별한 경험이 있지 않은 한 이런 멘토링 공부법은 쓰면 안 된다. 아, 하나의 경우는 제외. 교육 관련학과는 이와 같은 멘토링을 쓰는 것이 도움이 된다. 이 멘토링을 통해 가르친 경험과 그를 통한 성적 상승 경험, 그리고 이 경험을 바탕으로 진로를 교육 쪽으로 설정하게 되었다는 형태로 써도 무방하다(물론 이 내용을 2번에 써도 가능하다).

3) 오답 노트, 문제풀이를 통한 이해

이건 대표적인 나쁜 소재이다. 이 소재가 안 좋은 이유는 위의 멘토링과 마찬가지로 너무 많은 학생이 오답 노트와 문제풀이를 통한 이해를 주요 내용으로 쓰기 때문이다(특히 수학 과목). 남들이 똑같이 하는 것을 쓰면 당연히 변별력이 없다. 입학사정관은 여러분의 글만 보는 것이 아니라 하루에 수백 개의 글을 본다는 것을 명심하자.

4) 과목별 소재 및 내용 나열

과목을 여러 개 선택해 이에 대해 나열하는 식으로도 많은 학생이 쓴다. 즉, 1/3은 수학, 1/3은 영어 1/3은 국어 이렇게 국·영·수 공부 방법을 나열하는 것이 대표적인데 이것 역시 출제 의도에 벗어난 나쁜 소재이다. 입학사정관은 본인의 학습 경험과 과정 느낀 점이 궁금하지 여러분의 과목별 공부법이 궁금한 것이 아니다.

잠깐, 영진쌤의 조언!

나쁜 소재라고 무조건 거를 필요는 없다! 케바케!

내가 나쁜 소재라고 언급한 내용에 본인의 자소서가 해당한다고 해서 좌절하거나 무조건 거를 필요는 없다. 물론 좋은 소재를 바탕으로 쓰는 것이 가장 이상적이겠으나 이 소재밖에 본인이 생각나는 것이 없거나 아니면 꼭 이 내용을 쓰고 싶은 학생이 있을 것이다. 그럴 때는 좋은 소재를 바탕으로 다시 쓰려고 무리하지 말고 그냥 쓰자. 대신, 배우고 느낀 점을 더 많이 중점적으로 쓰는 것이 좋다.

소재가 뻔하다고 하다면 배우고 느낀 점을 많이, 구체적으로 서술하게 되면 역시 변별력을 가질 수 있기 때문이다. 그리고 너무 1문항에 대해 집착하지는 말자. 이 문항에서 상대적으로 평범하더라도 다른 문항에서 본인의 스타일에 맞게 최대한 변별력이 있도록 써 내려가면 된다.

---

(3) 1번 문항 소재 정하기: 좋은 소재 정하기

1번 문항에는 본인이 인상 깊게 공부했던 과목에 대한 학습 경험과 노력 과정을 쓰는 것이다. 이 문항에서 입학사정관이 보는 핵심은 얼마나 학교생활을 열심히 했는지이다.

**'과목에 대한 공부법이 아닌
학습 경험과 노력 위주의 서술.'**

이것이 바로 출제 의도이자 학생들이 가장 많이 실수하는 것이다. '공부를 어떤 방법으로 했다'가 중요한 게 아니라 '왜 공부를 했고, 어떤 과정으로 학습하고 노력했고 무슨 점을 느꼈는가.'인 것이 중요하다.

1) 전공 관련된 과목에 대한 학습 경험 및 성적 상승 경험 서술

이것을 1타 2피라 한다. 나는 학생들에게 본인이 지원하는 해당 전공에 관심 있는 '티'를 내도록 가르친다. 그래야 평가자로서도 당신을 뽑을 것 아닌가. 1번 내용도 마찬가지로 마땅히 쓸 내용이 없다면 최대한 전공과 관련된 과목을 선택해 이에 대한 학습 경험과 성적 상승 경험을 쓰도록 하자. 예를 들어 본인이 화학공학과를 지원하는 학생이라면 화학 과목을, 영어 관련 전공을 지원한 학생이라면 영어 관련 과목을 선택하는 것이 대표적이다.

2) 과정 중심, 스토리가 있는 내용과 서술

과정과 스토리가 있는 내용과 소재. 이것도 1번에서 선택해야 할 좋은 소재의 유형 중 하나이다. 예를 들어 보며 편하게 설명하겠다.

"처음에는 한국사라는 과목을 싫어했고 재미가 없었음. 하지만 어떤 것을 계기로 한국사에 관심을 두게 됨. 그래서 한국사가 우리에게 중요하다는 것을 깨닫고 열심히 공부하고자 함. 처음에 무작정

한국사를 암기 과목이라 생각해 외우면서 공부. 처음에 공부를 잘하지 못했기 때문에 쉽지 않음. 고민하다 A 동아리를 통해 체험하며 역사를 공부. 이런 과정이 있었지만, 결과적으로 더 쉽게 역사를 이해하고 배울 수 있게 됨. 그래서 성적도 상승하고 역사 관련 진로를 선택하게 됨."

그냥 편하게 서술했지만, 이 학생의 소재는 어떤가?

처음에는 역사에 관심이 없었지만 어떤 계기로 관심을 두게 되고 공부 과정도 쉽지 않았지만, 열심히 학습해 성적을 올렸고 최종적으로 진로를 역사로 선택하게 되었다.

같은 한국사라는 과목이라도 이렇게 과정과 스토리가 있다면 정말 다른 학생들에 비해 변별력을 확보할 수 있다.

3) 뻔한 소재, 내용이더라도 과정과 느낀 점 위주의 서술

내가 위에서 언급한 뻔한 소재와 내용으로 쓸 수도 있다. 하지만 같은 내용이더라도 본인이 공부했던 과정과 느낀 점 위주로 글을 쓰도록 하자. 그렇게 된다면 다른 같이 뻔한 소재를 선택한 학생들보다 더 본인의 이야기가 되기 때문에 나만의 변별력을 갖출 수 있게 된다.

4) 전공과 관련된 동아리를 바탕으로 한 서술

대부분 학생이 과목을 선택할 때 공부 방법과 과정을 통해 설명하는데 전공과 관련된 동아리를 들었던 학생이라면 이 동아리를 통해서 열심히 공부했다는 내용을 드는 것도 좋다.

예를 들어 영어와 관련된 동아리와 1번 내용을 연결 짓는다면

'영어 동아리에서 어떤 활동을 했고 이 경험이 영어 과목 공부에 많은 도움이 되어 좋은 성적을 받았고 그 결과 영어에 관심이 생겨 이를 진로로 설정하게 되었다' 이런 식의 내용을 쓰는 것도 아주 좋은 방법이다. 이것 역시 일반적인 학생들은 그렇게 쓰지 않으니 이런 형태로 쓰게 되면 변별력을 갖출 수 있을 것이다.

5) 1번 학생 예시 문항 분석을 통한 분석 및 첨삭하기

이번에는 학생 예시 문항 분석을 하면서 실제로 스스로 첨삭을 해볼 것이다. 내가 서두에 말했지만 나는 많은 학생에 대한 예시를 들지 않을 것이다. 그런 학과별, 문항별 학생에 대한 예시에 관한 것은 커뮤니티에만 가도 너무 많고 시중 자소서 관련 책에도 너무 많다. 하지만 우리가 이런 예시를 본다고 실제로 적용할 수 있는가? 그냥 참고만 할 뿐 실제로 그렇게 쓰지 못하니 학생들은 첨삭을 받는 것이다.

선생님은 이 문제점을 보완해 각 문항에 대해 일정한 기준을 가지고 분석을 하며 이에 대해 수정 전과 후를 나누어 실제 첨삭을 한 내용을 바탕으로 평가를 할 것이다(물론 개인 정보가 들어간 것들은 블라인드 처리를, 일부는 각색하였다).

여러분들도 이 분석과 첨삭 내용을 보면서 본인의 내용을 가지고
① 소재를 잘 뽑았는지 확인하고,
② 어떤 기준을 가지고 분석했는지 확인하며 스스로 분석을 해보고,
③ 첨삭 후 내용을 보지 말고 스스로 수정 전 내용만 보면서 본인이 문제점을 비교해 스스로 첨삭을 해보길 바란다. 이 3가지를 한다면 이 책을 가장 잘 활용하는 것이며 여러분도 누군가의 도움을 받지 않고도 첨삭에 대한 기준과 안목이 생길 것이다.

[1번 문항에 대한 첨삭 및 분석 기준]

소재의 적합성	소재의 내용이 1번 내용과 부합하는가? 변별력 있는 소재인가?
경험 및 과정 중심의 서술	단순한 소재 나열이 아닌 경험과 과정 위주의 서술인가?
주제문의 두괄식 구성	주제문이 명확하고 구체적이며 포괄적인 문장으로 서술했는가?
배우고 느낀 점 위주의 서술	배우고 느낀 점이 구체적인가? 뻔한 내용의 느낀 점 서술이 아닌가?
형식 논리	문장과 문장이 논리적으로 연결이 되는가? 문장의 논리가 부족함이 없는가?

구체성	글의 내용이 추상적이지 않고 구체적인가?
	* 여기서 구체성은 전문성을 갖추라는 뜻이 아니다. 너무
	  어려운 전문용어 등은 피하도록 하자. 이과 학생이더라도
	  문과 입학사정관이 본다고 생각하고 글을 작성하자.

변별력	전체적인 글이 다른 학생들에 비해 변별력이 있는가?

전공 적합성	1번 내용의 글이 전공과 부합하는가?
	* 이때 1번 문항에서는 전공 적합성을 굳이 갖출 필요는 없
	  다. 전공 적합성을 갖추면 더 좋지만 갖추지 못했더라도
	  감점하진 않는다.

글자 수	900자 이상의 글을 서술했는가?
	* 맞춤법 등은 당연한 내용이라 평가의 대상에 우선 제외한
	  다. 맞춤법과 비문 등의 오류는 당연히 지켜야 하는 부분
	  이다.

이와 같은 기준을 바탕으로 1번 내용을 볼 것이다. 물론 다른 문항도 이와 비슷한 기준을 가지며 각 문항의 특색은 추후 설명을 하도록 한다.

1번 문항 사례를 바탕으로 문항 분석 및 첨삭하기

> ## 〈문항별 자소서(1번 문항)〉

1 A 학생 파악하기

- 화학과 지망

- 희망 진로 분야와 학습 경험 연관 짓기
  교과서에 간략하게 쓰여 있던 현상들과 실험들을 직접 체험하고자 에코***동아리에 가입. 혈액형 응집 반응 실험, 화학 분야 독서, 양파 세포의 조직 관찰 실험 등을 통해 화학 분야의 큰 호기심을 가짐. 화학 분야에 품은 호기심 해결을 위해 대학생과의 연계를 통한 로봇제작 프로그램에 참여. 관련 분야의 다양한 활동을 통해 성적 향상 및 진로 설정.

- 자소서 키워드 설정하기: 에코 ***동아리 활동(혈액형 분석 실험, 양파 세포 조직 관찰 실험), 대학생과의 연계를 통한 로봇제작 프로그램.

- 학생에 관한 종합적인 의견: 1번 문항을 작성하는 자연계열 학생들은 자연계열 과목 자기 주도 학습 방법에 대해 작성하는 경우가 대다수이다. 하지만, 이**학생의 경우는 다르다. 위 학생은 화학 관련 다양한 교내 활동을 하며 깨달음을 얻었고, 이러한 배움을 모든 과목 학습법에 적용하여 성적 향상이라는 긍정적인 결과를 얻었다. 따라서 위 학생의 경우 교내 활동과 학습 경험을 연관 지어 작성하는 것이 가장 이상적이다.

② 수정 전 자소서 분석하기

* 학교 수업시간에 과학 과목이 아닌 영어나 국어 과목을 공부할 때도 항상 과학 관련 지문이 나왔습니다.

문제점	1. 두괄식 구성의 오류, 첫 문장이 자소서의 주제 문장, 핵심적인 문장이 아닙니다. 2. 자소서의 주된 소재로 다룰 에코 *** 동아리에서의 화학 실험에 대한 설명이 아닙니다. 3. 첫 문장을 보고 두 번째 문장을 예측할 수 없습니다.
보완	1. 두괄식 구성: 자소서 쓰기에서는 보통 두괄식 구성이 좋습니다. 자소서에서 중요하다고 생각하는 핵심적인 문장을 앞에다 배치한다면 글의 중심을 잡기가 수월합니다. 많은 글을 읽는 입학사정관의 측면에서 보았을 때, 두괄식으로 자신이 말하고자 하는 것을 먼저 드러낸 후 글을 써 내려가는 것이 좋습니다. 2. 통일성 있는 문장: 자소서의 주된 소재인 에코 ***동아리에서의 화학 실험과 연관된 문장을 작성하는 것이 좋습니다. 3. 예측 가능성: 첫 번째 문장을 보고 두 번째 문장을 예측할 수 있어야 합니다. 과학 관련 지문이 나왔다는 부분은 다음에 어떤 문장이 올 것인지 예측할 수 없습니다. 따라서 예측 가능성이 낮은 문장을 제일 앞에다 배치하는 것은 바람직하지 않습니다.

* 교과서에서 간략하게 쓰여 있던 현상들과 실험들을 직접 체험해 보고자 에코***동아리에 가입하게 되었습니다.

평가	전반적으로 보았을 때, 에코***동아리에 들어가게 된 계기를 간결하고 명료하게 표현했다는 점에서 바람직한 문장입니다. 다만, '교과서에서 간략하게 쓰여 있던 현상과 실험'이라는 부분은 추상적 입니다. 따라서 다음 문장에서 교과서 내의 '어떤' 현상과 실험이었는지 구체적으로 작성할 필요가 있습니다.

* 혈액형 응집 반응 실험을 진행하면서 Anti 용액을 통해 간단하게 사람의 혈액형을 분석할 수 있다는 사실이 매우 흥미로웠고, 더 나아가 유전 현상에 관해 관심을 두게 되었습니다.

문제점	1. 자세한 설명 부족: 혈액형 응집 반응 실험 진행을 통해 느낀 점만 서술되어 있습니다. 실험을 진행하면서 학생이 한 역할과 배운 점은 생략되어 있다는 점에서 자세한 설명이 필요합니다.
보완	1. 구체적 서술: 혈액형 응집 반응 실험은 위 학생이 유전 현상에 관심이 있는 비중 있는 중요한 활동입니다. 따라서 혈액형 응집 반응 실험에서 학생이 맡은 역할과 배운 점을 구체적으로 서술해야 하며 실험의 어떠한 부분에서 유전 현상에 관해 관심을 두게 되었는지 서술해야 합니다. 다만, 지나친 구체적 서술은 과정 중심의 서술이 될 수 있으니 주의해주시기 바랍니다.

* 유전자에 관한 독서활동을 통해 생명과학이 단순히 독립적인 과학 분야가 아닌 화학과도 밀접한 연관이 있다는 것을 알게 되었습니다.

문제점	1. 통일성 無: 혈액형 응집 반응 실험 진행과 유전자에 관한 독서활동은 '유전'이라는 점에서는 통일성이 있지만, 두 가지의 활동에는 연관이 없습니다. 2. 추상적인 표현: 독서를 통해 '왜', '어떻게' 생명과학과 화학과의 밀접한 연관을 알게 되었는지 자세한 설명이 부족합니다.
보완	1. 혈액형 응집 반응 실험을 한 후 '왜' 유전자에 관한 독서활동을 하였는지 그 계기에 대한 추가적인 설명이 필요합니다. 2. 어떤 책을 읽었고, 책을 통해 무엇을 배웠는지 구체적 서술이 필요합니다. 신뢰성을 높이기 위해 책의 제목을 넣는 것도 좋습니다.

* 이렇게 생긴 화학 분야의 호기심을, 저는 양파 세포의 조직 관찰 실험을 진행할 때도 단순히 핵과 세포벽을 관찰하는 생물학적 관점에서의 결론 도출이 아닌 세포를 염색하는 화학물질, 세포를 고정하는 원리에 대해 이해하려 했습니다.

문제점	1. 난해한 서술: '생물학적 관점' 등 추상적이고 난해한 어휘를 사용, 서술하여 이해력, 가독성이 떨어지는 문장입니다. 또한, 활동 과정을 통해 어떤 것을 배웠는지에 초점을 맞추어야 하는 자소서에서 '과정' 중심의 지나친 서술은 옳지 않습니다. 2. 활동 나열식의 서술: 위 자소서를 보았을 때, 혈액형 응집 반응 실험, 독서활동, 양파 세포의 조직 실험까지 다양한 활동 각각이 간략하게 서술되어 있습니다.
보완	1. 쉽고 간략하고 명료한 서술: 양파 세포의 조직 관찰 실험에서 화학 분야의 호기심을 어떻게 풀어냈는지, 그리고 이를 통해 어떤 것을 배웠는지 쉽게 서술해야 가독성을 높일 수 있습니다. 어려운 용어와 표현의 사용은 희망 분야에 대한 전문성을 높일 수는 있어도 자칫 가독성을 떨어뜨릴 수 있다는 점을 주의해주세요. 2. 중요한 활동 1~2가지 선정: 많은 활동을 자소서에 넣는 것은 느낀 점 중심보다는 과정 서술, 활동 내용 서술로 이어질 수 있습니다. 따라서 자신의 학업에 영향을 미친 1~2가지 활동을 선정하여 구체적으로 작성해야 합니다. 여러 가지 소재를 늘어놓는 것이 아닌 하나의 사례를 구체적으로 작성해야 한다는 점 기억해주세요.

* 동아리에서 생명에 대한 지식은 물론 화학에 대한 지식도 얻을 수 있다는 점을 몸소 느꼈고 다른 분야에 화학이 영향을 미친다는 것이 매우 신기했습니다.

문제점	1. 매끄럽지 못한 문장: 생명, 화학 분야의 지식을 얻을 수 있었다는 점, 화학이 다른 분야에까지 영향을 미친다는 깨달음을 표현하고자 한 의도는 잘 드러나 있지만, 문장이 매끄럽지 못해 읽는 사람이 한 번 더 생각하게 만드는 문장입니다.
보완	1. 깔끔한 문장: 많은 글을 읽어야 하는 입학사정관에게는 간결하고 명료한 문장, 자연스럽게 읽히는 문장으로 이루어진 글이 훨씬 읽기 좋은 글이며, 학생의 느낀 점을 제대로 전달할 수 있습니다.

* 또한, 제가 얻은 지식을 기반으로 화학을 깊게 공부하는 계기가
되었습니다.

평가	수식어나 접속사가 많지 않은 간결하고 명료한 문장으로 바람직한 문장입니다. 다만, 얻은 지식으로 어떻게 화학을 깊이 있게 공부하였는지 뒤 문장에서 추가 설명이 필요합니다.

* 그래서 단순히 교과 과목 내에서의 화학이 아닌 얼마나 넓은 범위까지 화학이 영향을 미치는지 탐구해보고자 대학생과의 연계를 통한 로봇제작 프로그램에 참여하게 되었습니다.

평가	대학생과의 연계를 통한 로봇제작 프로그램 참여의 계기가 간결하고 명료하게 서술되어 있다는 점에서 바람직한 문장입니다. 다만, 대학생과의 연계를 통한 로봇제작 프로그램에서 어떻게 화학의 영향 범위를 탐구했는지 뒤 문장에 추가 서술이 필요합니다.

* 물론 팀원들과 함께 협력하여 어떤 기능의 로봇을 만들까 어떤 센서를 로봇에 넣을까 고민하는 것도 매우 재미있었지만 저는 로봇 자체에 대한 본질적 접근을 시도하고자 하였습니다.

문제점	1. 불필요한 표현: 어떤 기능의 로봇을 만들까 어떤 센서를 로봇에 넣을까에 대한 고민은 화학의 영향 범위를 파악하고자 했던 탐구 목적과는 연관이 없는 문장입니다. 2. 추상적 서술: 로봇 자체에 대한 본질적 접근이라는 것은 추상적인 표현으로 로봇 자체에 대한 본질적 접근이 무엇이었는지 구체적이고 간결한 서술이 필요합니다.
보완	1. 자소서는 짧은 글자 수에 자신의 삶, 가치관, 느낀 점 등을 효율적으로 전달해야 하는 글입니다. 불필요한 문장에 할애할 글자 수를 꼭 필요한 문장으로 채워 넣어 한 문장 한 문장 자신을 표현할 수 있도록 노력해주세요. 2. 본질적 접근이 무엇이었는지 이 문장에서 간결하게 추가 서술하거나 다음 문장에서 추가 서술한다면 구체적인 서술이 될 수 있습니다.

* 화학 선생님께 질문하여서 배터리와 센서를 포함한 대부분 부속품은 화학으로 만들었다는 것을 알게 되었고 결국 모든 학문은 화학과 연관되어 있다는 것을 깨달았습니다.

평가	대학생과의 연계를 통한 로봇제작 프로그램을 통한 느낀 점을 자세하게 서술하고 있다는 점에서 바람직한 문장입니다. 또한, 화학 선생님께 <u>스스로</u> 질문하여 호기심을 해결했다는 점에서 자기 주도 학습 역량을 볼 수 있습니다.

* 또한, 단순히 표출되는 결과에 초점을 맞추기보다는 이면적이고 또 다른 뜻을 알고 싶어서 하는 저에게 화학이란 과목은 매우 친근하게 다가왔고 자연스레 저의 진로희망으로 이어졌습니다.

문제점	1. 추상적인 표현: '단순히 표출되는 결과에 초점을 맞추기보다는 이면적이고 또 다른 뜻을 알고 싶어서 한다'는 표현은 추상적이고 매끄럽지 못한 문장입니다. 또한, 화학이 친근하게 다가왔다는 이유가 광장히 모호하게 표현되어 있습니다. 2. 1번 문항의 의도에 벗어난 문장: 학업을 통해 배운 점, 느낀 점을 중점으로 작성하며 학업 역량을 보여줘야 하는 문항에서 갑자기 진로희망에 대한 설명으로 이어졌다는 점에서 출제 의도에서 벗어났다고 볼 수 있습니다. 화학이라는 과목에 대한 경험과 과정 위주의 서술이 되어야 하는데 이 부분이 아쉽습니다.
보완	1. 구체적인 표현: 전 문장을 고려하여 대학생과의 연계를 통한 로봇제작 프로그램을 통해 배운 점, 느낀 점에 관한 구체적인 추가 서술이 필요합니다. 또한, 화학이란 과목이 왜 친근하게 다가왔는지 쉽고 가독성이 있게 서술해야 합니다. 2. 1번 문항의 출제 의도에 맞는 문장: 1번 문항의 출제 의도에 맞는 문장은 학업 역량, 성실성, 자기 주도 학업 능력 등이 드러나는 문장입니다. 학업에 관한 자세한 설명을 통해 희망 학과, 희망 진로에 대해 자연스럽게 녹여낼 수는 있지만, 진로희망에 대한 자세한 설명은 필요하지 않습니다.

* 이후 방과 후 활동과 의약품 관련 독서를 통해 단순히 흥미와 관심을 두는 것에 그치지 않고 수준 높은 화학 지식과 의약품 쪽에 관심을 두게 되었고 유전자 재조합 농산물이나 인공지능 로봇들을 개발하고 의존하는 현재 시점에서 생길 수 있는 부작용을 고치는 의약품 연구원으로 저의 진로를 확실히 결정할 수 있게 되었습니다.

문제점	1. 형식적 측면: 단문화를 하지 않음. 여러 문장을 하나의 문장으로 표현하면서 읽기가 난해하며 가독성이 떨어지는 글입니다. 2. 문항의 의도와 맞지 않는 문항: 위 문장도 저번 문장과 마찬가지로 문항의 의도와 맞지 않는 진로와 진로 설정 과정 등에 관한 내용입니다.
보완	이 문장의 경우 1) 단문화를 하거나 2) 문항의 의도와 맞지 않으니 아예 삭제하는 편이 좋습니다. 이 문장을 삭제하고 학습 경험과 배우고 느낀 점에 대한 과정을 중심으로 서술해주는 것이 좋습니다. 또한, 학생의 경우에는 화학 관련 활동이 전반적인 학업에 어떠한 영향을 미쳤는지 추가 서술해준다면 더욱 좋은 글이 될 수 있습니다.

❸ 수정 후 자소서 분석하기

* 지식을 얻는 것에서 그치지 않고 그 지식을 나의 언어로 표현할 때, 배움의 즐거움이 배가 됨을 깨달았습니다.

평가	1. 두괄식 구성: 자소서의 전체적인 흐름을 바탕으로 주장하고 싶은 문장을 앞에다 배치하여 입학사정관이 쉽게 핵심을 파악할 수 있도록 서술하였습니다. 그렇다면 뒤의 문장에서는 어떤 지식을 배웠는지, 그리고 어떻게 그 내용을 언어로 표현했는지, 이것에 대한 느낀 점이 무엇인지를 구체적으로 써주어야겠죠?

* 이 깨달음은 교과서 속 현상들과 실험들을 직접 경험하고자 들어간 에코***동아리 활동에서 시작되었습니다.

* '無'에서 시작된 사람의 혈액형 분석 실험은 처음부터 끝까지 조원들과 만들어가야 했습니다.

* 이에 어려움을 느꼈지만, Anti 용액을 통해 간단하게 사람의 혈액형을 분석할 수 있다는 선생님의 말씀에 바로 실험에 옮길 수 있었습니다.

* 더 나아가 유전 현상에 관해 관심을 두게 되었고, 생명과학은 단순히 독립적인 과학 분야가 아닌 화학과도 밀접한 연관이 있다는 것을 알게 되었습니다. 생명과 화학의 융합적 공부가 필요하다는 깨달음을 바탕으로 실험을 할 때면 생물학적으로만 좁혀 있던 시야가 넓어지고 있음을 느꼈습니다.

> 혈액형 분석실험을 통해 느낀 점, 배운 점을 구체적으로 서술하고 있습니다. 또한, 화학 분야만이 아닌 생명과 화학의 융합적 공부의 필요성을 느끼고 학업을 대하는 태도, 시각이 변화되었다는 점이 인상적인 문장입니다.

* 양파 세포 조직 관찰 실험에서는 핵과 세포벽을 관찰하는 생물학적 관점에서의 결론 도출이 아닌 세포를 염색하는 화학물질, 세포를 고정하는 원리에 대해 이해하려 했습니다.

> **평가**
> 앞 전 문장에서 서술된 깨달은 점을 '양파 세포 조직 관찰 실험'에 적용하고 있다는 점에서 학생의 융합적인 학업 능력을 파악할 수 있습니다. 또한, 초반에는 학생이 '결론 도출'에만 초점을 맞추었지만, 활동을 통해 깨달은 후에는 '원리'에 초점을 맞추게 되었다는 점을 강조하고 있습니다.
> 따라서 학생의 학습 역량을 명확하게 파악할 수 있도록 서술하고 있습니다.

* 이렇게 대부분의 생명실험에는 화학의 도움이 필요했고, 생명실험을 통해 화학 분야의 지식을 얻어갈 수 있다는 사실이 흥미로웠습니다.

> **평가**
> 에코***동아리 활동 전반에서 깨달은 것을 하나의 문장으로 간결하게 표현하고 있습니다.
> 생명실험을 통해 화학 분야에 관한 관심으로 이어졌다는 점에서 A에서 B를 도출할 수 있는 학생의 역량을 보여주고 있습니다. 또한, 학생이 화학에 대해 높은 흥미가 있음을 파악할 수 있습니다.

* 이 흥미는 어느 정도의 범위까지 화학이 영향을 미치는지 탐구해보고 싶다는 학구열로 이어졌습니다. 그 후, 대학생과의 연계를 통한 로봇제작 프로그램에 참여하였습니다.

> **평가**
> 에코***동아리에서 배운 점, 느낀 점을 바탕으로 생긴 화학에 관한 의문을 대학생과의 연계를 통한 로봇제작 프로그램에 참여하여 해결하려고

노력했다는 점에서 학생의 자기 주도 학습 능력과 호기심을 해결하고자
노력하는 학생의 적극적인 학구열을 보여주고 있습니다.

* 어떤 로봇을 만들까 고민하는 것도 재밌었지만 로봇 자체에 대한 본질적 접근을 시도하고자 하였습니다. 화학 선생님을 통해 배터리, 센서를 포함한 대부분 부속품은 화학으로 만들었다는 것을 알게 되었고 로봇 역시 화학과 연관되어 있다는 것을 깨달았습니다.

평가

대학생과의 연계를 통한 로봇제작 프로그램에서 배운 점과 느낀 점을 간결하고 명료하게 서술하고 있습니다. 또한, 화학 관련 학과에 진학하기를 바라는 학생으로서 자신의 여러 활동을 지망 학과, 진로와 자연스럽게 연결되도록 서술하였다는 점에서 이상적인 문장입니다. 그리고 어려운 부분이 있으면 주위에 조언을 구하며 해결해 나갔다는 점도 인상적인 부분입니다.

* 단순한 결과에 멈추지 않고, 그 이면에 큰 흥미를 느끼는 저는 생각하는 것을 실험으로 구현하고 도전하며 호기심을 해결할 수 있었습니다. 화학이란 과목이 다른 학문의 토대가 된다는 사실, 정석적, 이면적인 풀잇법 모두를 잡기 위한, 새로운 시각의 접근법을 배울 수 있었습니다. 이런 배움을 바탕으로 과목과 과목의 융합적 이해력을 가질 수 있었습니다.

평가

1번 문항의 출제자의 의도와 맞게 학습에 기울인 노력과 학습 경험, 배운 점과 느낀 점을 잘 드러내고 있습니다.
또한, 화학이라는 과목 학습법을 통하여 타 과목의 공부법을 찾아 나갔다는 점, 전반적인 학업에 긍정적인 영향을 미쳤다는 점에서도 매우 인상적입니다.

〈문항별 자소서(1번 문항)〉

1 B 학생 파악하기

- 생명공학과 지망

- 희망 진로 분야와 학습 경험 연관 짓기: 진로를 방황하는 중 생명과학과 관련된 교내 특강을 듣고 흥미 분야를 찾음. 생명 공학에 대한 궁금증을 해결하기 위해 '동의**'동아리를 창설하고 탐구발표 활동을 기획함. 조류인플루엔자는 무엇인가에 관한 조사로 생명공학에 더 큰 관심을 품음. 또한, 생명공학 관련 다양한 토론을 통해 생명공학의 그저 이로운 학문이라고만 생각했던 가치관이 변화함. 배경지식의 중요성, 배움을 찾아가는 즐거움을 느끼고 여러 교과 활동에도 흥미를 붙이게 됨.

- 자소서 키워드 설정하기: 생명과학과 수의학 그리고 수의사 이야기 특강, 동의**동아리 활동(조류인플루엔자에 관한 발표, 생명과학 관련 토론 참여), 깨달음을 바탕으로 여러 교과 활동에 적극적인 참여(영어 시간 생명공학 기술 미래에 대한 주제 발표, 국어 시간 유전자 분석기술 발표)

- 학생에 관한 종합적인 의견: 흥미 분야, 진로 방향성이 없었던 남**학생은 교내 활동을 통해 생명공학에 관해 관심을 두게 되고, 그 호기심을 해결하고자 생명공학 동아리를 창설하였습니다. 동아리 활동을 통해 생명공학 관련 진로를 설정하고, 자기 주도학습에 큰 흥미와 깨달음을 얻었습니다. 이러한 점을 타 과목에도 직접 적용하여 긍정적인 결과를 얻었습니다. 위 학생의 경우, 활동의 개수는 많지만, 활동 과정 중심의 나열보다는

활동 결과 및 느낀 점, 배운 점에 초점을 맞추어 작성하여 학생의 적극적인 학구열, 여러 학업 능력을 보여주고 있습니다.

❷ 수정 전 자소서 분석하기

* 길 잃은 토끼처럼 진로의 방향을 잡지 못했던 저에게 '생물공학 이야기', '생명과학과 수의학 그리고 수의사 이야기'를 주제로 한 특강은 제게 폴짝 와 닿았습니다.

문제점	1. 불필요한 수식어, 접속사 사용: '길 잃은 토끼처럼, 폴짝'과 같은 수식어, 접속사를 많이 사용하면 가독성이 떨어집니다. 2. 소재 나열식 언급: '생명공학 이야기' 등 내용을 명확히 하려 한 점은 괜찮으나 두 가지 내용을 이렇게 언급을 하게 되면 뒤의 내용에서 이를 설명하기 위해 많은 분량을 할애해야 하는 문제가 있고, 소재만 나열하는 '소재 나열식' 글이 될 확률이 높습니다. 이 경우는 하나만 서술하거나 아니면 이런 언급은 첫 문장에 안 해주시는 것이 좋습니다.
보완	1. 자소서는 지원자 본인을 명확하고 확실하게 드러내는 글이기 때문에 수식이 글자 수를 많이 차지하는 것은 올바른 서술이 아닙니다. 정 수식어와 접속사를 사용하고 싶으시다면 꼭 필요한 상황 즉, 강조하고 싶은 부분에 사용해주세요. 잦은 사용은 피하도록 합니다.

* 강사님께서 들려주신 4차 산업혁명 이야기와 생명과학 이야기는 어려서부터 관심 있던 이야기들을 모아놓은 듯 흩어져있던 제 관심을 생물공학으로 자연스레 모아주었습니다.

문제점	1. 불필요한 수식어 사용: 이 학생은 불필요한 수식어를 계속 반복적으로 사용하고 있습니다. 수식어 사용의 잘못된 예입니다. 대부분 학생이 이런 수식어를 사용하면 글이 더 풍성해 보일까 해서 사용하는 경향이 있는데 오히려 이런 과도한 수식어 사용은 글의 집중도를 떨어트리니 사용 자제해 주세요. 2. 추가 서술 부족: 강연의 어떤 부분이 학생의 흥미를 끌었는지 등에 관한 설명을 간단하고 명료하게 추가 서술해야 합니다.

보완	1. 불필요한 수식어 사용은 자칫 글을 지루하게 만들 수 있는 요소가 되니 꼭 필요한 상황, 즉 강조하고 싶은 부분에서 사용해주세요. 2. 추가 서술의 경우 이 문장에다 간단하게 서술하여도 좋고, 다음 문장에서 서술하여도 좋습니다.

* 이러한 관심을 학습에도 적용해보려는 생각으로, 이 특강을 같이 듣고 학급 내 비슷한 진로를 고민하는 급우들과 함께 동아리를 구성했습니다.

평가	이 문장의 구성 자체는 나쁘지 않습니다. 진로 특강에 관한 관심을 바탕으로 동아리를 구성해 학습했다는 내용이므로 학습에 대한 노력 과정을 보여준다는 측면에서 좋습니다. 다만, 문장에서 불필요한 수식어가 여전히 많습니다. 그냥 단순하게 '진로 특강을 계기로 이 분야에 관한 관심을 이어가고자 학급 친구들과 함께 동아리를 만들게 되었습니다.' 이 문장이 더 명확하죠? 이렇게 간단명료하게 쓰시는 것이 좋습니다.

* 평소 생명과학에 관심은 많지만, 노력보다 점수가 나오지 않던 저에게 친구들의 도움을 받아볼 수 있는 동아리 활동은 큰 힘이 되었습니다.

평가	동아리 활동이 학생에게 어떤 역할이었는지 서술했다는 점에서는 잘 쓴 문장입니다. 다만, 동아리의 어떤 활동에서 어떻게 위와 같은 도움을 받을 수 있었는지, 구체적인 서술이 필요합니다. 이와 같은 부분은 다음 문장에서 연결하여 서술해주세요.

* 저희가 저희끼리 조를 구성해 토요일에 따로 모여 그때 뜨거운 감자였던 '조류인플루엔자는 무엇인가?'에 대해 발표했는데, 원인, 위험성, 사례 및 경로 등을 조사하며 돌연변이와 유전자 재조합의 위험성에 대해서도 추가로 의문이 들어 조사했습니다.

문제점	1. '뜨거운 감자'라는 불필요한 수식어 사용. 의도는 좋으나 굳이 사용하지 않아도 되는 수식어입니다. 2. 형식적 측면: 단문화를 하지 않았습니다. 여러 문장을 하나의 문장으로 표현하면서 읽기가 난해하며 가독성이 떨어지는 글입니다. 3. 구체적이지 않은 설명: 조류인플루엔자는 무엇인가에 관한 발표에 대한 설명이 구체적이지 않습니다. 조류인플루엔자에서 왜 돌연변이와 유전자 재조합의 위험성에 대해 의문이 들었는지 그 구체적인 서술이 필요합니다.
보완	1. 불필요한 수식어는 삭제해주세요. 2. 장황하지 않게 문장을 나누어 서술해주세요. 간결하고 짧은 문장이 의견을 확실하게 전달하기에 가장 이상적인 형식입니다. 3. 추상적인 서술보다는 구체적인 서술이 필요합니다. 이에 대한 설명은 앞 자소서 분석을 참고해주세요.

* 추가로 유전자 변형 식품인 GMO 식품에 대해 찬반 토론을 진행하는 과정 속의 반대 관점을 맡아 GMO 식품이 적용되기 위해서는 의도되지 않은 요인들의 부작용부터 해결해야 한다고 생각했습니다.

문제점	1. 구체적이지 않은 서술, 포괄적인 서술
보완	1. 구체적 서술: 유전자 변형 식품인 GMO 식품에 대한 찬반 토론을 하게 된 계기와 반대 관점을 맡았다면 어떤 의견을 제시했는지 토론에 대한 더 구체적인 서술이 필요합니다.

* 그래서 이러한 부작용을 해결하기 위해서는 어떤 과정이 필요한지 등등 GMO 식품에 대해 더 알고 싶어 'GMO: 유전자 조작 식품은 안전할까? (김훈기)'를 동아리 부원들과 읽게 되었고, 책에서 GMO를 객관적으로 본 입장을 통해 지금은 음식에 한정된 문제이지만 앞으로는 의학 분야까지 널리 뻗어 나갈 수 있는 유전자 조작 기술의 현재로서의 문제점에 대해 한 번 더 생각해보게 되었고, 이를 해결해볼 수 있는 기술을 배우거나 연구하게 되고 싶다고 생각했습니다.

문제점	1. 형식적 측면: 앞 문장에서 반대입장을 맡았다고 하는데 이에 대한 구체적인 내용이 없이 해결방법에 대한 고민으로 갔습니다. 문장의 논리성의 오류입니다. 또한, 단문화 하지 않았습니다. 여러 문장을 하나의 문장으로 표현하면서 읽기가 난해하며 가독성이 떨어지는 글입니다. 2. 구체적인 서술의 필요 3. 불필요한 문장: 이를 해결해볼 수 있는 기술을 배우거나 연구하고 싶다고 생각했습니다 라는 문장은 1번 문항의 출제자의 의도와는 맞지 않은 진로에 대한 부수적인 지나친 서술입니다.
보완	1. 5문장이 하나의 문장으로 연결되어 있다는 점에서 가독성을 떨어뜨리고 있으니 각각 하나의 짧은 문장으로 서술하는 것이 제일 이상적이며, 최대 두 개의 문장까지 연결하여 서술하는 것이 바람직합니다. 2. 구체적인 책의 제목을 사용했다는 점에서 신뢰성을 높이고 있다는 점은 바람직합니다. 학생은 GMO 식품에 관한 토론에서 더 나아가 GMO 관련 독서를 하였다는 점을 의도하고 있다는 점은 좋습니다. 하지만, 자소서는 하나의 사례를 가지고 구체적인 서술이 필요합니다. 따라서 GMO 관련 독서, GMO 식품에 관한 토론 중 좀 더 비중 있는 중요한 사례만을 골라 구체적으로 작성하는 것이 필요합니다. 3. 진로에 대한 지나친 설명은 학업 역량을 드러내야 하는 1번 문항의 출제자의 의도에 맞지 않은 문장이니 삭제해주세요.

* 또한, 점심시간에 모여 각자 어려웠던 부분을 공유하고 복습하여 이해되지 않았던 부분은 모여 토론하여 습득하고, 그래도 부족한 부분은 선생님께 여쭈어보는 과정을 반복하다 보니, 난잡했던 부분들을 생각의 캐비넷에 차곡차곡 넣어볼 수 있었습니다.

평가	친구들과의 토론을 통한 학습, 질문을 통한 학습이라는 점에서 학생의 자기 주도 학습 역량이 뚜렷하게 드러나 있습니다. 다만, 캐비넷에 차곡차곡 넣어볼 수 있다는 표현은 의도는 좋으나 굳이 언급할 필요가 없는 부분으로 삭제하는 것이 좋습니다.

* 동아리 활동 이후에도 자율학습 시간에 개념이 확실히 잡히지 않았던 부분은 여러 개념서를 옆에 놓고 수형도를 통해 단원 간의 연결고리를 찾아 흐름을 정리하고, 응용이 되지 않았던 부분은 왜 응용되지 않았는지를 적어놓고 문제를 인식하는 순서를 눈에 띄는 형광펜으로 정리하여 비슷한 문제를 풀 때 두 번, 세 번 반복하여 보았습니다.

평가	학생의 공부 방법을 구체적으로 서술했다는 점에서 서술이 긍정적이지만, 여러 문장이 하나의 문장으로 묶여 있다는 점에서 단문화가 필요합니다. 간결하고 명료한 짧은 문장으로 서술해주세요.

* 모래가 모여 해변을 이루듯, 좋은 습관을 여럿 두다 보니, 처음보다는 실수를 많이 줄일 수 있어서 자신감이 붙었습니다.

문제점	1. 명언, 사자성어의 과도한 사용: 모래가 모여 해변을 이루듯 2. 추상적인 표현: 좋은 습관을 여럿 두다 보니, 처음보다는 실수를 많이 줄일 수 있었다는 점을 사례를 통해 구체적으로 표현하는 것이 필요합니다.
보완	1. '모래가 모여 해변을 이루듯.과 같은 명언, 사자성어 등의 사용은 학생의 의도를 돋보이게 할 수 있지만, 그렇지 않을 경우, 추상적인 느

껌을 줍니다. 입학사정관의 시각에서 보았을 때, 자칫 지루한 자소서
가 될 수 있습니다.
2. '자소서를 잘 썼다.'라는 것은 의도한 내용을 효과적으로 전달한 자소
서입니다. 따라서 추상적인 서술로 표현하기보다는 구체적인 서술로
명확하게 표현하는 것이 필요합니다. 또한, 1번 문항의 출제 의도와
맞도록 뒤 문장에서는 위의 문장과 학업과 연관하여 구체적으로 서술
하는 것이 필요합니다.

* 이러한 경험들로 저는 물이 바위를 쪼개는 것처럼 포기하지 않
고 성실히 최선을 다해 앞으로 나아가 자신을 발전시키는 것과
혼자의 힘으로도 좋지만, 주변과의 협업을 통해 문제를 해결하
는 것이 매우 중요하다는 것을 느끼고, 학교에서 하는 공부뿐만
이 아니라, 앞으로 살아가는 데 있는 많은 상황에 적용하는 것
을 앞으로의 과제로 삼게 되었습니다.

평가

여러 활동을 통해 느낀 점을 전반적으로 서술하였다는 점에서는 좋습니
다. 다만, '물이 바위를 쪼개는 것처럼', '성실히', '앞으로 살아가는 데 있
는 많은 상황' 등 추상적인 표현들은 많은 글자 수만 할애할 뿐 꼭 필요
한 부분이 아니며 누구나 쓸 수 있는 표현들입니다.
따라서 활동을 통해 배운 것, 깨달은 것이 학업에 어떤 영향을 미쳤는지,
'학업'에 초점을 맞추어 구체적으로 서술해야 합니다.

③ 수정 후 자소서 분석하기

* 모든 배움의 시작은 작은 의문에서 시작한다고 생각합니다. 반복적인 작은 의문은 더욱 깊은 학습을 끌어낼 수 있게 해주었습니다.

평가	자소서 쓰기에서의 두괄식 구성의 적절한 예시입니다. 다만, 이에 대한 구체적인 예시가 필요합니다. 이에 대해 뒤에서 추가 서술해주어야 합니다.

* 진로 고민이 많았던 제게 '생명과학과 수의학 그리고 수의사 이야기' 특강은 진로에 방향성을 제시해주고 생물공학에 매력을 느끼게 된 계기였습니다.

평가	교내 특강을 듣기 전 학생의 모습과 특강 후 학생의 변화된 모습이 잘 드러나는 문장입니다. 특강은 자소서 전반의 주 소재가 아닌 부수적인 소재로서 생명공학에 관심을 두게 된 계기를 간결하게 표현했다는 점에서 바람직합니다. 자소서에서는 주 소재를 구체적으로 비중을 높여 작성해야 합니다.

* 흥미는 학습으로 이어졌고 교과 과정 외에 생명공학을 공부해보고 싶어 '동의보감' 동아리를 창설했습니다. 궁금한 것을 스스로 해결해 나간 후 이를 공유하자는 생각에 탐구발표 활동을 기획하였습니다.

평가	생명공학에 관한 관심을 바탕으로 직접 학습으로 실천하고, 더 깊은 탐구를 위해 동아리를 창설했다는 점에서 학생의 자기 주도 학습 역량을 보여주고 있습니다. 또한, 동아리의 계기가 초점이 아니기에 간결하게 서술하고 있다는 점에서 가독성을 높여줍니다. 이 문장의 다음 문장에는 탐구발표 활동에 관한 구체적인 서술이 더해져야 합니다.

* 주제선정 중 조류인플루엔자의 변형에 대해 다룬 영화 '감기'를 보고 실제로 저런 상황이 나타날 수 있는지 궁금해졌습니다. 그렇게 '조류인플루엔자는 무엇인가?'의 주제로 조사를 시작했고 그 과정에서 항원 대변이에 대해 알게 되었습니다. 두 가지 바이러스가 새로운 제3의 숙주에 감염된다면 항원 대변이가 일어날 수 있다는 사실을 알게 되었고 생명과학에 더 큰 관심을 두게 되었습니다.

평가	자소서는 구체적인 사례가 없이 추상적인 내용만 있는 경우 이해를 얻기 힘든 글입니다. 따라서 구체적인 사례를 중심으로 논리적인 구성이 필요합니다. 영화 '감기'를 보고 스스로 던진 질문에서 '조류인플루엔자는 무엇인가?'에 대한 조사로 이어지고, 이를 통해 생명공학에 관한 관심이 깊어졌다는 점에서 학생의 적극적인 학구열을 잘 표현하고 있습니다. 또한, 알게 된 점을 구체적으로 설명하였다는 점에서 학업과 함께 학생의 전공 적합성을 녹여내고 있습니다.

* 생명과학에 대한 긍정적인 면만 다루다 보니 줄기세포의 현실화의 가능성을 열어주고, 첨단의료산업을 실현하게 해준다는 점에서 생명과학은 그저 이로운 학문이라고 생각했습니다. 하지만, 배아줄기세포, 인간복제, 유전자 조작 식품에 대한 윤리적인 문제를 주제로 한 토론에 참여하며 생명과학을 바라보는 관점을 달리할 수 있었습니다.

평가	이 부분에서는 학생의 가치관, 관점 변화를 구체적으로 서술하고 있습니다. 배아 줄기세포, 인간복제, 유전자 조작 식품에 대한 윤리적인 문제를 주제로 한 토론이 학생의 가치관에 긍정적인 영향을 미쳤다는 점을 직접 드러내고 있습니다. 이러한 서술은 허구의 이야기 서술이 아닌 학생이 직접 경험을 해야만 할 수 있는 서술로, 진솔하게 기술하여 공감대를 형성할 수 있습니다.

* '작은 의문도 놓치지 말자'의 마음으로 어려웠던 부분을 공유하고 토론하며 부족한 부분은 직접 찾아가고 해결하는 습관을 지닐 수 있었습니다. 또한, 아는 만큼 보인다는 말을 몸소 경험하며 배경지식의 크기가 학문을 바라보는 시야를 정한다는 것을 깨달았습니다.

평가	스스로 토론하며 부족한 부분을 스스로 채워 넣는 습관을 지녔다는 점에서 학생의 자기주도학습역량을 뚜렷하게 보여주고 있습니다. 또한, 위의 활동들을 경험하며 전반적으로 느낀 점을 작성하였다는 점에서 바람직한 서술입니다. 다만, 배경지식의 크기가 학문을 바라보는 시야를 정한다는 것을 깨닫게 된 계기를 간결하게 추가해준다면 더 좋은 글이 될 수 있겠죠?

* 더 깊이 있는 공부를 위해 가장 효과적인 방법은 자기 주도 학습과 활동임을 알게 되었고 이를 실천한 결과, 여러 교과 활동에 흥미를 붙일 수 있었습니다. 그렇게 영어 시간 생명공학 기술 미래에 대한 주제 발표를 위해 관련 논문을 찾아보며 진로 고민까지 할 수 있었고, 국어 시간에는 유전자 분석기술 발표를 위해 PCR에 대해 독서하며 스스로 탐구하였습니다.

평가	본 자소서는 생명공학에 관한 호기심, 흥미를 활동을 통해 스스로 채워넣었다는 점과 노력한 과정을 구체적이고 생생하게 기술하고 있습니다. 또한, 생명 분야뿐만 아니라 전반적인 학업에까지 긍정적인 영향을 미쳤다는 점을 언급하고 있습니다. 그리고 여러 교과 활동에 흥미를 붙였다는 점을 구체적인 사례를 통해 간략하게 드러내고 있으며, 타 학문과 생명과 융합하여 공부하였다는 점에서 인상적인 문장입니다. 따라서 본 자소서는 1번 문항의 출제자의 의도에 맞도록 학생의 자기 주도 학습 능력, 문제 해결 능력, 학업 역량 등을 잘 드러내고 있습니다.

❶ C 학생 파악하기

- 법학과 지망

- 희망 진로 분야와 학습 경험 연관 짓기: 진로희망 3년 연속 변호사, 어릴 때부터 법조인의 꿈을 갖고 꾸준한 노력을 해옴. 그러던 중 선생님의 권유로 ****법치 캠프에 참여하여 법 관련 심화 토론에 참여. 예행연습에서 실수를 범하고 변호사님께 직접 조언을 구함. 법 조항이라도 다르게 해석할 수 있음을 깨닫고 실전 토론에서 좋은 결과를 얻음. 토론을 통해 진로의 확고함을 다지고 가치관을 형성하며 공부법을 찾아가기 시작함.

- 자소서 키워드 설정하기: ****법치 캠프 활동 ('사산된 태아의 손해배상청구권에 대한 인정 여부'에 관한 토론), 윤리와 사상 주제탐구 수행평가, 논리적 사고의 필요성

- 학생에 관한 종합적인 의견: 위 학생은 '법'에 관한 전공 적합성이 뛰어난 학생입니다. 법 관련 활동을 통해 공부법을 찾고 이러한 공부법을 타 과목에 적용하며 전반적으로 좋은 성적을 얻었던 학생입니다. 여러 활동을 소재로 잡기보다는 한 가지 활동을 통해 구체적인 작성을 원했던 학생으로 본 자소서는 지망 학과, 희망 진로, 공부법이 자연스럽게 녹아있습니다. 한 가지 활동을 통해 자기 주도 학습 역량, 학업 역량을 보여주는 자소서로 법률이론을 통해 논리적 사고를 갖게 되고 수학 공부와 연관지었다는 점에서 인상적인 자소서입니다.

② 자소서 분석하기

* 어릴 적부터 변호사를 꿈꿔온 저는 법과 정치 공부를 즐겼고 법학 서적을 보며 이론을 열심히 공부해왔습니다.

평가	학생의 '법'에 대한 지속적인 관심과 흥미를 잘 서술하고 있습니다. 또한, 법학 서적을 보며 꾸준히 이론을 공부해왔다는 점에서 학생의 희망 학과, 희망 진로를 파악할 수 있고, 학생의 '법'에 관한 학구열을 잘 드러내고 있습니다. 이 문장에서는 법에 흥미를 갖고 있다는 전반적인 설명을 했다면 다음 문장에서는 어떤 공부를 해왔고, 어떤 활동을 하였는지 설명이 구체적으로 들어가야겠죠?

* 뉴스를 볼 때면 법을 통해 사건을 해결해나가는 과정이 신기했고 많은 조항을 어떻게 적용할 수 있는지 궁금했습니다.

평가	'법'에 관한 학생의 호기심을 구체적이면서 간결하게 서술하고 있습니다.

* 그러던 중 선생님의 권유로 '**** 법치 캠프'에 참가하게 되었습니다.

평가	선생님이 학생에게 위 활동을 권유하였다는 점에서 학생이 '법'에 큰 흥미 가지고 있음을 선생님이 알고 있었다는 점을 알 수 있습니다. 이러한 점을 보았을 때, 학교생활 역시 적극적인 학생이었음을 파악할 수 있습니다. 뒤 문장에서부터는 법치 캠프에서 있었던 일에 대해 구체적인 서술이 시작되어야겠죠?

* 저는 '사산된 태아의 손해배상청구권에 대한 인정 여부' 토론에서 반대 측 반론을 맡게 되었습니다.

> **평가**
>
> ****법치 캠프에서 한 활동 중에서도 '사산된 태아의 손해배상청구권에 대한 인정 여부' 토론이라는 비중이 큰 활동을 선정하여 서술하고 있습니다.
> 또한, 구체적인 토론주제를 언급해주었다는 점과 자신의 역할을 명확하게 이야기하고 있다는 점에서 잘 쓴 문장입니다.

* 예행연습 전, 손해배상청구권을 인정하지 않은 헌법재판소 판례 등 관련 조사를 하였지만 살아서 출생한 경우에만 이를 인정하는 것은 제762조의 취지를 축소하는 것이라는 상대측의 공격에 반론하지 못했습니다.

> **평가**
>
> 자신의 실수를 숨기지 않고 직접 서술하며 드러내고 있습니다. 이 서술에서 그치는 것이 아니라 다음 문장에서 어려움을 극복했던 이야기에 관해 서술해야겠죠?
> 또한, 예행연습 전 학생이 한 역할에 관해 구체적인 사례를 들며 표현하고 있다는 것은 직접 경험한 학생만이 할 수 있는 서술일 것입니다.

* 그때 조력자 역할을 해주셨던 인권 전문 변호사님께서 같은 법 조항이더라도 다르게 해석될 수 있음을 가르쳐주셨고 상대측 시각에서도 문제를 바라보기 시작했습니다. 그 후, 예상 입론을 파악하여 그에 대한 반론을 확실히 준비할 수 있었습니다.

> **평가**
>
> 자신의 부족함을 인지하고 직접 변호사에게 조언을 구했다는 점과 이러한 조언을 자신의 것으로 만들고 변화된 모습을 보여주었다는 점에서 학생의 자기 주도 학습 역량을 파악할 수 있습니다.
> 또한, 이러한 변화 덕분에 예상 입론을 파악하여 그에 대해 확실한 준비를 했다는 점에서 학생의 뛰어난 습득력을 파악할 수 있습니다.
> 자소서를 작성할 때에는 구체적인 사례를 들어 명확하게 표현하는 것이 필요합니다.

* 실전 토론에서 상대측은 태아 생명 보호를 위해 국가에 요구되는 최소한의 보호조치마저 취하지 않은 것이라고 주장했습니다.

| 평가 | 토론에서 학생이 제시한 주장이 무엇이었는지 구체적으로 서술하고 있습니다. 또한, 깊이 있는 주장으로 학생의 전공 적합성을 잘 드러내고 있습니다. |

* 저는 민법 762조를 해석하기에 앞서 민법 3조를 전제로 해야 함을 주장하고 형법, 모자보건법의 관련 규정을 통해 태아 생명에 직접적 침해위험을 규범적으로 충분히 방지하고 있음을 근거로 반론했습니다.

| 평가 | 민법 762조, 민법 3조 등 구체적인 서술을 통해 법에 관한 전문적인 역량을 충분히 갖출 수 있다는 가능성과 잠재력을 보여주는 문장입니다. 지나치게 구체적인 서술은 역효과를 일으킬 수 있지만, 위의 경우에는 학생의 주장, 의견에 대한 구체적인 서술이기에 이 정도의 범위는 바람직합니다. |

* 법의 여러 측면을 들며 논리적인 반박을 표했고 최고의 토론자로 선정되었습니다.

| 평가 | 처음 토론에서는 시행착오가 있었지만, 그것을 극복하고 좋은 결과를 얻었다는 점에서 학생의 주도적인 학업 역량을 파악할 수 있습니다. 또한, 법의 여러 측면을 들어 논리적인 반박을 표했다는 것은 전의 문장에서 드러나고 있으므로 적절한 근거, 구체적인 근거가 있는 문장입니다. |

* 법률이론을 알면 모든 것이 가능하다고 생각했습니다.

평가	토론하기 전 학생의 가치관을 표현하고 있습니다. 이 문장을 통해 학생의 법에 대한 가치관이 명확히 드러난다는 점에서 좋은 평가를 받을 수 있으며 법에 대한 깨달음과 가치관의 변화 강조가 잘 되었다고 평가할 수 있습니다.

* 하지만 가장 필요한 것은 논리적 사고였고, 수학 풀이를 할 때 자연스럽게 여러 이론을 떠올리는 것처럼 법률실무도 같은 과정에 의해 해결될 수 있음을 알게 됐습니다.

평가	이 문장 역시 법에 대한 깨달음과 가치관의 변화를 강조시키는 문장으로 법과 수학을 연관지으며 서술하였다는 점에서 인상적인 문장입니다.

* 또한, 태아가 사산된 상황을 설정하는 과정에서 더 나아가 낙태를 윤리적 측면으로 바라보았고 사회에서 실력도 중요하지만, 윤리적으로도 인정받는 변호사가 되어야 함을 느꼈습니다.

평가	'사산된 태아의 손해배상청구권에 대한 인정 여부' 토론에서 태아가 사산된 상황을 설정하며 더 나아가 낙태를 윤리적 측면으로 바라보았다는 점에서 학생의 주도적인 탐구력을 강조하고 있습니다. 또한, 진로에 대한 가치관과 희망 학과를 자연스럽게 드러내고 있다는 점에서 매우 이상적인 문장입니다.

* 그렇게 윤리와 사상 주제탐구 수행평가에서 시사 문제를 윤리적으로 접근해보고 이와 관련된 질문을 하며 올바른 윤리적 가치관을 가진 사람이 되기 위해 노력했습니다.

평가	학생 본인의 삶, 가치관을 윤리와 사상 과목 시간의 활동을 통해 잘 표현하고 있습니다. 다만, 시사 문제를 윤리적으로 접근해보았다는 것을 구체적으로 사례를 들어주면 더 좋은 글이 될 수 있겠죠?

선생님, 질문 있어요!
학생부 종합전형에서 내신, 중요한가요?

많은 학생이 저에게 내신이 학생부 종합전형에서 정말 중요한지, 그리고 중요하다면 얼마나 중요한지를 물어보는 데 이에 대해서 답을 드릴게요.

결론적으로 학생부 종합에서 내신은 중요한 요소입니다. 하지만 절대적인 요소는 아니에요.

학생부 종합전형은 항상 제가 강조하는 것이지만 내신, 자소서, 생활기록부 스펙 이 3가지 요소를 종합적으로 고려해서 합격이 결정됩니다. 당연히 내신이 엄청 안 좋은 학생은 자신이 원하는 대학 지원을 하지 못하겠지요, 그렇지만 내신이 상대적으로 조금 안 좋다고 해서 본인이 무조건 불리하거나 불합격을 하는 것은 아닙니다.

그렇다면 우리는 어떻게 하면 될까요?

1. 일차적으로는
내신을 잘 따야 합니다.

본인의 학교가 내신을 따기 어려운 학교라면 어쩔 수 없겠지만 그렇지 않다면 최대한 내신을 잘 따도록 노력하세요. 내신이 좋으면 선택할 수 있는 범주가 굉장히 넓어져요. 좋은 대학을 교과 전형으로 갈 수도 있고 많은 좋은 선택지를 가질 수 있습니다. 내신은 다다익선이에요. 좋으면 좋을수록 좋습니다.

2. 내신만이 전부가 아닙니다.
포기하지 마세요

　나 내신 낮은데 대학 포기해야 해? 내신 따기 어려운 학교는 종합 쓰면 안 되는 거야? 이러는 친구도 있을 텐데요. 내신이 중요하긴 하지만 절대 전부가 아닙니다.

　내신이 상대적으로 낮은 학생들도 본인이 지원할 학과에 맞게 생활기록부 내용이 일관되고 진정성 있게 작성이 되어 있는 학생이라면 충분히 높은 대학에 지원할 수 있습니다. 그럼 어디까지 갈 수 있느냐고요? 3등급대라도 본인의 스펙과 자소서 등에 따라 경희대, 중앙대에도 충분히 입학할 수 있습니다(경희대, 중앙대는 평균 내신 등급 컷이 2~3등급대입니다).
　내신이 상대적으로 안 좋은 학생도 생활기록부 관리를 잘 하면 잘 갈 수 있어요.

　마지막, 내신이 좋은 학생이라면 내신을 많이 보는 대학 또는 중심 전형에, 스펙이 좋은 학생이라면 스펙과 자소서를 더 많이 보는 대학에 지원하세요.

　내신이 좋은 학생이면 당연히 스펙보다 내신을 많이 보는 대학에 지원하면 됩니다(대표적으로 숭실대, 세종대 등이 있습니다. 왜 그런지는 곧 설명해줄게요). 또한, 본인이 스펙, 자소서가 잘 대비되어 있는 학생이라면 이를 많이 보는 대학에 지원하면 됩니다(건국대, 동국대, 경희대, 중앙대, 가천대 등 정말 많습니다).
　본인의 성향에 맞는 대학을 찾아서 그 대학을 집중적으로 대비하세요. 그러면 좋은 성과를 얻을 수 있습니다.

❸ 자기소개서 2번 문항 분석하기

고등학교 재학 기간 중 본인이 의미를 두고 노력했던 교내 활동을 배우고 느낀 점 중심으로 3개 이내로 기술해 주시기 바랍니다.

(1) 문항 분석

1) 고등학교 재학 기간 중

모든 문항에 공통으로 나와 있는 내용이다. 당연히 고등학교 재학 기간에 했던 활동을 써야 한다.

2) 본인이 의미를 두고 노력했던 교내 활동

이 부분이 2번 문항의 출제 의도이다. 본인이 의미를 두고 노력했던 교내 활동이라고 하면 대부분 학생은 말 그대로 본인이 의미 가졌던 활동들을 그냥 쓰는 경우가 많다. 하지만 2번 문항에서 주로 보는 것은 '전공 적합성'이다. 본인이 의미가 있던 '전공과 관련된 활동'을 위주로 쓰는 것이 좋고 다른 내용을 쓰더라도 전공과 관련된 활동을 위주로 쓰는 것이 좋다.

또한, 교내 활동이라는 의미는 말 그대로 '교외 활동'은 쓰면 절대 안 된다는 것이다. 특히 교외 활동을 쓰게 되면 채점에 안 들어가는 경우가 많으니 교내 활동 이외의 것들은 쓰지 않으셔야 한다. 아. 교내 동아리 활동인데 교외에서 활동한 경우는 써도 무관하다. 또한, 예외적으로 학교장의 허락을 받은 교외 활동은 써도 되니 이 점 참고하도록 한다.

보통 3개의 소재를 쓴다면

전공 관련된 소재 2개
전공과 관련 없는 소재 1개

이렇게 쓰는 것이 일반적이다.

3) 배우고 느낀 점을 중심으로

단순한 소재 나열과 과정만을 쓰는 것이 아닌 이 활동을 통해 구체적으로 무엇을 보고 배우고 느꼈는지를 써야 한다. 여기서 특히 본인의 전공에 대한 가치관과 전공에 대한 지식 등을 보여주는 것이 좋다.

4) 3개 이내로 기술하여 주시기 바랍니다.

3개 이내라 하면 꼭 3개를 쓸 필요는 없다. 적당한 내용의 소재가 있다면 3개를 쓰되 3개의 소재가 없다면 2개의 소재만 쓰면 된다. 3개 이내라 해서 무조건 3개를 써야 좋은 평가를 받을 것이라는 강박관념에 사로잡히진 않기를 바란다. 본인이 상대적으로 스토리나 과정 등이 좋은 학생들은 2개의 소재를 자세하게, 그렇지 않고 가지고 있는 에피소드는 짧으나 전공에 대한 관심도를 더 보여주고자 하는 학생들은 3개의 소재를 각자 간략하게 적는 것이 좋다. 이것은 학생의 유형마다 다르니 학생의 상황에 따라 판단하면 될 것이다.

(2) 소재 찾기: 2번 문항 나쁜 소재 거르기

1) 전공과 전혀 관련 없는 내용

쉽게 이야기해 2번 내용을 읽었을 때 이 친구가 무슨 전공을 지원하는지 모른다면 이것은 실패한 자소서이다. 전공과 전혀 관련이 없는 내용을 의미 있는 활동이라는 말 하나만 보고 쓰면 안 된다. 전공과 관련 없는 내용을 2개 이상 썼다면? 100% 나쁜 소재이니 최대한 다시 써보도록 하자.

2) 소재 나열식의 내용

이것도 피해야 할 소재의 유형이다. 그냥 단순히 활동과 소재 나열식의 내용을 쓰는 것은 생활기록부에 있었던 내용을 또, 다시 언급하는 것에 불과하다. 입학사정관은 당신의 생활기록부 내용을 모르지 않는다. 당신에게 궁금한 것은 생활기록부 외의 이 활동을 통해 무슨 생각을 하는지가 궁금하다. 자소서를 쓴 뒤 활동 내용에 대한 나열이 절반 이상을 차지한다면? 소재 나열식의 내용이 맞다. 무조건 이 내용은 다시 고치도록 하자.

3) 전공 단골 소재들, 전공별 너무 뻔한 소재들

가장 중요!! 특정 전공에서 항상 학생들이 주로 사용하는 소재들이 있다. 항상 모든 학생은 특정 소재를 쓸 때 이 소재가 뻔한 소재인지, 누구나 쓸 법한 소재가 아닌지 고민을 해 봐야 한다.

누구나 쓸 법한 소재라면? 무조건 다시 생각해 봐야 한다. 남들이 다 쓰는 내용은 평가자 관점에서 피로감을 줄 뿐 아니라 변별력 역시 확보할 수 없다.

대표적인 전공별 흔한 소재들의 예시이다.
정치외교: 모의국회, 모의 UN, 반크
사회 관련학과: 토론 동아리
상경 관련학과: 경제 토론
컴퓨터 공학과: 아두이노 동아리
영어 및 어문 계열: 영어 및 언어 관련 회화 동아리.

계속 반복해 말하지만, 이 내용을 썼다고 무조건 삭제하라는 것은 아니다. 뻔한 소재이더라도 뻔하지 않게 FUN하게. 본인의 경험과 내용을 진정성 있게 잘 전달할 수만 있다면 좋은 자소서이니 낙담하지 말자.

쌤, 2번 소재는 어디에서 찾아요?

사실 1번 소재를 찾는 것은 그리 어렵지 않은데 2번 소재는 학생들이
어디서 찾는지 모르는 학생들이 많다. 2번 소재는

1) 자율 동아리: 자율 동아리에서 많은 학생이 소재를 찾는다. 자율 동
   아리는 보통 본인이 관심 있는 전공과 관련된 동아리를 드는 경향
   이 많으므로 여기서 가장 먼저 소재를 찾는 것이 좋다. 2번 소재
   3개 중 2개 이상은 이 자율 동아리와 동아리에서 찾는 것이 좋다.
2) 세부 능력 및 특기 사항: 세부 능력과 특기 사항에서 과목마다 한
   프로젝트나 실험 등이 있을 것이다. 여기에서 써 준 내용을 바탕으
   로 소재를 찾는 것이 좋다.
3) 독서: 독서는 가능하면 2번 소재에 안 쓰는 것이 좋다. 하지만 써야
   할 소재가 너무 없을 때는 '독서를 통해 ○○학과에 관심을 두게
   되었다.'라는 형태의 내용과 컨셉으로 쓰는 것이 좋다. 이것은 전공
   적합성을 드러낼 소재가 거의 없을 때 주로 사용하는 방식이며 이
   를 통해 전공 적합성을 잘 드러낼 수 있다. 특히, 하나의 팁을 주자
   면 3학년 때 갑자기 진로가 바뀐 학생들, 이 학생들은 쓸 소재가
   마땅치 않아 곤란을 겪는 경우가 많은데 이 경우 독서를 최대한 활
   용하면 좋다.

(3) 소재 찾기: 2번 문항 좋은 소재 찾기

2번 문항에서의 이상적인 소재 구성은 (소재 3개라 전제할 때) 다
음과 같다.

1) 전공에 관심을 가진 계기와 관련된 활동

오해하지 말 것은 전공에 관심을 가진 계기를 쭉 쓰는 것이 아니
다. 전공에 관심 가진 계기와 관련된 활동이라는 것은 대표적으로

'진로 특강 및 교내 강연'과 같은 소재를 들 수 있겠다. 예를 들어 '송길영 부사장의 강연을 들은 뒤 빅데이터 분야에 관심이 생겨 전을 통계학과로 가게 되었다.' 이 소재는 4번 내용으로도 물론 쓸 수 있지만 2번의 1번 소재에 쓰는 것도 매우 바람직하다. 이것을 통해 전공에 관심을 가지게 되었고 이와 관련된 활동도 하게 되었다는 형태로 쓰면 된다.

2) 전공과 관련된 활동

2번째 소재는 전공에 관심을 가졌으니 이제 이에 대한 활동을 해야 할 것이다. 그 관심을 계기로 한 전공과 관련된 활동을 쓰면 되는 것이다. 이것은 주로 자율 동아리에서 아마 나와 있을 것이다.

3) 본인의 가치관(또는 가치관의 변화를 느낀)을 느끼게 된 활동

① 전공과 관련된 활동

물론 전공과 관련된 활동이나 아니면 전공과 관련된 본인의 가치관(00대회를 통해 법에 대한 가치관을 확립할 수 있었음)의 형태로 쓰는 것이 가장 이상적이고 좋은 소재이다. 하지만 꼭 전공과 관련이 아니더라도 3번째 소재는 본인의 가치관을 느끼게 된 활동을 쓰는 것이 좋다. 물론 이 내용은 3번의 소재로 써도 좋다. No Problem.

* 여기까지는 어디까지나 내가 소재를 뽑을 때 사용하는 방법과 이런 유형의 소재가 쓰기 편하다는 것을 권하는 것이지 '반드시' 쓰라는 내용은 아니니 꼭 참고만 하길 바란다.

② 배우고 느낀 점이 명확히 드러난 소재

뻔한 소재이든 그렇지 않든 상관없이 배우고 느낀 점이 최대한 명확하게 구체적으로 드러난 소재일수록 더 높은 평가를 받을 수 있다.

③ 본인만의 특색과 내용, 활동이 있는 소재

이것에 대해서는 예시 이외에 내가 구체적으로 말하기는 너무 많아 생략하겠다. 하지만 그냥 누구나 쓸 법한 뻔한 소재가 아닌 전공과 관련된 본인만의 특색이나 성향이 드러나거나 아니면 본인만이 했던 활동이 있다면 그것을 소재로 쓰면 좋을 것이다.

④ 전공에 대한 이해와 가치관을 뚜렷하게 드러내 주는 소재

2번에서 주로 평가하는 요소가 전공 적합성이다 보니 전공에 대한 이해가 뚜렷한 학생이고 이를 자소서에 잘 드러낼 수 있다면 입학사정관으로부터 정말 좋은 평가를 받을 것이다. 왜냐하면, 대부분 학생은 전공을 처음 접해보았기 때문에 그에 대한 이해가 전무하기 때문에 상대적으로 튀어 보일 수 있다.

또한, 자신의 전공에 대한 가치관이 명확한 학생이라면(예를 들어 정치외교학과 진학하려는 학생이 본인이 생각하는 정치에 대해 명확하게 정의를 할 수 있는 학생이라면) 아주 좋고 흥미가 가는 학생일 것이다.

* 이때 특히 인문계열 학생 중 본인의 정치색이 드러나는 내용을 자제하려는 학생들이 있는데 굳이 그럴 필요는 없다. 너무 극단적인 학생이면 문제가 있겠지만 그렇지만 않으면 전혀 상관은 없다.

사례를 통해 2번 문항 분석 및 첨삭하기

〈문항별 자소서(2번 문항)〉

1 A 학생 파악하기

- 영어 영문 학과 지망

- 진로 및 전공 적합성과 적극성 평가: 크게 두 가지의 활동 소재
  를 바탕으로 서술되고 있다. 한 가지의 활동은 '대한민국 올바
  른 역사 알리미 활동', 나머지 하나는 '영어 펜팔 활동'입니다.

ex) 1) A 학생은 사이버 외교 동아리 활동을 통해 반크 본사에 방
문하였고, 우리 민족의 역사에 대해 심층적으로 탐구하는 시간을 가
지며 특히 일본군 위안부에 관한 문제의식을 느끼기 시작했습니다.
올바른 역사 지식을 얻고 싶어도 그 방법이 부족하다는 것을 깨닫고
대한민국 올바른 역사 알리미 활동을 제안하고 많은 사람에게 올바
른 역사의식을 심어주기 위해 앞장섰습니다.

특히, 영어영문학과를 희망하는 A 학생은 활동 대상을 외국인으
로까지 확대하여 그들과의 대화를 통해 올바른 역사의식을 알리기
위해 노력했다는 점이 돋보입니다.

ex) 2) A 학생은 시험용 영어만을 공부하는 한국 영어교육의 문제
점을 파악하고 펜팔 활동을 시작했습니다. 여러 펜팔 친구들과의 대
화를 통하여 스스로 영어회화 실력을 향상하기 위해 노력했던 점을
소재로 잡고 있습니다. 또한, 이러한 활동을 통해 자연스럽게 영어
교사라는 진로를 갖게 되었다는 점이 인상적입니다.

- 자소서 키워드 설정하기: 사이버 외교 동아리 활동(반크 본사 방문, 일본군 위안부 관련 활동, 대한민국 올바른 역사 알리미 활동), 펜팔 활동(한국 영어교육에 관한 깊은 고민, 펜팔 과정, 진로 설정)

- 학생에 관한 종합적인 의견: 영어영문학과를 지망하는 만큼 영어와 관련하여 활동 소재를 잘 잡았고, 그 덕에 충분히 학생의 전공 적합성을 드러낼 수 있는 자소서가 나올 수 있었습니다. 또한, 각각의 활동마다 학생이 맡은 역할이 분명하게 있으며, 학생의 학업 역량, 희망 진로를 위한 노력까지 명확하게 나타나 있습니다.

❷ 수정 전 자소서 분석하기

* [반크]

평가	같은 문항이지만 각 문단이 다른 활동의 내용을 다룬다는 점에서 활동명과 같은 소제목을 다는 것은 가독성을 높이는 방법입니다. 또한, 하나의 문단에는 하나의 활동 내용을 담는 것이 바람직합니다.

* 2학년 때 사이버 외교 동아리에서 반크 본사에 방문해 강연을 들었습니다.

평가	다음 문장을 예측할 수 있는 문장으로 바람직합니다. 다음 문장에서는 강연에 대한 설명이 나와야겠죠?

* 지도에 '일본해'라고 표기되어 있는 것을 보고 '동해'로 정정하기 위해 노력하셨다는 단장님의 강연을 듣고 많은 사람이 역사뿐만 아니라 다양한 것들을 잘못 알고 있고, 올바른 지식을 얻고 싶어도 지식을 얻을 방법이 부족할 뿐 아니라 잘못된 정보를 얻을 수도 있겠다는 생각이 들었습니다.

문제점	1. 형식적 측면: 강연에 대한 구체적인 서술을 했다는 점과 그에 따른 느낀 점 서술은 잘했습니다. 하지만 단문화를 하지 않았습니다. 여러 문장을 하나의 문장으로 표현하면서 읽기가 난해하고 가독성이 떨어지는 글이 됩니다.
보완	1. 각각의 문장을 나눠서 서술하세요. 2. 올바른 지식을 얻고 싶어도 지식을 얻을 방법이 부족하다는 것에 관해 간략하게 추가 설명을 덧붙인다면 더 풍성한 글이 되겠죠?

* 강연을 들은 이후 올바른 지식과 정보를 알리는 것의 중요성을 깨닫고 부원들에게 사람들에게 우리나라의 올바른 역사를 알리자고 제안했습니다.

평가	올바른 역사를 알리자고 제안한 이유는 그 전 문장에서 드러나 있으며, 알리는 방법에 대해서는 다음 문장에서 드러나 있기에 잘 서술한 문장입니다. 또한, 부원들에게 직접 역사 알리미 활동을 제안했다는 점에서 학생의 적극성을 파악할 수 있습니다. 다만, 이 내용이 지속할 경우 영어영문학과를 지원하는 평가자로서는 전공 적합성에서 좋지 않은 평가를 받을 수 있습니다. 그렇기에 첫 번째 소재를 사용할 때는 최대한 본인의 전공과 관련된 내용을 쓰는 것이 좋으며 이와 관련된 내용이 아니더라도 전공과 연관을 지으려고 시도하는 것이 좋습니다.

* 부원들도 같은 생각을 하고 있어서 다 같이 한국을 알릴 방법을 고민했습니다.

평가	부원들이 같은 생각을 하고 있다는 내용은 굳이 쓸 필요가 없는 내용입니다. '같은 생각을 하고 있던 부원들은 제안을 받아들였고, 함께 한국을 알릴 방법을 고민하기 시작했습니다.'라는 표현으로 바꿔보면 어떨까요?

* 무엇을 알릴지, 누구에게 알릴지, 어떤 방법으로 알릴지 다양한 의견이 나왔습니다. 학교 학생들을 상대로 캠페인을 열어 얼마나 알고 있는지 물어보자는 의견도 있었고 SNS에 올려 의견을 모으자는 의견도 있었습니다.

평가	한국을 알릴 방법을 함께 고민하였고, 어떠한 의견이 나왔는지 구체적으로 서술하고 있다는 점에서 아주 잘 쓴 문장입니다. 하지만 여기서 더 구체적인 서술로 이어진다면 지나친 서술이 되어 불필요한 문장이 됩니다.

* 저희는 많은 의견 중 경복궁에 방문하여 우리나라의 역사를 알리는 방법을 택했습니다.

평가	다양한 의견 중 어떠한 의견을 택했는지 간결하고 명확하게 서술하고 있습니다. 다음 문장에서는 그에 대한 구체적인 활동 내용이 나와야겠죠?

* 'Korea is'라는 피켓을 들고 외국인들에게 한국에 대해 어떻게 생각하고 있는지, 독도와 위안부에 대해 얼마나 알고 있고 어떤 의견을 가졌는지 질문하였습니다. 한국인들에게도 같은 질문을 하였는데 오히려 답변을 더 잘못해 당황스럽기도 했습니다.

문제점	1. 활동 과정의 단순화: 'Korea is' 피켓 들기 활동이 주 소재이지만, 그만큼의 비중이 없이 활동 과정을 생략하여 한 문장으로 표현하고 있습니다. 너무 지나치게 구체적인 내용은 쓸 필요가 없습니다.

보 완	1. 주 소재에 관한 내용의 구체화: 왜 외국인들에게까지 대상의 범위를 넓혔는지, 활동하며 느낀 점과 그 과정에서의 어려움, 어려움을 극복한 방법 등 구체적으로 작성해주어야 합니다. 활동 과정을 단순화시킨다면 활동 나열식의 자소서가 될 수밖에 없습니다. 주 소재로 선정한 활동에 관해서는 구체적으로 작성해주어야 합니다. 다만, 작성 시에 '활동 내용' 중심보다는 '활동에서 한 역할 설명, 이를 통해 느낀 점'을 중점으로 작성해주세요. 2. 전공에 대한 적합성: 여기까지를 읽은 평가자로서는 이 친구가 역사 또는 정치외교학에 지원하는 학생이라고 헷갈릴 정도로 전공에 관한 이야기가 전혀 없는 인상입니다. 차라리 반크라는 소재를 '이를 통해 다양한 외국과 소통하고 우리나라 역사를 알릴 수 있었고 다른 나라 사람들과 효율적으로 소통할 수 있는 도구가 영어라고 생각되어 영어라는 언어에 관심을 가짐.' 이와 같은 내용의 컨셉으로 하는 것이 어떨까요? 이 점도 이 학생의 글에서 생각을 해볼 만합니다.

* [영어 절대평가 특강]

평가	같은 문항이지만 각 문단이 다른 활동의 내용을 다룬다는 점에서 활동명과 같은 소제목을 다는 것은 가독성을 높이는 방법입니다. 또한, 하나의 문단에는 하나의 활동 내용을 담는 것이 좋으며 이를 구분하는 명확한 도구임에는 분명합니다. 다만, [영어 절대평가 특강]의 소제목은 뒤의 내용을 보았을 때 펜팔 활동에 대해 초점을 맞춘 두 번째 문단과는 어울리지 않은 소제목입니다.

* '영어? 1분 30초 안에 그 긴 지문 독해해야 하는 거잖아. 머리 아픈 과목이야.' 제가 친구에게 영어가 무엇이냐고 물었더니 친구가 제게 했던 말입니다.

문 제 점	1. 인용 및 대화 표현: 인용이나 대화체는 자소서에 적합하지 않은 문장입니다. 이런 식의 표현은 최대한 자제해 주시는 것이 좋습니다.
보 완	1. 대화문의 형식보다는 친구들이 생각하는 영어교육이 무엇인지 간략하게 평서문의 형식으로 작성하는 것이 더 바람직한 방법입니다. 2. 한국 영어교육에 관해 깊은 생각을 하게 된 계기를 명확하게 서술하고 있다는 점에서는 칭찬합니다.

* 저는 이 말을 듣고 현재 한국 영어교육이 옳은 것인지 고민하게 되었고, 여러 교사의 특강이나 영어 관련 특강을 찾아 들었습니다.

평가	한국 영어교육의 문제를 파악하기 위해 직접 여러 교사의 특강을 찾아 들었다는 점에서 학생의 호기심과 이를 해결하고자 하는 적극적인 탐구력을 파악할 수 있습니다. 다만, 학생이 한국영어교육에 관해 어떤 생각을 하게 되었고, 찾아 들은 특강에 관한 구체적인 서술이 필요합니다. 또한, 본인이 영어 관련 학과를 지망하기 때문에 영어교육의 문제점이 무엇인지를 구체적으로 서술하고 그에 대한 해결방안을 찾기 위한 활동 또는 과정이 무엇인지를 뒷부분에 언급해주는 것도 좋을 듯합니다.

* 그중 영어 절대평가 특강은 저에게 한국 영어교육의 문제점에 대해 생각해 볼 기회를 주었습니다.

평가	절대평가 특강을 통해 한국 영어교육의 문제점에 대해 생각할 기회를 제공해주었다고 서술한 점은 좋습니다. 다만, 계속 한국 영어교육의 문제점에 대해 고민해 보았다고는 하는데 이에 관한 내용이 반복되는 느낌입니다. 그 문제점이 무엇인지 명확히 해주는 것이 필요합니다.

* 영어가 절대평가로 바뀌면서 학생들을 성적순으로 줄 세우는 데에 급급하여 사람들은 많은 것을 놓치고 있었습니다. 학생들은 성적을 더 잘 받기 위한 시험용 영어만을 공부하여 어떻게든 앞줄에 서기를 원했습니다. 대학이나 사회에서는 영어를 잘 하는 사람보다는 '영어성적'이 높은 사람이 더 인정을 받았습니다.

평가	현실 한국 영어교육의 문제점들에 관한 학생의 생각을 명확하게 표현하고 있다는 점에서 학생의 가치관을 파악할 수 있습니다. 다만, 두 번째 문장의 경우 첫 번째 문장과 2, 3번째 문장들이 계속 반복됩니다. 반복되는 문장이나 표현은 최대한 짧게 그리고 합쳐주는 것이 좋습니다.

* 저도 이러한 영어교육 아래에서 자라며 영어를 10년 넘게 배웠지만, 외국인 앞에서는 얼어 버렸습니다. 제가 틀리게 말할까봐 대화하는 것이 두려웠습니다. 문법이 틀리면 어쩌지, 배열이 틀리면 어쩌지, 단어를 잘못 써서 이상한 말을 해버리면 어찌하지 하고 수많은 고민을 하느라 차마 입이 떨어지지 않았습니다.

문제점	1. 반복되는 표현: 영어를 두려워하는 것에 대해 3개의 문장으로 나누어 작성하고 있지만, 결국 영어 말하기를 두려워한다는 하나의 의미로 이어지고 있습니다. 2. 형식적 측면: '어쩌지' 등의 표현을 사용하고 있는데 이는 구어체로 자소서에서는 이런 표현들은 안 써주시는 것이 좋습니다.
보완	1. 같은 내용을 반복적으로 서술하거나 반복적인 단어 등을 계속해서 사용하는 것은 글의 질을 떨어뜨릴 수 있습니다. 많은 학생이 반복되는 표현을 쓴다면 자신의 의도가 강조된다고 생각하지만, 이는 잘못된 생각입니다. 따라서 위의 3가지의 문장은 간략하게 한 문장으로 서술해도 됩니다.

* 저는 이런 제 자세를 고쳐야겠다고 생각했습니다. 그래서 펜팔 친구를 찾아 온라인으로 외국인들과 대화하기 시작했습니다.

평가	자신의 부족함을 인지하고 펜팔 활동으로 그 부족함을 채워 넣기 위해 노력한 학생의 자기계발 능력이 돋보이는 문장입니다. 다만, 이 과정을 말하기까지 너무 많은 문장을 사용했네요.

* 저는 펜팔 친구에게 한국어를 알려주고 그 친구는 제게 영어를 알려주면서 같이 공부했습니다.

평가	일방적인 펜팔이 아니라 양방향소통인 펜팔이었다는 점에서 전공에 적합한 학업 능력뿐만 아니라 인성 및 적극성을 보여주는 문장입니다.

* 둘 다 배우고 싶은 언어의 실력이 뛰어난 것은 아니었기 때문에 가끔 말이 틀려도 이해해주며 맞는 표현을 배웠습니다.

문제점	1. 부자연스러운 표현: 부자연스러운 표현이자 주술 호응이 안되는 문장입니다. 이런 형식적인 부분에 대한 실수는 학생이 꼼꼼하게 잡아주셔야 합니다. 이런 문장들은 가독성을 해칩니다.
보완	1. 어렵게 쓰려고 하면 부자연스러운 표현이 나올 확률이 높아집니다. '펜팔 친구와 대화를 하며 서툰 점은 많았지만, 서로를 이해해주며 하나하나 배워갈 수 있었습니다.'와 같이 쉽게 풀어서 서술해주세요.

* 저는 이러한 경험을 통해 줄 세우기 식 교육 방식 속에서 학생들이 영어를 어려워하지 않고 서툴더라도 일상생활에서 자유롭게 쓸 수 있는 영어를 가르치고 싶다는 생각이 들었습니다.

평가	펜팔 활동을 통해 직접 느낀 점을 토대로 진로에 대한 확고함을 얻었다는 점에서 인상적인 부분입니다. 2번 문항의 경우 활동과 함께 희망 진로를 드러내는 것은 매우 바람직한 서술입니다.

* 어려운 지문을 두고 지문 분석과 독해를 하는 것보다는 미국 문화를 알 수 있는 영상이나 유행어인 slang 등 영어 자체에 친해질 수 있는 영어를 가르치고 싶다고 생각했습니다.

평가	어떤 영어를 가르치고 싶은지 추상적이지 않고 구체적으로 서술하고 있습니다.

* 그래서 학생들이 외국인들을 만났을 때 예전의 저처럼 얼어 한마디도 못하는 것이 아닌, 웃으며 농담도 던질 수 있었으면 좋겠습니다.

문제점	1. 통일성 부족: 위 문장에서는 어떤 영어를 가르치고 싶은지 자신의 가치관을 이야기하고 있었는데, 이 문장에서는 자신의 바람을 드러내고 있습니다. 또한, 이 친구의 경우 서술한 내용을 봤을 때 계기와 과정

보 완	은 있으나 느낀 점이 없습니다. 배우고 느낀 점을 구체적으로 서술하 지 않았다는 점에서 아쉽습니다.
	1. 학생들에 대한 바람을 표현하고자 하는 의도는 좋으나, 위 문장과 통 일성을 갖추기 위해서는 어떤 영어 선생님이 되고 싶은지 추가 서술 하는 것이 더 좋습니다. 2. 앞서 말했던 불필요한 문장을 다 줄이고 그 줄인 만큼 배우고 느낀 점 서술에 문장을 할애한다면 더 좋은 글이 될 것입니다.

③ 수정 후 자소서 분석하기

* [반크]

평 가	소제목은 문단을 구분하는 데 효과적인 역할을 한다.

* 2학년 때 사이버 외교 동아리 활동으로 반크 본사에 방문하였습
니다.

문 제 점	1. '반크'라는 소재 선정의 평범함. 소재의 창의성 부족.
보 완	1. '반크' 활동은 외교 분야 등의 희망 진로를 꿈꾸는 친구들이 흔히 하 는 활동일 수 있습니다. 따라서 누구나 선정할 수 있는 소재의 경우 에는 그 활동 안에서의 나만의 '특별함'을 찾아야 합니다. '반크'라는 큰 활동 범위 속에서 다양한 활동을 기획할 수 있기 때문입니다.

* 단장님의 강연을 통해 '일본해'라고 표기되어 있는 지도와 교과
서로 공부하여 잘못 알고 있는 사람이 많음을 알게 되었습니다.

평 가	반크 본사에 방문하여 어떤 것을 하였는지 구체적으로 서술하고 있습니 다. 또한, 단장님의 강연을 들었다는 것에서 그치지 않고, 그 강연을 통 해 배운 점을 서술하고 있다는 점에서 잘 쓴 문장입니다. 하지만, 강연이 주된 소재가 아니므로 강연에 관한 지나친 서술은 피해 주세요.

* 이에 올바른 지식을 얻고 싶어도 지식을 얻을 방법이 부족하다는 것에 원인을 찾았습니다.

> **평가** 강연을 통해 배운 점의 원인을 찾기 위해 노력하였다는 것을 서술하고 있습니다. 자소서는 이처럼 구체적으로 작성해야 합니다.

* 그 후, 우리 민족의 역사에 대해 심층적으로 탐구하는 시간을 가졌습니다.

> **평가** 단장님의 강연을 통해 올바른 역사 지식을 얻을 방법이 부족하다는 것을 깨닫고 우리 민족 역사에 대해 심층적으로 탐구하는 시간을 가졌다는 점에서 주도적인 학습 능력. 적극성이 잘 드러나고 있습니다.

* 특히 저의 마음을 이끌었던 문제는 일본군 위안부 문제였습니다.

> **평가** 우리 민족의 역사 속에서도 특정 역사를 선정하였다는 것에서 구체성을 띠고 있습니다. 다음 문장에서는 왜 일본군 위안부 문제가 마음을 이끌었는지 그 이유에 관한 서술이 나와야겠죠?

* 다른 문제보다 저의 마음을 강하게 이끌었던 이유는 당시 할머니들께서 피해를 보셨던 나이가 지금 제 나이와 비슷하거나 어렸기 때문입니다.

> **평가** 앞 문장의 이유가 명확하고 간결하게 서술되고 있습니다.

* 저는 일본군 위안부 문제에 더 자세히 알고자 '낮은 목소리 1, 2, 3', 영화 '귀향' 등을 보았습니다.

> **평가** 더 자세히 알기 위해 스스로 영화를 찾아보았다는 점에서 학생의 적극적인 탐구성을 파악할 수 있습니다. 다음 문장에서는 영화를 본 후 느낀 점에 관해 서술되어야겠죠?

어떤 학생은 구체적으로 작성해야 한다는 것을 생각하고 각각의 영화를 세세하게 작성하는 예도 있습니다. 하지만, 영화의 줄거리, 느낀 점이 주된 소재가 아닌 만큼 영화에 관한 자세한 설명은 필요하지 않습니다. 자소서에서 다루는 주된 키워드를 생각하고 이에 관해 구체적으로 작성해주세요. 부수적인 활동은 간략하게 서술해주세요.

* '귀향'은 시민들의 후원 '크라우드 펀딩' 방식으로 제작되었다는 사실을 알게 되었습니다. 우리나라가 일본으로부터 독립된 국가임에도 불구하고 노골적인 방해를 받아 제작비가 부족했기 때문이었습니다. 영화를 보며 궁금한 것들이 생겼고 할머니들을 직접 만나 뵙고 여쭤보고 싶었지만 만남을 꺼리신다는 말을 듣고 실행에 옮기지 못했습니다.

평가 학생이 보았던 영화 중 하나의 영화를 그 예시로 들고 있습니다. 그리고 명확한 문제의식을 느꼈음을 서술한 문장입니다. 이러한 배움과 깨달음이 후에 '대한민국 올바른 역사 알리미 활동' 제안으로 이어지게 된다는 점에서 활동과 활동의 연관이 있음을 알 수 있습니다.

* 대신 부원들에게 '대한민국 올바른 역사 알리미 활동'을 제안했습니다.

평가 대한민국 올바른 역사 알리미 활동을 직접 추진했다는 점에서 학생의 적극성을 파악할 수 있는 문장입니다.

* 부원들은 긍정적인 반응을 보였고, 더 나아가 대상을 외국인으로까지 확대하자는 이야기를 하였습니다.

평가 대한민국 올바른 역사 알리미 활동의 대상이 왜 외국인으로까지 확대되었는지 간략한 추가 서술이 필요합니다.

* 경복궁에서 'Korea is'라는 피켓을 들고 행인들에게 한국에 대해 어떻게 생각하고 있는지, 독도와 위안부에 대해 얼마나 알고 있는지에 대해 질문하였습니다.

> **평가** 활동에서 학생이 맡은 역할에 관해 구체적으로 언급되어 있습니다. 또한, 앞 문장에서 외국인에게까지 대상을 확대하였다는 점에서 학생이 외국인과의 언어 소통 능력이 있음을 파악할 수 있는 문장입니다.

* 오히려 한국인들이 모르는 모습에 당황스러웠고 그럴수록 한 명에게라도 더 제대로 알리기 위해 노력했습니다. 올바른 역사의식을 심어주었다는 점에서 보람찼고, 작은 움직임이 큰 변화를 일으킬 수 있음을 깨달았습니다.

> **평가** 활동하며 있었던 일과 느낀 점을 간략하고 명확하게 표현하고 있다는 점에서 잘 쓴 문장입니다. 다만, 영어영문학과를 지원하고자 하는 만큼 영어와 연관한 느낀 점을 추가 서술한다면 2번 문항 출제자의 의도와 더 맞는 글이 될 수 있겠죠?

* [펜팔 활동]

> **평가** 소제목은 문단을 구분하는 데 효과적인 역할을 합니다.

* '영어? 짧은 시간 안에 많은 문제를 풀어야 하는 것' 영어가 무엇이냐는 질문에 대한 친구들의 대답입니다. 그 후, 한국의 영어교육이 옳은 것인지 고민하게 하였고 문제점에 대해 생각해볼 기회를 주었습니다.

> **평가** 한국의 영어교육에 관한 문제의식을 느끼게 된 계기가 명확하게 드러나 있습니다. 다음 문장에는 학생이 생각하는 한국 영어교육의 문제가 무엇인지 서술되어야겠죠?

* 시험용 영어만을 공부하는 학생들의 영어에는 한계가 있었으며, '영어성적'이 높은 사람이 더 인정을 받는 사회 분위기가 형성되었습니다.

평가	한국 영어교육의 현실에 관한 학생의 가치관이 분명하게 표현되고 있습니다. 학생이 영어교육에 관해 깊은 생각을 했다는 점에서 학생이 영어에 관심이 있음을 자연스럽게 파악할 수 있습니다.

* 저 역시도 실생활에서 쓸 수 있는 영어에는 자신이 없었고, 영어를 내뱉는 것이 두렵고 창피했습니다.

평가	학생 본인 역시 한국 영어교육의 현실에 머물고 있음을 깨달았음이 표현되고 있습니다. 이 서술에서 그치는 것이 아니라 다음 문장에서부터는 이를 어떻게 극복하였는지 추가 서술이 필요합니다.

* 영어 교사의 꿈을 가진 제가 영어를 두려워하면 안 되겠다는 생각이 들어 펜팔 친구를 찾아 온라인으로 외국인들과 대화하기 시작했습니다. 번역기, 단어장을 찾아가며 서툴지만, 최대한 말을 전하려고 했습니다. 펜팔 친구에게 한국어와 한국을 알려주었고 그 친구는 제게 영어와 미국 생활, 문화를 알려주며 서로 배워갔습니다.

평가	자신의 부족함을 인지하고 이를 극복하기 위해 노력했다는 점이 잘 드러나는 문장입니다. 극복 방법 중 펜팔 활동을 소재로 선정하여 구체적으로 작성하고 있습니다. 또한, 2번 문항에서 가장 중요하게 서술되어야 하는 것은 전공 적합성입니다. 이러한 전공 적합성이 영어 교사라는 학생의 희망 진로를 위해 노력한 과정으로 잘 드러나고 있습니다. 추가로, 이 학생의 글이 좋은 이유는 '자기만의 내용'을 쓰려고 노력한 흔적이 보이기 때문입니다. 번역기 등을 찾으며 노력한 점 등을 미루어 보아 이 학생이 서툴지만, 펜팔 친구를 위해 진정성 있게 노력한 흔적이 보이기 때문에 좋은 글이라 평가할 수 있습니다. 이 내용이 아니라 흔한 내용의 소재를 쓰더라도 자기만의 특색이 드러나고 진정성 있는 글들을 쓸 때 더 좋은 평가를 받고 평가자의 마음을 사로잡을 수 있습니다. 이

* 그 결과 자연스럽게 영어회화 실력이 향상되었고 영미문화도 알
게 되었습니다.

평가	펜팔 활동이 학생의 영어회화 실력 향상에 큰 영향을 주었다는 점을 알 수 있습니다. 영어영문학과를 지원하고자 하는 학생으로서 영어회화 실력 향상을 위해 노력한 과정과 실제로 실력이 향상되었다는 사실은 매우 긍정적으로 평가받을 수 있습니다.

* 이러한 경험을 바탕으로 많은 사람의 부족한 부분을 채워주고
싶다고 생각했습니다. 학생들이 영어를 어려워하지 않고 서툴
더라도 일상생활에서 자유롭게 쓸 수 있는 영어를 가르치고 싶
다는 생각이 들었습니다. 또한, 미국 문화를 간접적으로 체험할
수 있는 영상이나 유행어 등 영어 자체에 친해질 방법을 가르치
는 교사가 되고 싶다는 목표가 생겼습니다.

평가	추상적이지 않은 구체적인 표현으로 학생의 진로의 확고함과 가치관이 잘 드러나는 문장들입니다. 또한, 펜팔 활동과 진로를 자연스럽게 연관하여 서술하였다는 점에서 잘 쓴 글입니다.

1 B 학생 파악하기

- 진로 및 전공 적합성과 적극성 평가: 생명과학 분야에 대한 전공 적합성이 높은 학생입니다. 진로 및 전공에 대한 목표가 뚜렷하고 진정성이 있는 학생이라는 것은 많이 보입니다.

- 자소서 키워드 설정하기: 생명과학 동아리(스카이), 멘토링, 생명 복제 연구, 배아세포, 생명 윤리, 생명과학에 관한 책(인간 복제 그 빛과 그림자)

- 학생에 관한 종합적인 의견: 이 친구는 생명과학자가 되고자 하는 진정성과 이를 위한 노력은 많이 드러난 학생입니다. 또한, 생명 윤리 등과 같은 문제에 대해 명확한 본인의 생각을 보이고 생명과학 분야에 열정이 있다는 것이 느껴집니다. 다만, 멘토링과 같은 쉬운 소재 설정, 문장의 형식적 측면 등은 보완이 필요합니다.

2 수정 전 자소서 분석하기

제가 의미를 두고 노력했던 교내 활동 중에 저는 '스카이'동아리를 꼽고 싶습니다. 저는 이 동아리를 통해서 더욱 생명과학에 관심을 두게 되었고 열심히 공부하였습니다.

문제점	1. 주제의 명확성: 의미를 두고 노력했던 교내 활동은 ○○입니다. 이렇게 첫 문장을 구성할 필요가 없습니다. 주제는 전체 문장은 포괄하는 것이니 이런 식의 문장 구성 주의하세요. 1. 형식적 측면: 스카이 동아리를 통해 생명과학에 관심을 두게 되었다는 내용이 핵심인데 필요 없는 내용이 너무 많고 간결하게 한 문장으로 써주는 것이 좋습니다. * 항상 첫 문장을 쓸 때 학생들은 신경을 써 주셔야 합니다. 첫 문장에서 여러분의 인상이 결정되니까요. 잘 생각해서 첫 문장을 작성해주시기 바랍니다.
보완	1. 두 문장을 '스카이 동아리를 통해 생명과학 분야에 관심을 두게 되었다'라는 식의 한 문장으로 표현해 주시는 것이 좋습니다.

스카이는 학생 간 상호 멘토-멘티를 하는 동아리인데 저는 제가 좋아하는 생명과학을 담당하게 되었는데 제 멘티들은 생명과학을 잘 모르는 상태였고 전혀 이 과목에 대한 흥미가 없었습니다.

문제점	1. 소재의 측면: 멘토링은 가능하면 피해주는 것이 좋습니다. 멘토링은 너무 흔한 소재로 변별력이 없습니다. 2. 형식적 측면: ~인데 ~인데 등이 계속 반복되고 문장의 호흡이 너무 깁니다.
보완	1. 소재: 멘토링을 쓴다면 흔하지 않은 내용으로 쓰거나 아니면 이 내용은 최대한 빼주세요. 2. 형식: 스카이 동아리는 ○○입니다. 특히 제 담당 멘티는 생명과학에 흥미가 없었습니다. 이렇게 한 문장을 두 문장으로 나눠 써주세요.

* 해서 저는 제가 공부했던 오답 노트나 요약 노트를 보기 편하게 정리해 친구들에게 주었습니다. 또 매번 수업시간에 배운 내용 중 이해가 안 되는 내용을 멘티들에게 설명해주곤 했습니다. 이를 통해 저 역시 친구들에게 많은 것을 알려주기 위해 교과서와 교과서 외적인 부분을 깊이 있게 공부할 수 있었고 친구들도 저로 인해 성적이 향상되고 생명과학에 대해 흥미가 생긴 모습을 보면서 보람을 느낄 수 있었습니다.

문제점	1. 소재의 측면: 요약 노트를 통해 공부해서 성적 상승이 됨. 이 내용은 너무 흔한 내용입니다.
보완	글은 이 부분 나쁘지 않습니다. 하지만 여기까지의 내용을 읽었을 때 소재의 내용이 너무 뻔하죠. 이런 글의 경우는 처음부터 다시 쓰는 것이 좋습니다.

* 그 다음 의미를 두었던 교내 활동으로는 생명과학 동아리에서의 활동입니다. 생명 복제 연구에 관한 토론을 통해 저는 생명 윤리에 대해서도 고민할 수 있었습니다.

문제점	1. 형식적 측면: 주제문이 명확하지 않고 필요 없는 단어들이 많습니다. 2문장을 한 문장으로 합쳐 연결해야 합니다.
보완	소재는 잘 정했습니다. 형식적 측면에서 생명과학 동아리에서 토론을 통해 생명 윤리에 대해 고민을 했다는 1문장의 완결된 문장으로 써 주셔야 합니다.

* 저는 토론 동아리에서 배아 줄기세포의 복제에 대해 배아를 인간으로 봐야 하는지를 토론할 수 있었습니다. 이는 윤리적 가치관의 대립이 첨예하게 갈리는 주제였고 저 역시 하나의 생명체인 배아세포를 인류의 이익을 위해 이용할 수 있는가에 대해 고민하게 되었습니다.

평가	구체적인 주제의 언급 좋습니다. 배아 줄기세포를 통해 생명 윤리에 대해 깨닫는 내용이네요. 하지만 '윤리적 가치관'이 대립하는 문제라고 하는데 어떤 문제에 대해 대립하는지를 구체적으로 안 써준 것이 아쉽네요. 다음 내용에서는 왜 본인이 배아세포가 인류의 이익을 위해 이용하는지에 대한 본인의 생각이 나와야겠네요.

* 이때 2학년 때 읽었던 도서인 '인간복제 그 빛과 그림자'라는 책이 떠올랐습니다. 이 책에서 안종주 저자는 인간복제 연구에 찬성하는 사람이었지만 반대의 의견을 뭉개버리지 않고 존중하며 윤리적 의식에서도 심도 있게 고민을 보여주었습니다.

평가	책에 관한 구체적인 사례를 언급한 부분은 좋습니다. 다만, 앞에서 언급했던 왜 배아세포가 인류의 이익을 위해 이용하는 것인지에 대한 서술이 이 문장에는 필요합니다.

* 이를 바탕으로 저도 토론을 할 때 상대편의 입장을 충분히 존중하며 생명과학이라는 학문의 본질성과 생명 윤리에 관해서 이야기하였습니다. 많은 토론을 통하여 저는 인간의 생명권과 생명 윤리 또한 중요하며 과학자로서 이를 고려해야 할 점이라는 것을 깊이 깨닫게 되었습니다.

문제점	형식적 측면에서는 내용의 큰 문제는 없습니다. 다만, 생명 윤리와 과학자가 지녀야 할 자세를 깨달았다고 하는데 이 표현이 너무 추상적입니다.
보완	조금 더 구체적으로 어떤 점에서 어떤 부분을 깨달았는지 그리고 본인이 생각하는 과학자로서 자세는 무엇인지에 대한 더 구체적인 서술이 필요합니다.

배아를 생명체로 봐야 하고 복제에 신중히 처리해야 한다는 의견에서 발제를 준비하면서 저는 생명 윤리에 대해 찾아보게 되었고 이러한 생명 윤리가 과학자가 가져야 할 필수적인 덕목이라고 생각했습니다. 해서 저는 이를 계기로 미생물을 연구하면서 나아가 생명과학을 연구하는 연구자로서 항상 연구 이전에 이익이나 효용 가치보다 인간의 생명 존엄에 대해 깊이 있게 생각하는 연구자가 되겠다는 다짐을 하게 되었습니다. 이와 같은 일련의 활동과 과정을 통해 저는 생명과학이라는 분야에 대해 더 많은 관심으로 공부하게 되었고 제 구체적인 진로를 '생명과학연구원'으로 설정하는 계기가 되었습니다.

문제점	형식적 측면에서는 이 글도 내용의 큰 문제는 없습니다. 하지만 내용이 계속 추상적이고 반복되는 것이 많습니다. 생명 존엄, 생명 윤리, 과학자가 지녀야 할 자세 등 이와 같은 내용이 반복됩니다.
보완	느낀 점을 더욱 구체적으로 쓰도록 해야 합니다. 또한, 이것 외에 다른 느낀 점이 생각이 나지 않는다면 하나의 사례를 추가하는 것도 좋은 방법입니다.

❸ 수정 후 자소서 분석하기

* 교내 과학 관련 활동을 통해 과학이 인간에게 미칠 수 있는 영향에 대해 알아감으로써 생명 공학자로의 진로를 구체화했습니다.

평가	소재의 측면에서 앞의 내용보다 교내 과학 관련 활동에 대한 소재가 더 변별력이 있어 보입니다. 또한, 앞의 수정 전과 비교했을 때 주제문도 매우 명확하고 구체적으로 잘 서술했습니다.

* 1학년 때 바이러스에 관한 논문을 작성하며 미생물 분야에 관심을 가져가기 시작했습니다. 이후 미세먼지의 위험성에 대한 캠페인을 하며 미세먼지가 뇌의 염증 유발 유전자에 영향을 미친다는 사실을 통해 환경적 요인이 유전자에 나쁜 영향을 줄 수 있음을 알았습니다.

평가	내용과 소재가 매우 구체적이며 느낀 점 역시 구체적으로 잘 서술했습니다. 이 학생은 소재가 문제가 아니라 자소서에 맞는 소재를 잘 고르지 못했었군요. 이렇게 구체적으로 써 주시는 것이 좋습니다.

＊ 생명과학은 생명 내부뿐만 아니라 외부도 연구해야 하는 영역이라는 생각에 여러 학문을 함께 공부하고자 했습니다. 또, 미세먼지만큼이나 작고 미세한 입자를 인위적으로 만들어 우리 몸에선 영향을 끼치는 유전자를 활성화하면 면역력이 증진되거나 외부 항원에 대처하는 능력이 크게 향상하는 등 긍정적 영향을 끼칠 수 있을 것이라는 생각을 가져보았습니다.

> **평가** 본인의 생명과학에 대한 명확한 생각과 가치관이 구체적인 사례와 함께 잘 나타나 있습니다.

＊ 특히 2학년 때 생명과학연구원과 만남을 통해 생명 공학자로의 진로를 확고히 할 수 있었습니다. 연구원과 함께 쥐 해부 실험을 진행하고, 연구하시던 치료법 개발 분야에 대해 접근 방법과 어려움 등에 대해 여쭤보며 제 미래의 진로도 더욱 구체화 되었습니다. 바이러스만의 특성을 역이용해 난치병 치료법을 연구하고 싶다는 상상을 했으며, 이에 대한 질문에 제 생각을 보완해주시고 격려해주셔서 생명 공학자라는 꿈을 더욱 발전시킬 수 있었습니다.

> **평가** 이번에는 2번째 에피소드 생명과학 연구원과 만남을 서술했습니다. 만남의 내용과 이를 통해 느끼고 배운 점에 대해 매우 구체적으로 잘 쓴 글입니다. 소재를 조금만 바꿨더니 자소서의 전체적인 내용과 느낌이 살죠? 이것을 명심하셔야 합니다.

한편 '생명과학탐구 부'에서 '배아를 인간으로 봐야 하는가?'라는 배아 줄기세포의 복제에 관한 토론을 준비하면서 공학자로서의 가져야 할 태도에 대해 고민하는 시간을 가졌습니다.

장기유전정보를 담은 배아세포를 활용하여 이식 가능한 장기를 가진 개체를 만들어내는 '장기복제'같이 기술과 사회 문제와 관련한 기사나 논문 등을 통해 복제 기술의 무한한 발전 가능성에 대해 알게 되었으나, 윤리적 문제와 부딪히는 사례를 대할 때는 저 또한 인간의 가치에 대해 고민할 수밖에 없었습니다.

> **평가**
> 수정 전보다 훨씬 더 내용이 구체적이고 자기 생각이 잘 드러나 있습니다. 이렇게 쓰셔야 합니다.

한편 윤리적 문제에 관한 내용은 '돈으로 살 수 없는 것들'이라는 책을 통해 생각할 수 있었습니다. 사람의 생명이라는 가치가 보험이라는 경제적 가치와 만났을 때, 생명과 보험금이 동등한 가치를 지닌 것으로 간주하여 생명의 가치가 저하될 수 있다는 접근은 생명공학 기술을 새롭게 볼 수 있는 계기가 되었습니다. 생명공학 기술은 경제나 정치 등의 이유로 생명의 존엄성을 경시해서는 안 된다고 생각했습니다.

> **평가**
> 사례와 본인의 생각이 잘 나타나 있습니다.
> 예시와 느낀 점을 적절히 잘 써주었네요.

* 과학 기술을 인간에게 적용할 때는 윤리적 문제와의 균형이 필요성에 대해 고민하며 2학년 때 읽은 '인간복제 그 빛과 그림자'의 저자가 생각났습니다. 공학 기술과 윤리적 가치 사이에서 어느 쪽도 해가 되지 않도록 항상 고민하는 저자의 모습을 떠올리며 기술의 사용에 신중함을 가진 공학자가 되리라 다짐했습니다.

> **평가**
> 이것 역시 본인이 다짐하고 느낀 점을 기술해 주었습니다. 다만, 아쉬운 것은 교내 활동에 대한 노력 과정을 중심으로 쓰는 것인데 이 친구는 너무 공학자가 되고자 한 계기에 대해 많은 부분을 할애하고 있으므로 이점은 우려가 됩니다.

윤리적 고민이 없는 과학 기술은 인간의 가치를 훼손할 수 있으므로, 과학자에게도 철학적 고민이 필요하다고 생각합니다. 미생물을 연구하면서, 나아가 생명과학을 연구하는 사람으로서 인간의 존엄성을 위한 연구를 하고 싶습니다. 이를 위해 과학적 연구는 물론 인문학적 소양을 쌓기 위한 노력을 아끼지 않을 것입니다.

평가	내용 자체는 좋지만, 이 내용은 4번 내용에 더 쓰는 것이 좋을 것 같습니다.

❶ C 학생 파악하기

- 법학과 희망

- 진로 및 전공 적합성과 적극성 평가: 자기소개서에서는 법학이라는 학문을 탐구하고자 하는 열정이 드러나고 있습니다. 또한, 자신의 진로를 찾아가는 과정이 활동을 통해 자세하고 구체적으로 드러나 있습니다.

- 자소서 키워드 설정하기: 법, 외교 동아리 발표 활동, 국제법에 관한 탐구, ****여름 캠프, 사회 계급 간의 현실 문제, 층간 소음, 적정기술, 차기 회장단 공청회, 공약 토론

- 학생에 관한 종합적인 의견: C 학생은 꿈을 찾아가는 과정을 활동을 통해 드러냈다는 점이 인상적입니다. 또한, 고등학생으로서 사회적 문제를 해결하기 위해 노력했다는 점에서 적극적인 탐구력, 문제의식이 나타나고 있습니다.

② 자소서 분석하기

* 법, 외교 동아리에서 국제사회를 주제로 발표 활동을 하였습니다. 중동, 아프리카에 반인륜적 행위가 발생하는지에 대한 궁금증 해결을 위해 IS에 대해 다루기로 하였습니다. 조사과정에서 IS의 비인도적 행위는 국제인도법 조항에 크게 반하고 있음을 알게 되었습니다.

> **평가** 구체적인 주제와 발표 활동에 대한 언급 좋습니다. 하지만 이 내용이 너무 지나치게 많이 나온다면 주제를 언급하지 않기 때문에 글의 집중도가 떨어질 수 있습니다.

이 계기로 국제법에 대해 더 알아보고 싶었고 이것이 법적 재판권은 있지만, 구금 가능한 구속력이 없어 처벌을 이행하는 것도 그들의 자유라는 것을 알게 되었습니다. 저는 국제법의 필요성에 의문이 들었습니다.

> **평가** 본인이 국제법에 대한 새로운 관점을 제기하고 이에 관해 탐구하는 내용인데요.
> 이 학생은 소재는 아주 신선하고 좋습니다. 다만, 아쉬운 것이 처음 시작할 때의 주제를 명확히 언급해주고 들어갔더라면 더 글에 집중할 수 있었을 것 같네요.

미국 변호사님께 직접 연락해 이 법은 반인도적 문제를 국제적으로 공론화하고 유엔 회원국들은 IS 제재 결의안과 같이 해결방안을 모색하고 있음을 알게 됐습니다. 국제법에 매력을 느꼈고 '조용하지만 강한 국제법'의 제목으로 발표했습니다. 법을 이용해 국제적 문제 해결이 가능함을 배웠고 여러 나라의 법도 함께 공부해 공론화된 문제에 구체적인 해결책을 찾아가는 변호사가 되겠다고 다짐했습니다.

> **평가** 고민을 해결하기 위해 변호사에게 직접 연락한 것, 그리고 고민을 멈추지 않고 공부해 발표하고 이를 계기로 변호사가 되겠다고 다짐한 것 등을 볼 때 이 학생의 전공에 대한 적합성과 그리고 적극성이 돋보입니다.

꿈을 찾아가는 과정에 재미를 느끼고 더 나아가 사회에서 필요로 한 일을 하고 싶었습니다. 그 후, ****여름 캠프에서 '인류의 문제를 해결하라.'라고 메이커 톤에 참여하였습니다. 의미 있는 기여가 가능한 아이디어를 생각해내 결과물까지 만들어야 하는 것이 흥미로웠습니다.

> **평가** 여기서 나아가 여러 아이디어와 결과물을 만들어내는 활동을 했네요. 참고로 이 친구는 **** 여름 캠프가 학교장의 허가를 받은 교외 활동이라 이 내용을 썼겠지만 그렇지 않은 외부 활동은 쓰시면 안 됩니다. 주의해주시길.

주제회의에서 저소득층 가구를 중심으로 한 전기 누진세 문제와 층간 소음으로 인한 이웃 싸움 문제의 해결책 마련을 주장하고 이웃 간, 사회 계급 간의 현실 문제에 대해 다뤄보자는 의견을 내세웠습니다. 이과 친구들의 도움에 힘입어, 위층에서 소음이 발생할 때 경고등이 켜질 수 있도록 리틀비츠로 '벨 벨 벨'을 구상하고 적정기술인 모저램프를 모방해 자연채광이 핵심인 'Light House'의 아이템을 만들었습니다.

> **평가** 본인의 주장과 문제 해결 과정까지가 잘 드러나 있습니다. 자기 주도 능력과 리더십이 뛰어난 학생이라는 것을 알 수 있네요.
> 다만, 너무 지나치게 구체적인 서술은 글의 집중도를 떨어뜨릴 수 있으니 삼가는 것이 좋습니다.

이는 사회 문제를 직접 변화시켜낼 가능성을 느낄 수 있어 보람찼습니다. 피드백으로 현실성의 부족함을 지적받았는데, 실현 가능성을 위해서는 이에 맞는 법, 정책적인 면도 고려해야 함을 알게 됐습니다. 기술이 개발되고 이를 사회에 적용할 때도 법적인 문제가 따름을 깨닫고 법을 통해 소외된 계층에게 도움을 주고 싶다는 강한 의지를 다질 수 있었습니다.

> **평가** 느낀 점도 과정 서술과 비슷하게 아주 구체적으로 잘 써주었네요. 잘했습니다.

차기 회장단 선거에 공청회와 공약 토론을 제안, 실시한 것은 법을 공부한다는 것이 사회를 위한 일임에 확신을 준 활동이었습니다. 담당 선생님께서 특정 질문자, 학년에 질문이 편중됐던 작년의 문제를 언급하시며 연설만 진행해서 바로 투표를 진행하자고 하셨습니다. 저는 연설만으로 그 사람의 가치관과 리더십을 파악하기 힘들다고 주장했고, 설득 끝에 공약 토론과 공청회를 진행하기로 했습니다.

> **평가** 회장 선거를 나갔을 뿐 아니라 공정 선거를 위해 공청회와 공약 토론을 제안한 것을 통해 법학을 전공하고자 하는 이 친구의 진로 적합성과 그리고 리더십을 보여주고 있네요. 좋은 소재와 내용입니다.
> 이처럼 단순한 학생회장의 내용이 아닌 학생회장 선거 중 공청회 등과 같이 흔하지 않은 소재를 사용하고자 노력해주셔야 합니다.

회장단이 선출된 후, 후보자들이 결과를 떠나 서로를 축하, 격려해주는 모습을 보았습니다. 선거관리규정 안에서 질문받는 횟수와 발언 시간을 철저히 하며 공정 선거로 이끈 것이 뿌듯했고, 법의 상징인 저울처럼 공평한 법 집행 시, 자연스럽게 공정사회는 만들어지고 사회질서가 유지될 수 있음을 깨달았습니다. 이 과정들은 정의로운 변호사가 되어야겠다는 소중한 방향키를 주었고, 꿈으로 가는 길을 계속 만들어가겠다는 다짐을 했습니다.

③ 자기소개서 3번 문항 분석하기

(1) 3번 문항 분석하기

학교생활 중 배려, 나눔, 협력, 갈등관리 등을 실천한 사례를 들고, 그 과정을 통해 배우고 느낀 점을 기술해 주시기 바랍니다(1,000자 이내).

1) 학교생활 중 배려, 나눔, 협력, 갈등관리 등을 실천한 사례를 들고

학교생활 중이라는 것은 당연히 교외 활동이 아닌 학교생활 내에서 한 이야기를 쓰는 것이다. 또한, 배려, 나눔, 협력, 갈등관리 등을 실천한 사례를 들라고 했는데 이 문항은 인성과 가치관, 리더십 등을 평가하는 영역이다. 사례를 통해 학생이 가진 가치관과 인성에 대해 보려는 것이다. 또한, 이 4가지 등을 실천한 사례를 들라고 했는데 일부 학생들은 4가지 모두의 사례를 적는 경우가 많다. 이렇게 하면 문항의 출제 의도도 아닐뿐더러 그냥 단순 소재 나열형의 글을 쓸 확률이 높다. 배려, 나눔, 협력, 갈등관리 중 인상 깊게 경험한 1~2개의 내용만 쓰도록 하자. 또한, 사례를 들라고 구체적으로 명시를 해놨기 때문에 일반화된 내용보다는 본인의 구체적인 경험과 사례를 드는 것이 좋다.

2) 그 과정을 통해 배우고 느낀 점을 기술

과정과 배우고 느낀 점을 특히 3번에서는 구체적으로 서술하는 것이 좋다. 갈등관리에 관해 쓰려면 갈등이 원인이 무엇인지, 어떤 갈등 내용이 있었는지, 그리고 어떻게 그 갈등을 해결했는지, 그 갈등을 통해 무엇을 배웠는지 등을 구체적으로 자세히 써주는 것이 좋다. 그러므로 이 3번은 소재를 여러 개 쓰기보다는 1개의 소재를 최대한 구체적으로 쓰는 것이 좋다. 여러 가지가 드러나도록 하고 싶은 학생도 1개의 소재에서 배려, 갈등관리 등이 드러나도록 쓰면 될 것이다.

3) 1,000자 이내

이 문항에서는 1,000자 이내에 큰 의미부여를 하지 말도록 하자. 1,000자 이내라 2개의 소재를 쓰는 것이 아닌 되도록 1개의 소재를 구체적으로 쓰도록 한다.

④ 소재 찾기: 나쁜 소재 찾기

대표적인 흔한 소재

(1) 학생회장

대표적으로 학생들이 많이 하는 소재이자 나쁜 소재이다(여기서 나쁘다는 것은 흔한 소재라는 것이지 학생회장 자체가 나쁘다는 것은 아니니 오해하지 마시기를). 물론 학생회장을 했다는 경험을 드러내고 싶은 것과 리더십을 나타내고 싶다는 것은 점은 이해한다. 하지만 이 학생회장 소재는 배려, 나눔, 협력, 갈등관리 등을 나타내기 위해서 너무나 많은 학생이 활용하는 소재이다. 전국에 수많은 학생회장과 전교 회장이 있는데 지원하는 학생들이 다 쓴다고 생각하면 본인이 얼마나 변별력이 있을지 생각해보자. 본인이 학생회장으로서 정말 특별한, 뻔하지 않은 경험이 있다면 쓰되 그렇지 않으면 피하도록 하자.

(2) 봉사활동

배려, 나눔 하면 떠오르는 것이 봉사활동이다. 그러므로 정말 많은 학생이 봉사활동을 3번 소재로 활용한다. 양로원, 노인정, 복지관 봉사활동 등 이런 내용을 쓰는 것은 너무 새롭지 못하다. 그래서 봉사활동을 쓰려고 했던 학생들은 최대한 다른 소재를 쓰는 것을 추천한다. 단, 전공이 '봉사'와 관련된 학과는 봉사활동을 가능하면 쓰는 것이 좋다. 대표적으로 사회복지학과, 간호학과, 교육과 관련된 학과 등이 있는데 이 학과들은 희생과 봉사 정신이 학과에서 갖춰야 할 주요 덕목이기 때문에 3번 내용에 필수적으로 봉사활동을 쓰는 것이 좋다. 물론 이 학과들은 3번 내용을 통해 인성과 가치관뿐 아니라 전공 적합성도 평가할 수 있으니 매우 중요하다고 볼 수 있다.

(3) 반티 맞추기

이것도 특이한 소재이긴 한데 정말 많이 학생들이 쓰는 소재이다. 레퍼토리도 뻔하다. 반티 맞추려 하다가 어떤 부분 때문에 갈등이 생기고 본인이 나서서 원만히 해결했다는 내용을 99% 학생들이 이렇게 쓴다. 반티 맞추기 소재는 너무 진부하니 피하도록 하자.

(4) 소재 나열식 내용

소재와 내용 나열식 글들, 소재들은 무조건 피하자. 위에서도 언급했지만 전체 자소서의 절반 이상은 느낀 점을 쓰는 데에 할애해야 한다.

(5) 과정이 없는 내용

철저히 이 문항은 '과정 중심'의 글을 써야 한다. 과정이 없는 결과만 있는 글들은 좋은 글이 아니다. 대표적으로 2번 문항에서처럼 학생들은 성과만 강조하는 경향이 있는데 성과보다는 최대한 해왔던 과정과 그 과정으로부터의 깨달음을 위주로 쓰는 것이 좋다.

⑤ 소재 찾기: 좋은 소재 고르기

(1) 과정과 느낀 점 중심의 서술

3번에서 좋은 소재라는 것은 과정과 느낀 점을 중심으로 자세히 서술하는 것이다.

배려, 나눔 부분 작성하기

- 어떤 배려와 나눔 사례가 있는지
- 왜 이 활동(사례)을 하게 되었는지
- 이 활동에 대한 과정이 무엇인지(구체적으로)
- 이 과정에서 힘든 점이 무엇인지, 그리고 어떻게 극복했는지
- 이 활동에 대한 배우고 느낀 점이 무엇인지

갈등 부분 작성하기

- 어떤 갈등 사례 인지
- 갈등의 원인은 무엇인지
- 본인이 어떤 역할을 맡았는지
- 갈등의 내용은 무엇인지
- 갈등의 해결 및 극복과정은 무엇인지
- 이를 통해 배우고 느낀 점이 무엇인지

(2) 개인의 구체적인 사례가 있는 배려, 나눔, 협력, 갈등관리 내용

말 그대로 개인의 구체적인 사례가 있는 소재를 사용하는 것이 좋다. 예를 들어 심폐 소생술을 배운 경험을 바탕으로 위급한 할아버

지를 심폐 소생술을 한 이야기, 장애와 아픔의 경험이 있는 친구를 도운 이야기 등 지원자의 성향과 가치관을 알 수 있는 사례나 내용이 좋다. 봉사활동과 학생회장 등의 소재를 쓰고자 하는 학생들은 그것보다 차라리 혹시 아픈 친구를 도운 내용이 있다고 하면 그 사례를 쓰는 것이 좋다. 물론 아픈 친구를 도왔다는 이야기가 흔하지 않은 것은 아니지만 이것은 '개인'의 이야기이기 때문에 위의 2가지 주제보다는 더 특별해 보일 것이다.

❶ A학생 파악하기

— 경영학과 희망

— 학습, 활동의 과정과 인격 형성의 연관: 위 학생의 경우에는 배려, 나눔을 3번 문항에서 드러내고 있습니다. 학생은 청소년운영위원회에서 심폐 소생술 교육을 받고 그 필요성을 깨달았습니다. 그 후, 응급처치법 습득이 중요하다고 느끼지 않은 친구들에게 그 중요성을 알려주기 위하여 여러 방법을 생각해내었고 그렇게 친구들의 인식에 큰 변화를 일으켰습니다. 이 과정에서 배움의 나눔, 설득 방안 강구까지의 역지사지 태도와 배려를 드러내고 있습니다. 또한, 행동으로 실천할 때 진정한 배려와 나눔이 된다는 깨달음을 통해 희망 진로에 관한 가치관 역시 드러내고 있습니다.

— 자소서 키워드 설정하기: 청소년운영위원회 활동(심폐 소생술 교육), 친구들 설득 과정, 배움의 실생활 적용, 활동 과정을 통해 느낀 점

— 학생에 관한 종합적인 의견: 이 학생이 잘 쓴 이유는 자신의 역할이 두드러진 구체적인 사례를 한 가지 선택해서 생각이나 의식이 변화한 과정에 대해 솔직하게 작성하고 있습니다. 또한, 배려, 나눔의 키워드를 교내 활동을 통해 강조하면서 희망 진로에 관한 가치관까지 드러내고 있다는 점에서 인상적입니다.

② 수정 전 자소서 분석하기

* 저는 고등학교 재학 기간 봉사활동으로 한 달에 한 번씩 청소년 운영위원회를 다녔습니다.

평가	대부분 학생이 소재를 잡는 평범한 봉사활동이 아니라 경영학과를 지원하는 학생으로서 '청소년 운영 위원회'를 정기적으로 봉사하였다는 자체에서는 긍정적인 평가를 받을 수 있습니다. 다만 봉사활동이라는 소재 자체는 평범한 소재이기 때문에 반드시 나만의 특색있는 활동과 내용이 있다면 이와 같은 소재를 잡아도 상관없지만 그렇지 않다면 봉사활동 소재는 자제해 주는 것이 좋습니다. 이어서 다음 문장에서는 청소년 운영 위원회 봉사활동의 경험이 세세하게 나와야겠죠?

* 저는 회장을 맡아 연간 활동을 짜던 중 학생들이 심폐 소생술에 대한 중요성을 잘 모르고 있어 꼭 필요한 교육이라 생각하여 두 달에 한 번씩은 강사를 초빙해 심폐 소생술에 배워보는 것에 대한 의견을 내었습니다.

문제점	1. 불필요한 문장: 심폐 소생술 활동에 초점을 맞추어야 할 뿐, 배우기까지의 과정은 불필요합니다.
보완	1. 불필요한 문장은 삭제해주세요. 다만, 심폐 소생술을 배우게 된 과정을 넣고 싶다면 간략하고 명료하게 짧은 문장으로 서술해주시기를 바랍니다. 2. 소재의 측면에서 심폐 소생술을 배웠다는 내용은 뻔한 내용입니다. 다른 학생들도 이 글을 보면서 심폐 소생술을 바탕으로 실천을 했다는 소재나 내용이 있다면 써도 되지만 단순히 심폐 소생술에 관한 내용만 쓰게 된다면 이 소재는 쓰지 않는 것이 좋습니다.

* 그 이유는 지속해서 심폐 소생술에 대해 배우게 된다면 위급상황에서 사용할 수 있기 때문입니다.

평가	심폐 소생술을 배우게 된 계기를 작성한 점은 긍정적이나 위 문장과 마찬가지로 심폐 소생술을 배우게 된 계기가 너무 깁니다. 위 문장과 하나의 문장으로 간결하게 연결하여 서술해주세요. 이 친구의 경우는 지금 개요를 안 짜고 글을 썼기 때문에 계속 중구난방으로 문장을 서술하는데 본인이 제안해 배운 심폐 소생술이 위급상황에서 도움이 되었다는 내용을 쓰고자 한다면 그 내용을 항상 첫 문장 또는 처음에 언급해준 뒤 써주어야 합니다. 꼭 대략적으로라도 개요를 짜고 글을 쓰도록 합니다.

* 심폐 소생술을 배우면서 '내가 배운 것을 학교 친구들에게도 알려주면 좋겠다.'라는 생각이 들었습니다.

문제점	1. 인용 및 대화 표현: 인용이나 대화체는 자소서에 적합하지 않은 문장입니다. 이런 식의 표현은 최대한 자제해 주시는 것이 좋습니다.
보완	1. 심폐 소생술 활동을 통한 깨달음을 평서문의 형식으로 작성하는 것이 더 바람직한 방법입니다.

* 그래서 자율 활동 시간에 보건실에 있는 사람 모형을 들고 와 친구들 앞에서 심폐 소생술 방법을 보여주었습니다.

평가	교육받은 것을 친구들과 나누려고 하는 자세에서 '나눔'이라는 키워드가 드러나고 있습니다. 여러 활동 중 자신의 역할이 두드러진 구체적인 사례를 한 가지 선택하여 서술하고 있다는 점에서 긍정적입니다.

* 처음에 친구들은 탐탁지 않아 했습니다. 왜냐하면, 굳이 이 교육을 배워야 하는지도 몰랐고 시간 낭비라고 생각하면서 싫어했습니다.

평가	위 활동에 관한 친구들의 반응을 표현한 것은 잘했습니다. 다만, 3번 문항의 경우에는 지나치게 남에 관해 서술하기보다는 '나'에 관해 서술해야 한다는 점을 꼭 기억해주세요.

* 그래서 저는 배워야 하는 이유를 설명해주면서 친구들을 설득했습니다.

문제점	1. 구체적이지 못한 서술: 배워야 하는 이유가 무엇이었는지 간략하게 넣어주는 것이 좋습니다.
보완	1. 배워야 하는 이유를 짧게 추가해주는 대신, 지나치게 길게 서술하는 것은 지양하도록 합니다. 심폐 소생술을 배워야 하는 이유가 3번 문항 서술에 초점이 아니기 때문입니다.

* 계속된 설득에 하나둘 관심을 보이기 시작했고 친구들이 저를 따라 하기 시작했습니다. 친구들은 예상외로 잘 따라 했고 저는 알려준다는 것만으로 뿌듯함을 느꼈습니다.

평가	학생의 설득을 통해 관심을 보였다는 표현은 다소 인위적일 수 있습니다. 친구들의 인식이 왜 어떻게 변화되었는지를 구체적으로 언급해주는 것이 좋습니다. 형식적 측면에서 적절한 조사를 사용해서 문장을 매끄럽게 만들어주세요. 예를 들어, '계속된 설득에 친구들은 관심을 보이기 시작했고, 친구들은 저를 따라 하기 시작했습니다.'로 표현을 바꿔보는 것이 어떨까요?

* 그러던 어느 날 저에게 심폐 소생술을 배웠던 친구들이 하교하던 도중 오토바이를 타고 가시던 할아버지께서 갑자기 쓰러지는 걸 목격했습니다.

평가	문장 배분의 오류입니다. 어떻게 보면 심폐 소생술을 통해 생명을 구하는 데 영향을 주었다는 것이 핵심인데 이 내용이 위주가 아니라 앞부분이 지나치게 길다는 점에서 주의할 필요가 있습니다. 심폐 소생술을 적용할 수 있었던 상황을 서술했다는 점에서 소재 선정은 잘했습니다. 다음 문장부터는 이 상황을 간략하게 설명하고 느낀 점을 서술해야겠죠? 3번 문항의 경우는 상황 요약, 상황을 통해 배우고 느낀 점의 흐름으로 작성을 하되, 상황을 통해 배우고 느낀 점의 비중이 높아야 합니다.

* 제 친구들은 주저하지 않고 바로 달려가 일으켜드렸습니다. 그런데 할아버지의 몸에 힘이 하나도 없는 것을 느꼈고 즉시 맥박을 확인해 심장이 뛰고 있는지 확인했습니다. 심장이 뛰지 않는 것을 알게 되고 바로 제가 알려준 심폐 소생술을 시작했습니다. 또 다른 친구는 주위 어른들께 119를 불러 달라고 부탁했습니다. 119가 도착하고 할아버지를 병원으로 모셔갔습니다. 이 장면을 지나가던 차의 블랙박스에 찍혀서 SNS와 학교 친구들에게 알려지면서 뉴스에 기사화되었습니다.

문제점	1. 지나친 활동 과정 서술: 위의 활동을 언급하는 것은 좋으나, 활동 과정 중심의 서술입니다. 2. 3번 문항 출제자의 의도에 어긋남: 위 학생이 3번 문항에서 강조하고자 하는 키워드는 '배려, 나눔'입니다. 하지만, 위에 서술한 내용은 활동 과정 중심 서술일 뿐 배려, 나눔을 드러내기에는 부족합니다. 3. '나'에 대한 키워드 부족: 이것은 '나'에 대한 배려와 나눔을 쓰는 문항입니다. 물론 본인이 가르쳐 준 심폐 소생술을 바탕으로 구조를 했다곤 하지만 정확하게 어떻게 본인이 배려와 나눔을 느꼈는지, 실천 과정이 무엇인지를 '나'에 대한 이야기를 중심으로 서술해야 합니다. 그것이 부족합니다.
보완	1. 위 활동을 간략하게 1~2문장으로 줄이고 이 상황을 통해 느낀 점을 구체적으로 서술해야 합니다. 3번 문항에서는 활동을 통한 '느낀 점'에 관한 서술입니다. 2. 배려, 나눔, 협력, 갈등관리 등은 학생 혼자서는 결코 경험할 수 없는, 친구와 함께한 학습, 활동의 과정에서 나타나는 것입니다. 따라서 위의 서술은 활동 자체의 소재는 좋지만, 본 자소서에서는 상황 속의

| | 과정이 아니라 상황을 통해 배운 것, 느낀 점에 관해 서술해야 합니다. 내가 실천한 배려와 나눔의 과정 그리고 느낀 점을 중점적으로 써주세요. |

* 친구들이 저에게 만약 제대로 배우지 않았다면 이렇게 위급한 상황에서 당황하다가 골든타임을 놓쳐 위급한 상황이 만들어졌을 거라며 고마워했습니다. 저는 이런 말을 들으면서 이러한 사소한 교육이 남에 대한 배려로 이어져 그 결과 사람의 생명을 살릴 수도 있을 거라는 경험을 얻게 되었습니다.

문제점	1. 느낀 점의 부족 2. 매끄럽지 않은 문장
보완	1. 본 자소서에서는 활동에 관한 서술은 구체적이지만 활동을 통한 느낀 점은 간략하게 서술되어 있습니다. '심폐 소생술 교육을 통한 친구들 설득, 이 활동을 통한 친구들의 변화'라는 주된 소재에 관해 전반적인 느낀 점, 배운 점을 서술해주세요. 2. 조사, 접속사 등을 문장, 상황에 맞게 사용하며 매끄러운 문장이 될 수 있도록 해야 합니다. 그렇지 않으면 가독성을 해칩니다. 이러한 부분은 학생 스스로가 꼼꼼하게 자소서를 읽으며 하나하나 고쳐나가야 합니다. 또한, 타인에게 자소서를 보여주며 피드백 받는 것도 좋은 방법입니다.

③ 수정 후 자소서 분석하기

* 저는 청소년운영위원회에서 심폐 소생술 교육을 받고 위급상황에서 심폐 소생술의 중요성을 깨달았습니다.

평가	'1) 청소년 운영 위원회에서 2) 심폐 소생술 교육을 받고 3) 심폐 소생술의 중요성을 깨달았다.'에서 볼 수 있듯이 활동 장소, 활동 내용, 활동을 통해 느낀 점을 한 문장으로 간결하게 서술하였다는 점에서 가독성을 높이고 있습니다.

* 그래서 제가 배운 것을 학교 친구들에게도 알려주면 좋겠다고 생각해 자율활동 시간에 친구들에게 스스로 심폐 소생술 교육을 해주려고 했습니다.

> **평가** 친구들에게 심폐 소생술 교육을 하게 된 이유에 관해 간략하게 서술하고 있습니다.

* 그러나 처음에 친구들은 이 교육의 중요성을 알지 못하고 응급 상황이 언제 발생하겠냐며 시간 낭비라고 생각하면서 싫어했습니다.

> **평가** 심폐 소생술 교육에 관한 친구들의 반응과 생각을 서술하고 있습니다. 다만, 여기서 더 구체적으로 서술한다면 지나치게 남에 관한 서술로 이어질 가능성이 있기에 이 정도가 적당합니다.

* 그래서 저는 배워야 하는 이유를 설명해주면서 친구들을 설득했습니다. 처음에는 말로만 설득했더니 친구들은 시큰둥한 반응을 보였습니다.

> **평가** 친구들을 설득하기 위해 노력을 했다는 점과 친구들의 반응을 두 문장으로 간략하게 표현하면서 가독성을 높이고 있습니다.
> 다만, 여기서 서술이 그치는 것이 아니라 또 다른 노력을 하여 친구들의 인식이 변화되었다는 점을 뒤에서 추가 서술해야 합니다.

* 저는 고민하고 친구들을 참여시킬만한 방법들을 생각해보았습니다.

> **평가** 다음 문장에서는 그 방법들에 관한 서술이 이어져야겠죠?

* 인터넷에서 위급한 상황에 심폐 소생술을 적용한 사례를 찾아 동영상을 보여주고 보건실에서 CPR 마네킹을 가져와 직접 하는 모습을 보여줬습니다.

평가	친구들을 설득하기 위해 노력한 과정을 간략하게 표현하고 있습니다. 또한, 청소년운영위원회에서 배운 심폐 소생술 교육을 친구들의 관점에서 편하게 받아들일 수 있게 직접 가르치며 노력하였다는 점에서 '배려, 나눔'을 보여주고 있습니다.

* 계속된 설득에 하나둘 관심을 보이기 시작했고 저를 따라 하기 시작했습니다. 친구들은 예상외로 잘 따라 했고 재미있어 했습니다. 처음에 싫어했던 모습들은 어느새 없어지고 진지한 마음으로 다들 임했습니다. 친구들의 협조로 인해 저는 교육을 무사히 잘 마칠 수 있었습니다.

평가	친구들에게 긍정적인 평가를 받았음을 서술하고 있습니다. 잘 썼지만, 더 욕심을 낸다면 세 문장을 더 간략하게 줄이고 느낀 점을 추가 서술한다면 더 좋은 글이 될 수 있지 않을까요?

* 며칠 후 저에게 심폐 소생술을 배웠던 친구들은 실제로 하교하던 중 오토바이를 타고 가시던 할아버지께서 쓰러지시는 것을 목격하고 심폐 소생술을 실시해 할아버지를 구하기도 했습니다.

평가	학생의 지식 나눔을 토대로 실제로 학생들이 할아버지를 구했다는 것에서 평범한 소재가 아닌 학생만의 특별한 소재임을 알 수 있습니다. 또한, 심폐 소생술을 학생들이 제대로 터득할 수 있도록 직접 노력했다는 것이 증명되는 활동으로 지원자의 가르침의 역량을 보여주고 있습니다. 또한, 이전 글과 지금 수정 후의 가장 큰 차이점은 '내가 실천한 배려와 나눔' 위주의 서술이라는 점입니다. 자신에게 배워서 할아버지를 구했고 또 본인이 가르쳤던 심폐 소생술의 과정과 느낀 점이 비교적 자세하게 서술되어 있습니다.

＊ 저는 이와 같은 소식을 들으며 제가 이끈 교육이 실제 도움이 된 것뿐 아니라 누군가의 생명을 구했다는 사실에 매우 큰 뿌듯함을 느꼈습니다.

평가	위 상황에 따른 느낀 점을 솔직하게 표현하고 있다는 점에서 긍정적인 평가를 받을 수 있습니다.

＊ 이 과정에서 교육을 이끌며 저는 다른 사람을 설득하고 참여를 끌어내곤 했고 이는 제 지도력을 기르는 데 많은 도움이 되었습니다.

평가	리더십을 자연스럽게 드러냈다는 점에서는 긍정적입니다. 다만, 3번 문항은 리더십을 평가하는 문항이 아니고, 지원자의 인격 형성 과정을 살펴보는 문항입니다. 따라서 3번 문항에서 리더십을 드러내는 것보다는 배려, 나눔, 갈등관리, 협력이라는 키워드를 강조해주세요. 또 참여를 끌어냈다고 하는데 이런 다른 구체적 사례들이 있다면 언급, 추가하는 것이 좋습니다.

＊ 이처럼 작게나마 지식과 경험을 나누는 것은 새로운 경험이었으며 단순히 배움에서 끝나는 것이 아니라 행동으로 실천할 때 진정한 배려와 나눔이 된다는 것을 느꼈습니다.

평가	3번 문항 출제자의 의도를 느낀 점을 통해 정확하게 드러낸 문장입니다.

＊ 일련의 이러한 경험은 저에게 실천하는 따뜻한 경영인이라는 가치관을 심어주게 되었습니다.

평가	자연스럽게 전공 적합성, 희망 진로의 가치관을 드러내고 있다는 점에서는 긍정적인 평가를 받을 수 있습니다. 하지만 지나치게 희망 진로에 초점을 맞춘 서술은 지양해주세요.

1 B학생 파악하기

- 심리학과 희망

- 학습, 활동의 과정과 인격 형성의 연관: 위 학생의 경우 배려, 나눔, 갈등관리, 협력 중 '갈등관리'를 하나만을 구체적으로 교내 활동을 통해 드러낸 학생입니다. 4개의 키워드를 넣는 것도 좋지만, 하나의 키워드에 구체적인 사례가 있다면 좋은 자소서가 나올 수 있습니다. 위 학생은 연극부에서 친구들과의 의견 차이가 있었고, 그 과정에서 타협점을 찾아내어 갈등을 해결하였다는 점에서 긍정적인 평가를 받을 수 있습니다.

- 자소서 키워드 설정하기: 연극부 활동 (학교 폭력 예방 공연), 갈등관리

- 학생에 관한 종합적인 의견: 심리학과를 희망하는 학생으로 타인에게 공감하고 소통하는 방법을 직접 터득하며 가치관을 형성했다는 점에서 인성뿐만 아니라 전공 적합성까지 드러낼 수 있는 좋은 소재입니다. 또한, 하나의 키워드만 선정하여 구체적으로 작성하였다는 점에서 몇 가지의 키워드를 드러낸 학생보다 더 구체성을 띠는 자소서입니다. 다만, 소재 자체가 평범하다면 자소서의 질은 낮아지겠죠? 평범한 소재 속에서도 특별함을 찾는 것이 중요합니다.

② 수정 전 자소서 분석하기

* 타인의 심리를 알기 위해선 표정과 몸짓이 중요하다고 생각한 저는 연극부에 들어 배우들의 역할을 파악해서 역할의 성격, 사고방식과 행동에 맞는 분장, 연출과 조연을 맡게 되었습니다.

평가	연극부에 들어간 이유와 그 활동에서 어떤 역할을 맡고 있는지에 대한 설명이 간략하게 들어가 있습니다. 자소서의 두괄식 구성에도 적합하고, 학생의 역할이 분명하게 드러나 있다는 점에서 입학사정관 측면에서 읽기가 수월한 자소서가 될 수 있습니다. 다음 문장부터는 연극부의 이야기가 나와야겠죠?

* 학교 폭력 예방이란 주제로 공연을 하게 되었는데 그 과정에서 최고의 무대를 만들기 위해 부원들은 서로 의견을 내었지만, 시나리오와 연출 사이에 갈등이 생기게 되었습니다.

문제점	1. 형식적 측면: 단문화를 하지 않음. 여러 문장을 하나의 문장으로 표현하면서 읽기가 난해하며 가독성이 떨어지는 글입니다. 또한, 문장과 어울리지 않은 접속사, 조사 사용으로 매끄럽지 못한 문장입니다.
보완	1. 단문화를 하여 서술해야 가독성을 높일 수 있습니다. '학교 폭력 예방이란 주제로 공연을 하게 되었습니다. 최고의 공연이 되기 위해 부원 각자의 의견을 내었지만, 그 과정에서 시나리오와 연출 사이에 갈등이 생기게 되었습니다.'라는 표현으로 바꾸는 것이 어떨까요?

* 공연 내용으로 학교 폭력 가해자가 죽고 기회를 주어 학교 폭력 피해자가 되어 학교 폭력 피해자의 고통을 알게 되어 후회하는 내용이었습니다.

문제점	1. 불필요한 내용

보 완	1. 공연의 내용은 굳이 언급할 필요가 없는 부분이니 삭제해주세요. 지 나치게 구체적인 서술입니다. 어떤 공연이었는지 서술하기보다는 공연 을 어떻게 진행하게 되었는지 그 활동 내용에 관해 서술해주세요.

* 그 과정에서 시나리오는 사후세계를 표현할 때 조명을 강하게 하여 배경을 밝게 하고 사후세계의 '대리인'의 옷을 하얀 정장을 입고 조명을 밝게 하여 새하얀 연출이 어울린다고 주장했지만, 연출에서는 배경을 어둡게 하고 '대리인'의 옷을 검은 정장을 입고 조명도 어둡게 하여 어두운 연출이 어울린다고 주장을 했습니다.

문 제 점	1. 형식적 측면: 단문화를 하지 않음. 여러 문장을 하나의 문장으로 표 현하면서 읽기가 난해하며 가독성이 떨어지는 글입니다.
보 완	1. 사후 세계 대리인의 옷을 '하얀 정장'으로 해야 하는지 '검은 정장'으 로 해야 하는지 구분하여 단문화 하기를 바랍니다.

* 얘기를 듣던 저는 방과 후에 시나리오와 연출을 각각 따로 연락을 하여 한 명씩 얘기를 들었습니다.

평 가	갈등을 해결하기 위하여 학생이 한 노력을 간략하게 서술하고 있습니다. 이어서 다음 문장부터는 그에 대한 자세한 내용이 서술되어야겠죠?

* 얘기를 듣던 중 시나리오와 연출 둘 다 조금씩 양보를 할 의향이 있었지만 상대방이 자신의 의견에 반대하여 강하게 밀어붙여 서로의 기분을 상하게 만든 것을 알게 되었습니다.

문 제 점	1. 반복되는 표현: '얘기를 듣던 중'의 표현은 앞 전 문장과 반복되는 표현입니다.

보완	1. 글자 수는 한계가 있는 자소서에서 같은 표현, 문장을 반복하는 것은 글자 수를 낭비하는 것입니다. 또한, 같은 말이 반복될 경우 지루함을 줄 수 있습니다. 강조를 위해 일부러 반복을 사용할 수가 있어도 최대한 지양해주세요.

* 그래서 저는 다음 날 연습시간에 만나서 다시 의견을 낼 때 서로 다시 흥분하지 말고 하고 싶은 얘기를 하였고 둘 다 서로의 의견을 얘기하며 왜 서로의 의견이 반영되었으면 했는지에 대해 얘기를 하였고 듣던 연출 친구들은 서로 반반 섞이면 더 좋을 것 같다고 의견을 내었고 두 친구 다 그것이 좋다고 얘기를 했습니다.

문제점	1. 형식적 측면: 단문화를 하지 않음. 여러 문장을 하나의 문장으로 표현하면서 읽기가 난해하며 가독성이 떨어지는 글입니다. 문장에 맞는 적절한 조사, 어미 사용하지 않았습니다. 2. 불필요한 표현: '흥분하지 말고'라는 표현은 굳이 언급할 필요가 없는 부분입니다.
보완	1. 형식적 측면에서 떨어진다면 가독성을 해칠 뿐만 아니라 문장이 매끄럽지 못합니다. 자소서는 간결하고 명료한 짧은 문장이 가장 이상적인 형식입니다. 2. 불필요한 표현에는 지나치게 구체적인 표현인 경우가 많습니다. 불필요한 표현은 삭제하여 주시고, 강조하고 싶은 부분의 글자 수를 늘리는 것이 훨씬 효율적입니다.

* 그리고 서로 사과를 하였고 배경과 옷은 어둡게 하지만 조명은 밝게 하여 배우만 보일 수 있는 연출을 만들 수 있게 되었습니다.

평가	이 부분에서는 서로의 의견 갈등에서 타협점을 찾았다는 점에서 가장 중요한 문장입니다. 하지만, 서로 사과를 하였다는 부분은 굳이 언급하지 않아도 되는 부분이며, 이어서 다음 문장에서부터는 이러한 과정을 통해 느낀 점을 구체적으로 서술해야 합니다.

* 공연 준비를 통해 서로의 의견을 듣고 그것을 어떻게 합치고 얘기를 들어야 하는지에 대해 많이 공부할 수 있었던 뜻깊은 시간이었던 것 같아 좋았고 저와 얘기를 한 후에 시나리오와 연출 등 부원들 화합이 잘 되어 고마웠고 친구들의 얘기를 듣고 얘기를 할 수 있었던 좋은 경험을 할 수 있게 되어 좋았습니다.

문제점	1. 형식적 측면: 단문화를 하지 않음. 여러 문장을 하나의 문장으로 표현하면서 읽기가 난해하며 가독성이 떨어지는 글입니다. 문장에 맞는 적절한 조사, 어미를 사용하지 않았습니다. 2. 동일하고 평범한 표현 사용: 좋았다는 표현이 반복되고 있습니다. 3. 3번 문항의 출제자 의도와 어긋나는 느낀 점
보완	1. 형식적 측면의 경우 꼼꼼하게 읽으며 하나하나 수정해주세요. 단문화를 만드는 것이 중요합니다. 2. 좋았다는 표현은 대부분 학생이 자주 쓰는 느낀 점 중 하나입니다. 자소서는 활동 소재가 평범하여도 그 활동을 통해 '느낀 점'이 특별하다면 좋은 자소서가 될 수 있습니다. 하지만, 본 자소서는 학급 공연이라는 평범한 소재에서 평범한 느낀 점을 끌어내고 있습니다. 따라서 '갈등관리'의 키워드에 맞추어 나만의 특별한 느낀 점을 '구체적'으로 작성해주세요. 3. 3번 문항의 경우 출제자의 의도인 '배려, 나눔, 협력, 갈등관리'에 초점을 맞추어 작성해주시기를 바랍니다.

❸ 수정 후 자소서 분석하기

* 타인의 심리를 알기 위해선 표정과 몸짓이 중요하다고 생각한 저는 연극부에 들어가게 되었습니다.

평가	연극부에 들어가게 된 계기가 명료하게 나타나 있습니다. 또한, 심리학과를 지망하는 학생인 만큼 '타인의 심리를 알기 위해선 표정과 몸짓이 중요하다.'라는 심리에 관한 자신만의 가치관을 따르고 있다는 점에서 인상적인 문장입니다.

* 연극부에서 저는 배우들의 역할을 파악해서 역할의 성격, 사고 방식과 행동에 맞는 분장과 연출을 하는 역할을 주로 맡게 되었습니다.

> **평가** 자신이 맡은 역할을 구체적으로 표현하고 있습니다. 또한, 심리학에 관심을 가진 학생으로 배우 개개인을 파악하여야 하는 역할을 맡았다는 점에서 전공 적합성을 자연스럽게 보여주고 있습니다.

* 한 번은 학교 폭력 예방이란 주제로 공연을 하게 되었는데 최고의 무대를 만들기 위해 부원들은 서로 의견을 내었지만, 그 과정에서 작가와 연출 한 명 사이에 갈등이 생기게 되었습니다.

> **평가** 갈등이 생기게 된 과정이 간략하게 서술되어 있습니다. 이어서 다음 문장에서부터는 어떤 갈등인지 나와야겠죠?

* 공연 내용에 사후세계가 나오는데 연출에 대해 상담하는 과정에서 작가는 사후세계를 표현할 때 조명을 강하게 하여 배경을 밝게 하고 사후세계의 '대리인'의 옷을 하얀 정장을 입고 조명을 밝게 하여 새하얀 연출이 어울린다고 주장했습니다. 이에 반해 연출 담당은 배경을 어둡게 하고 '대리인'의 옷을 검은 정장을 입고 조명도 어둡게 하여 어두운 연출이 어울린다고 주장을 했습니다. 동아리 회의에서 갈등이 점점 고조되었고 계속 다툼을 듣던 친구들 또한 힘들어 아무거나 하자고 하였습니다.

> **평가** 친구들의 갈등에 관한 내용을 구체적으로 서술하여 신뢰성을 높이고 있습니다. 다만, 자신의 '인성'을 드러내는 3번 문항인 만큼 지나치게 구체적인 과정 서술은 피해주시기를 바랍니다.

* 그래서 저는 방과 후에 두 친구를 각각 따로 연락을 하여 한 명씩 얘기를 들었습니다.

> **평가**
> 갈등을 해결하기 위해 자발적으로 학생이 한 행동을 표현하는 문장입니다. 한 명 한 명 따로 시간을 내 연락을 했다는 점에서 타인에 대한 배려도 드러나고 있습니다.

* 얘기를 듣던 중 시나리오와 연출 둘 다 조금씩 양보를 할 의향이 있었지만 상대방이 자신의 의견에 반대하여 강하게 밀어붙여 서로의 기분을 상하게 만든 것을 알게 되었습니다.

> **평가**
> 갈등 속에서 학생들이 느낀 점에 관해 구체적으로 서술되어 있습니다.

* 그래서 저는 다음 날 연습시간에 만나서 다시 의견을 낼 때 서로 다시 흥분하지 말고 하고 싶은 얘기를 해보라고 했습니다.

> **평가**
> 위와 같은 상황에서 합리적인 해결책을 찾아주면서 갈등을 해결하기 위해 노력하고 있다는 것을 볼 수 있습니다. 다만, 흥분하지 말고 이야기하라는 해결책보다 더 구체적으로 서술했다면 더 좋은 글이 되지 않았을까요? 이어서 다음 문장에서는 그 후의 친구들의 반응이 나와야겠죠?

* 둘은 각자의 의견을 다시 논리적으로 이야기했고 그 이야기를 듣던 저와 연출 친구들이 두 의견을 섞으면 좋을 것 같다는 새로운 의견을 내어 갈등을 해결할 수 있었습니다.

> **평가**
> 갈등이 해결되었다는 것을 드러내는 문장입니다.

* 공연 준비를 통해 서로의 의견을 듣고 어떤 부분이 타협 가능한 부분인지에 대해 알아보고 문제의 원인을 찾아내는 그것에 관한 많은 공부를 할 수 있었고 이후로 다른 사람과 이야기를 할 때 상대의 이야기에 깔린 심리와 의도 등을 파악하려고 노력하게 되었습니다. 이 경험을 통해 저 역시 다른 사람들의 이야기를 귀담아듣고 공감하려고 노력해야겠다고 생각했고 이는 제 가치관 형성에 영향을 주었습니다. 누구에겐 사소하지만 다른 누구에게는 큰 문제가 되어 다툼이 될 수도 있다고 느꼈습니다. 그렇기에 말의 중요성을 알게 되었고 항상 말을 조심히 해야겠다고 느끼게 되었습니다.

평가	느낀 점의 비중이 크다는 것에서 매우 좋은 자소서입니다. 또한, 갈등관리를 심리, 의도를 이해하며 해결하였다는 점에서 심리학과를 지망하는 학생의 경우에서 전공 적합성도 드러낼 수 있는 부분입니다. 학생들이 느낀 점을 작성할 때 추상적인 표현을 사용하는 경우가 많습니다. 하지만, 이 자소서는 구체적으로 진솔하게 자신의 느낀 점을 풀어냈다는 점에서 긍정적으로 평가받을 수 있습니다.

❶ C 학생 파악하기

- 법학과 지망

- 학습, 활동의 과정과 인격 형성의 연관: 위 학생의 경우에는 4 가지 키워드를 모두 서술한 자소서입니다. 첫 번째 활동은 법률사무소 활동을, 두 번째 활동은 롤모델 인터뷰 동아리 활동에 관해 서술하고 있습니다.

  ex) 1) 법률사무소 활동은 학생으로서 고민할 수 있는 것들에 대해 법적인 지식을 나누어야겠다는 생각으로 시작되었습니다. 하지만, 몇 부원들의 소홀함으로 전체에 차질을 주게 되었지만, 그에 맞는 역할을 제안해주며 해결방법을 찾았습니다. 그렇게 모두가 적극적으로 임하였고, 그 결과, 활동 후 두 배의 뿌듯함을 느낄 수 있었음을 서술하고 있습니다.

  2) 롤모델 인터뷰 동아리에서 서로 다른 분야의 사람들을 인터뷰하기 위해서는 개개인의 추진력과 용기가 필요했습니다. 하지만 부원들이 연락하는 것에 두려움을 느낀다는 것을 알고 개개인의 성향과 상황을 이해, 배려하여 모두가 열심히 할 수 있는 토대를 만들어주었습니다. 이는 주변 친구들이 진로를 설정하는 긍정적인 결과를 만들었음을 서술하고 있습니다.

  - 자소서 키워드 설정하기: 법률사무소 활동, 롤모델 인터뷰 동아리, 배려, 나눔, 갈등관리, 협력
  - 학생에 관한 종합적인 의견: 위 학생의 경우 4개의 키워드를

나타내고 있습니다. 우선, 첫 번째 법률사무소 활동에서는 '협력, 나눔'의 키워드가, 두 번째 롤 모델 인터뷰 동아리 활동에서는 '배려, 갈등관리'의 키워드가 드러나 있습니다. 3번 문항의 경우 하나의 사례를 토대로 구체적인 작성도 좋으나 키워드 수를 늘려 두 개의 문단으로 나누어 각각을 드러내는 것도 좋은 자소서가 될 수 있습니다. 또, 이 학생의 자소가 다소 특별한 이유는 두 가지 활동이 학생의 전공 적합성, 학업 역량까지 드러낼 수 있는 소재이기 때문입니다. 3번 문항의 경우, 남들과 다른 특별한 소재 선정이 필요합니다.

② 자소서 분석하기

* 법에 무지한 친구들을 위해 법률사무소 활동을 추진하였습니다.

평가	법률사무소 활동 추진의 계기를 드러내며, 직접 추진하였다는 점에서 학생의 리더십 역량까지 파악할 수 있습니다.

* 법 조항이 방대하여 학생으로서 가질만한 고민과 관련 법 조항을 찾아놓고, 그중 비슷한 고민을 찾아 이에 대한 법적 지식을 얻어가는 방식으로 진행하였습니다.

평가	'법 조항이 방대하였다는 어려움. 따라서 학생으로서 가질만한 고민과 관련한 법 조항을 찾아놓고, 법적 지식을 얻어가는 방식의 진행 구성.'이라는 법률사무소 진행에서 어려웠던 점과 해결점을 간략하게 표현하고 있습니다.

* 기획과정에서 역할 분담을 했지만, 점검과정에서 몇 부원들의 소홀함으로 전체에 차질을 주게 되었습니다. 원인은 무작위로 선택된 역할로 인한 의욕상실이었습니다.

평가	법률사무소를 진행하며 어떤 점에서 어려움이 있었는지 간략하게 작성하고 있습니다. 이처럼 자소서를 쓸 때는 비중의 우선순위를 설정하는 것이 굉장히 중요합니다. 위의 문장의 경우는 비중의 우선순위가 낮은 문장이죠. 이어서 다음 문장에서는 이것을 어떻게 해결하였는지에 대한 서술이 이어져야 합니다.

* 그에 저는 개개인이 하고 싶은 일과 잘하는 일을 조사하여 그에 맞는 역할을 제안해주었습니다.

평가	갈등을 어떻게 해결하였는지 서술되어 있습니다. 개개인이 하고 싶은 일과 잘하는 일을 조사하였다는 점에서 개개인의 상황과 성향을 파악하기 위해 노력한 '배려'의 자세가 나타나고 있습니다.

* 그 후, 모두가 적극적인 자세로 임했고, 확실한 준비 덕에 많은 전교생이 참여하였습니다.

평가	위의 상황에서의 긍정적인 결과가 간결하게 서술되어 있습니다.

* 각자의 역할에 충실하며 그 과정에서 즐거움이 따를 때, 협력의 가치가 배가 됨을 깨달았습니다. 또한, 법조인의 역할을 맡으며 배움을 나눌 수 있어서 뿌듯했고, 고민을 들어주는 과정에서 남의 의사와 상관없이 먼저 손을 내미는 것이 아니라 기다림의 자세를 아는 것이 진정한 배려임을 알게 되었습니다.

평가	협력의 가치가 배가 되었다는 점. 진정한 배려를 깨달은 점을 서술하였음을 보았을 때 3번 문항의 출제자의 의도에 맞는. 나만의 특별함이 있는 서술입니다. 경험해보지 못하면 작성할 수 없는 진솔한 느낀 점으로

신뢰성도 줍니다. 또한, 법조인의 희망 진로를 설정한 학생으로서 전공 적합성 역시 드러내고 있습니다.

* 추상적인 꿈만 갖고 구체적인 계획이 없던 친구들을 위해 진로 탐색 동아리를 만들었습니다.

평가

진로 탐색 동아리 계기가 간략하게 서술되어 있습니다.

* 직접 롤모델을 인터뷰하는 활동으로 서로 다른 분야의 사람들을 인터뷰하기에는 개개인의 추진력과 용기가 필요했습니다.

평가

서로 다른 분야의 사람들을 인터뷰해야 한다는 어려움이 있음을 깨닫고, 그 원인을 파악하기 위해 노력하였다는 것이 드러납니다.

* 하지만 부원들이 연락하는 것에 두려움을 느끼고 시도조차 하지 않는 모습을 보게 되었습니다. 활동하지 않는 친구들이 생겼고 불만도 많아졌습니다.

평가

활동의 어려움, 갈등이 아주 잘 표현되어 있습니다.

* 이를 위해 부원들의 꿈을 조사해 희망하는 롤모델을 찾고, 인터 뷰 약속을 잡아주었습니다. 더불어, 연락절차의 설명서와 비전 포트폴리오를 만들어 나눠주었습니다.

평가

갈등을 해결하기 위해 노력한 학생의 적극성이 드러나는 문장입니다. 또 한, 부원들의 꿈을 조사하여 희망하는 롤모델을 찾았다는 점에서 개개인 을 생각하는 학생의 배려심을 볼 수 있습니다.
또한, 자신의 시간을 할애하여 연락절차의 설명서와 비전 포트폴리오를 만들어주었다는 점에서 나눔, 봉사 정신도 충분한 학생임을 파악할 수 있습니다.

* 그 후, 구체적인 진로를 찾게 된 친구들은 제게 고마움을 전했습니다.

<table>
<tr><td>평
가</td><td>지원자에 대한 학생들의 평가가 간략하게 서술되어 있다는 점에서 학생의 인성에 관해 신뢰성을 줍니다.</td></tr>
</table>

* 처음에는 관련 없는 롤모델을 함께 찾아뵙는 일이 시간 낭비라고 생각했지만, 친구들이 꿈을 이룰 수 있도록 도울 때 행복이 더 컸음을 느꼈습니다. 진로 고민에 공감하고 동아리 창설로 방향을 제시해준 것처럼 의뢰인의 아픔에 공감하며 법의 보호를 위한 구체적 방안제시, 합리적 판단을 해주고 그들의 삶을 긍정적으로 변화시키는 변호사가 되고 싶다고 다짐했습니다.

<table>
<tr><td>평
가</td><td>학생이 원래 가지고 있던 가치관과 변화된 가치관을 둘 다 드러내면서 그 변화를 강조하였다는 것이 인상적인 문장입니다. 또한, 위 활동과 자신의 희망 진로와 연관 지어 느낀 점을 작성했다는 점에서 매우 잘한 자소서입니다. 3번 문항은 이처럼 구체적으로 느낀 점을 작성해주세요.</td></tr>
</table>

자기소개서 4번 문항 분석하기

> ## 〈문항별 자소서(4번 문항)〉 - 이과 편

① 해당 모집단위에 지원하게 된 동기와 이를 준비하기 위해 노력한 과정이나 지원자의 교육환경(가정, 학교, 지역 등)이 성장에 미친 영향 등을 경험 바탕으로 구체적으로 기술하시오(1,500자 이내).

1) 사람의 마음을 치료하는 의사가 되기 위해 의과대학을 지원하게 되었습니다.

평가	1) 주제의 단문화 및 명확성: 첫 문장은 주제이고 주제는 단문화해서 명확하게 기술하라고 했던 자기소개서 작성 원칙을 아주 잘 지키고 있는 글입니다. 2) 첫 문장에서 본인의 지원동기와 가치관이 매우 잘 드러나 있는 글입니다. 사람의 마음을 치료하는 의사가 되고 싶다는 점에서 자신의 가치관과 함께 의대를 위한 목표의식이 뚜렷한 학생처럼 보입니다. 이처럼 지원동기 첫 문장을 쓸 때는 그냥 단순한 직업을 위해 학과에 지원했다는 내용보다는 본인의 가치관과 구체적인 경험을 통해 이 학과에 지원하게 되었다고 쓰는 등 본인만의 특색 있는 내용을 고민해 써주시는 것이 좋습니다. 특히 첫 문장에서 학생의 첫인상이 드러나는 만큼 더 주의해서 써주세요.

2) 중학교 때 교과에서 나와 있던 장기려 의사의 일화를 보면서 막연하게 저도 다른 사람을 도울 수 있으면 좋겠다는 생각을 하였습니다. 그 후 장애인과 같은 사회적 약자에 관심을 가지고 봉사활동을 다니며 그들을 이해하고 돕기 위해 노력했습니다. 이와 같은 과정을 통해 장애를 앓거나 아픈 사람들에게 직접 도움이 되는 의사가 되겠다는 구체적인 목표를 설정하기도 했습니다.

평가	중학교 때의 일화를 이야기하면서 이야기를 전개하고 있네요. 우선 고등학교 내에서의 내용을 쓰는 것이기 때문에 단순히 언급만 하고 이야기를 전개한 점도 좋고, 특히 막연하게 사람을 돕고 싶다고 생각했다가 이후 구체적으로 여러 활동을 하면서 사회적 약자에 관심을 두게 되고 의사가 되겠다고 다짐을 하는 등 꿈이 확장되는 과정을 써주었다는 점에서 아주 좋은 글입니다. 이처럼 진로가 처음에는 막연한 생각을 가졌다가 어떤 사건(활동)을 계기로 확장되는 이런 과정을 써주는 것은 지원동기의 전형적 패턴이자 아주 좋은 형태의 글쓰기입니다. 또 마음을 치료하는 의사가 되겠다고 했는데 이 부분에 그 이유가 구체적으로 나와 있는 것을 보니 문장과 문장 사이의 호응도 아주 좋네요. 이 다음 문장들은 구체적인 목표를 어떻게 실천하고 행동하는지가 나오겠죠. 이렇게 예측이 되도록 글을 쓰는 것이 아주 중요합니다.

4번 문항의 좋은 패턴은 외우자

쌤이 여기에서는 좋은 패턴에 대해 구체적으로 왜 좋은지 이유를 들어 설명해 줄 것이다. 이처럼 이렇게 쓰면 좋다고 한 내용에 대해선 어느 정도 틀을 외우길 바란다.

틀을 외우라는 것이 예시 자소서를 그대로 베끼라는 것이 아니다. 틀을 바탕으로 본인의 사례에 맞게 변용해서 사용하면 된다.

지원동기는 이렇게 작성해요

> **지원동기 첫 문장**
> : 가치관(또는 가치관+직업)을 이유로 ○○학과에 지원하게 되었다.
>
> **지원동기 첫 문장**
> 1) 진로 확장
> 처음에는 막연한 생각+어떠한 활동(사건)계기로 이 분야 관심+구체적 진로 설정
> 2) 진로에 대한 구체적 노력
> 처음에 진로 탐색을 위한 활동 및 노력+확신이 든 뒤 구체적인 활동 노력
> 3) ○○학교 학과를 지원하게 된 계기
> 왜 이 학교를 선택했는지+왜 이 학교, 학과를 선택했는지

4번 내용에 대해 감을 잘 못 잡는 학생은 백문이 불여일견. 글을 열번 보는 것보다 한 번 정도 잘 쓴 자소서를 필사해보자. 그럼 감을 잡을 수 있을 것이다.

3) 그 후 매리 베셋의 강연 영상을 통해 의료격차와 사회구조에 의한 질병으로 고통받는 사회적 약자가 많다는 것을 느끼게 되었습니다. 해서 이러한 불평등한 사회구조 속에서 의료격차를 해소하기 위해 앞장서야겠다는 생각을 했고 구체적으로 의료보험에 관한 토론을 통해 생각을 정리했습니다.

> **평가**
>
> '매리 베셋'이라는 구체적인 언급을 해준 것 아주 좋습니다. 또한, 이 강연에 대한 언급을 과다하게 한 것이 아닌 이 강의를 통해 받은 느낀 점을 구체적으로 서술한 것 역시 아주 이상적인 형태의 글입니다. 또한, 이를 바탕으로 불평등한 사회구조 문제를 깨닫고 고민에 그치지 않고 '의료보험'이라는 주제를 정해 토론을 했다는 것 역시 아주 좋은 실천적 자세를 보이는 것입니다.
>
> 여기서 잠깐. 인재상에 대해서 생각을 해봅시다.
>
> 여기까지 이 학생은 다른 사람들을 위해 배려하고 희생하고자 하는 배려 정신과 그리고 고민한 것을 실천하고자 하는 '실천적 인재'의 면모가 잘 드러나 있습니다. 배려와 실천을 강조하는 학교의 입장에서는 좋은 점수를 줄 수밖에 없겠네요. 많은 학생이 인재상을 어떻게 녹여낼지에 대해 고민을 하는데요. 대부분 학생은 그냥 '실천적 지식인' 이렇게 인재상을 명시적으로 드러내어 쓰는 경향이 있습니다. 그렇게 명시적으로 쓰는 것은 인재상을 조사했다는 느낌밖에 들지 못합니다.
> 이 글처럼 굳이 인재상을 언급하지 않더라도 본인이 실제로 했던 활동들에서 인재상이 자연스럽게 녹아들도록 쓰는 것이 좋습니다.

4) 오바마케어를 토의 주제로 조사하면서 의료보험이 환자에게 얼마나 중요하게 작용하는지를 깨닫게 되었습니다. 미국과 우리나라의 의료보험 시스템을 비교한 후 우리나라의 시스템이 적합하다고 생각했고 이는 의료민영화에 대한 반대로 이어졌습니다. 또 자율 동아리 '의논'을 만들면서 인공지능, 인턴제도 등의 여러 논제를 두고 토의하고 생각해보는 시간을 가졌습니다. 이를 통해 제가 사회적 약자를 위한 의사가 되겠다는 생각을 굳히게 되었습니다.

본인의 의료보험에 대한 생각과 이를 고민하기 위한 노력 및 노력 과정이 아주 정확히 나와 있습니다. 이것은 지원동기와 이를 위한 실천 과정이 되겠지요.
오바마케어와 우리나라 의료시스템을 비교하며 고민을 한 흔적은 본인이 의대를 가기 위해 큰 노력과 고민을 했다는 점을 느끼게 해주고 있습니다. 또한 '의논'이라는 자율 동아리를 만들어 이 문제에 대해 더 확대된 토론을 했다는 점에서 이 친구가 의대에 가기 위해 얼마나 큰 노력을 기울였는지 짐작을 가게 해주네요.

5) 한편 제가 가진 질병 역시 저에게 의사라는 꿈을 향해 간절하게 다가가도록 해주었습니다. 저는 다한증이라는 질병을 앓고 있습니다.

의대에 대한 지원동기 중 또 다른 하나로 본인이 앓고 있는 질병을 언급했습니다. 이렇게 질병과 같은 개인의 구체적인 사례를 들면 더 평가자로서는 이 학생을 주의 깊게 볼 것입니다. 다한증이라는 질병을 앓고 있다 보니 더 환자의 상황을 이해할 수 있을 것이라는 생각이 들겠죠. 물론 절대 지어내라는 것은 아니니 오해는 마시길.

6) 이 병을 극복해 나가면서 인공심장 개발 연구와 다한증 치료 연구를 위해 힘쓰고 생명과 직결된 질병을 앓는 심장 질환 환자들을 위해 '흉부외과 전문의'라는 구체적인 목표를 정하게 되었습니다.

질병을 스스로 극복하고 나아가 본인의 질병과 관련된 흉부외과 전문의라는 구체적인 목표를 설정한 점, 아주 잘 된 자소서의 표본입니다. 이렇게 쓰는 패턴이 제가 말했던 '노력과 진로의 확장'입니다.

7) 이러한 관심은 구체적인 공부로 이어졌습니다. 동아리 '유레카'에서 공부를 하며 줄기세포로 인공장기를 만들 수 있다는 사실에 흥미를 느꼈고 흉부외과에서의 줄기세포 이용방식에 대해 궁금해졌습니다. 해서 '심부전에서 세포치료의 전망'이라는 논문을 공부하며 흉부외과 분야의 지식을 쌓으려 노력하였습니다. 이를 통해 줄기세포의 종류와 그 기능을 알 수 있었고 줄기세포를 투여하는 방식에 대

한 의문점을 해결하였습니다.

8) 또한, WISET 팀제연구에서 햅틱 장치를 연구하면서 VR이 의료 분야에 도움이 될 수 있을 것으로 생각하여 가상현실 치료법에 대해 찾아보았습니다. 가상현실 치료법이 정신적 질병 치료뿐만 아니라 치료 통증을 완화하거나 재활 치료에도 도움이 된다는 것을 알 수 있었고 이를 수술 전 정서적 안정감 유발을 위해 활용하는 방법에 대해 생각해보았습니다.

9) 이후 저는 의료 기술의 장점을 최대한 활용하고 4차 산업혁명으로 변해가는 사회에 발맞추어 의료 기술을 더욱 발전시킬 것을 다짐하였습니다. 이렇게 다양한 연구 활동을 진행하고 직접 치료하며 봉사하고자 하는 목표를 가지고 있고 이를 연세대학교에서 펼치고 싶습니다.

10) 인공심장, 다한증 분야를 연구하고 있는 연세대학교에서 교수님들과 함께 연구하는 인재로 성장하여 모든 환자가 평등하게 치료를 받을 수 있도록 돕고 아픔을 이겨내도록 힘이 되어주는 의사가 되고 싶습니다.

평가	인공심장, 다한증 분야를 연구하고 있는 연세대학교라고 명시한 점에서 이 친구는 이 대학을 가기 위해 철저히 준비하고 분석을 했다는 깊은 인상을 줄 수 있습니다. 또한, 어떠한 의사가 되고 싶다는 명확한 가치관을 드러냈다는 점에서 가치관의 확고함+진로의 명확함+대학의 인재상에 부합한 인재 이렇게 3가지 요소가 잘 갖추어진 학생이라는 것을 알 수 있습니다.

 잠깐! 쉬어가기

이과의 경우 학교별 연구 분야를 조사하자!

이게 무슨 말이냐고? 각 학교, 교수님마다 특정 분야에 관해 연구해온 교수님들이 있을 것이다. 위의 학생처럼 연구 분야를 조사해 언급하는 것도 굉장히 좋은 자소서 중 하나이다.

특히, 이과의 경우 연구 주제가 뚜렷한데 생명공학이라고 하면 그냥 단순히 생명 공학자가 되기 위해 이 학과를 가고 싶다는 내용보다는 생명공학 중 00분야를 연구하는 교수님 밑에서 이 분야를 배우고 싶어서 대학 진학을 결심했다는 내용을 말하는 것이 좋다.

② 본교에 지원하게 된 동기와 입학 후 학업계획 및 향후 진로계획에 대하여 구체적으로 기술해 주시기 바랍니다.

동기)

평소 아버지가 즐겨 보시는 강의 관련 TV 프로그램 중 다음 소프트 송길영 부사장의 강연에서 자신을 '사람이 만든 데이터를 사람에게 다시 돌려주는 일을 하는 사람'이라고 표현하셔서 빅데이터 전문가라는 직업에 대한 궁금증이 생겼습니다.

문제점	1. 빅데이터 전문가라는 직업에 호기심을 가지고 이 학과를 지원했다는 것이 구체적이고 명확하게 기술되었다는 것은 좋습니다. 하지만, 문장의 단문화가 필요합니다. 주제는 간결하고 명확하게 작성해주는 것이 좋아요 2. 아버지가 즐겨 보시는 TV 프로그램 등 불필요한 문장이나 내용이 많습니다.
보완	1. 두 문장으로 나눠주시는 것이 좋습니다. '송길영 부사장의 강연을 보고 빅데이터 전문가라는 직업에 궁금증이 생겨 이 학과에 지원했습니다.' 이렇게 첫 문장을 명확하게 해주세요. 2. 그다음 강연 내용을 두 번째 문장에 기술을 해주세요. 문장 구성의 원칙을 최대한 지켜주시길.

데이터로 우리 사회를 분석하고 현 트렌드를 객관적으로 설명하여 사람들이 더욱 살기 좋은 세상으로 만드는 것이 빅데이터의 진정한 의미라는 말씀을 하셔서 큰 감명을 받았습니다.

평가	강연 내용에 대해 깨달은 점을 구체적으로 언급해 준 것은 잘했습니다. 다만, 여기에서 더욱 구체적으로 들어가게 되면 지나친 내용 언급이 되니 조심할 필요는 있겠네요.

처음으로 이 직업에 접할 수 있었고 관심을 가져 송길영 부사장의 강의 및 관련 서적인 '상상하지 마라'라는 책을 읽을 수 있었습니다. 송영길 부사장처럼 우리나라 빅데이터 산업에 영향력을 끼칠 수 있는 최고의 전문가가 되고 싶다는 생각이 들었습니다.

광운대학교 정부융합 학부에서 데이터 관련 분야 교수님들의 강의를 듣고 대학 생활을 하며 저의 꿈을 펼치기에 가장 적합한 학과라는 판단이 들어 이 과에 지원하게 되었습니다.

→ 구체적인 사례, 일화 언급. 자신의 가치관의 명확성. 진로의 구체성, 진로에 대한 진정성

학업계획)

광운대의 정보융합 학부에 진학해 먼저 데이터 사이언스를 전공하고자 합니다.

이 전공과목들을 통해 기본적인 통계학과 데이터 분석에 대한 지식을 습득하고, 특히 데이터 분석과 프로그래밍 분야에 관련된 전공과목들을 집중적으로 이수할 것입니다.

방학 기간에는 데이터 관련 자격증을 취득하고 뉴질랜드의 첨단 농장을 적용하고 있는 '프리바(Priva)'라는 기업에서 방문해 첨단농장 분야의 시야를 넓힐 수 있도록 할 것입니다. 다양한 소프트웨어 관련 인턴십 프로그램과 산학협력 프로젝트에 참여하여 현장 중심의 실무교육이라는 학과의 목표에 적합한 인재상이 되기 위해 주력하며 향후 빅데이터 전문가가 되기 위한 꿈을 키울 것입니다.

평가	프리바라는 기업에 방문하고 첨단농장에 대해 배운다는 등 진로에 대한 구체성이 뚜렷해 보인다는 점에서 매우 높은 평가를 받을 수 있습니다. 또한, 인재상이 실 '현장 중심의 실무교육'이기 때문에 이 분야에 대해 구체적으로 언급을 해준 것도 보이네요. 하지만 이처럼 굳이 인재상에 대해 명시적으로 언급할 필요는 없습니다. 입학사정관도 다 알고 있으니깐요.

진로계획)

대학 졸업 후에는 우리나라가 뉴질랜드, 일본 등의 농업 선진국들과 경쟁할 수 있는 기술력이 부족하므로 세계 최고 수준의 독자적인 한국형 첨단농장을 개발하여 농업인의 소득과 삶의 질을 향상하고 ICT 기술을 기반으로 연구 및 개발하여 농업 경쟁력을 강화하고 싶습니다.

평가	구체적이고 뚜렷한 목표가 있습니다. 이 점에서 좋은 평가를 받을 것이며 또한 농업과 관련해 이바지하고 싶다는 점에서 특이한 학생이기 때문에 많은 입학사정관이 이 학생에 대해 궁금증이 생기겠죠. 이런 글들이 좋은 글입니다.

농업의 강국이 될 수 있도록 낙후된 농촌사회에서 농업에 종사하시는 사람들을 위해서 지속적인 첨단농장 빅데이터를 연구 및 개발하고, 농업의 새로운 전환점이 될 수 있도록 만드는 그러한 스마트농업전문가가 되고 싶습니다. 향후 빅데이터 전문가라는 꿈을 이루어 바다를 밝히는 등대의 빛처럼 농업인들의 미래를 밝힐 수 있는 환한 불빛의 등대와 같은 존재가 되고 싶습니다.

평가	목표의 구체성과 진로에 대한 가치관이 뚜렷하게 드러난 글입니다. 그리고 무엇보다 농업 관련 빅데이터 전문가라는 진로 설정의 측면에서 학생의 개성이 보여 더 좋은 글입니다.

〈문항별 자소서(4번 문항)〉- 문과 편

① 해당 모집단위에 지원하게 된 동기와 지원하기 위해 노력한 과정을 구체적으로 기술해 주시기 바랍니다(띄어쓰기 포함 1,500자 이내).

부모님께서 늘 '세상에 무엇을 줄 수 있는지 항상 고민하는 사람이 돼라'를 말씀하셨습니다. 이것은 자연스럽게 저의 가치관이 되었습니다.

평가	본인의 가치관과 그 가치관에 영향을 준 부모님을 언급하면서 시작했습니다. 이것도 마찬가지 괜찮은 주제이자 시작입니다. 굳이 지원동기 + 진로를 언급하면서 정형화된 패턴으로 시작하지 않아도 이렇게 시작을 해도 전혀 상관없습니다. 본인의 내용을 진정성 있게 전달하는 것이 제일 중요하다는 점 잊지 마세요.

학생회장으로 이 가치관을 실현할 수 있는 일이 무엇인지 언제나 고민하였습니다. 당시 학교에서는 무의미한 처벌로 처벌이행 학생은 불성실한 태도를 보였고 제도개선의 필요성을 느꼈습니다.

평가	학생회장으로서 본인의 가치관을 실현하고자 하는 방법에 대해 고민하는 것은 매우 좋습니다. 그리고 학생회장을 하면서 느낀 문제의식에 대해 언급을 하고 있네요. 그 다음 실천방법에 대해 고민한 내용이 나와야겠죠?

이에 상점으로 벌점을 상쇄할 수 있는 자치법정을 제안하고 설립하였습니다. 또한, 벌점제도가 엄격한 규율 속에서도 과벌점자의 진로와 흥미를 살릴 수 있는 처벌을 하였고 이 방법은 자치법정의 체계로 자리 잡아 그들은 더 적극적인 이행 태도를 보였습니다. 이렇게 교칙을 이용해 학생들에게 도움을 줄 수 있어 보람 있었고 법을

통해 행복을 주는 사람이 되고 싶다는 제 꿈에도 큰 동기부여가 되었습니다.

> **평가** 예상한 대로 나왔습니다. 실천방법에 대해 구체적인 내용이 보였고 이에 대해 개선까지 되었다는 것을 언급했네요. 또한, 이를 통해 느낀 점 역시 매우 구체적으로 명확하게 기술했다는 점에서 아주 잘한 글입니다.

이는 '우리는 희망을 변론한다' 책을 통해 더 구체화 되었습니다. 국내에서도 법의 도움이 절실한 사람들을 위해 봉사하는 삶을 살고 싶다는 생각이 들었습니다. 하지만 국제법, 외국법만을 공부한다면 한국에서의 활동에 한계가 있음을 알게 되었고, 국내법 공부의 필요성을 느꼈습니다.

> **평가** 책을 통해 구체화했고 이에 대한 고민이 진로 설정까지 연결이 되어 있네요. 국제법을 넘어서 국내법까지 공부를 결심하게 된 과정을 말하고 있습니다. 이 친구는 제가 앞서 언급했던 지원동기의 전형적인 패턴과는 약간 다른 형태의 글입니다.
> 하지만 이 글이 못 쓰거나 잘못된 글인가요? 전혀 아닙니다. 제가 이 글을 가져온 이유도 있지만, 형식적인 패턴보다 더 중요한 것은 '자기다움'과 진정성입니다. 본인의 내용이 진정성 있고 명확하고 구체적으로 담긴다면 형식은 부차적인 문제입니다. 이점 명심해주세요.

그렇게 교내에서 할 수 있는 관련 활동을 찾기 시작했습니다. 가장 의미를 둔 활동은 다양한 시각으로 바라본 만 18세 선거연령 하향을 주제로 교내 학술경연 참여입니다. 청소년 기본법의 국내법과 유엔아동권리협약의 국제법을 비교하는 프로젝트를 진행하는 등 YAR project와 같은 법안 마련을 주장하는 논문을 작성하였습니다. 법률안 발의를 부탁하는 편지와 이 논문을 국회의원님께 보내드리는 활동도 진행하였습니다.

> **평가** 이 학생의 이 부분을 보면서 느끼는 생각은 굉장히 실천적이고 자기 주도적인 면모를 보이며 궁금하게 만드는 학생이라는 점입니다. 본인이 문제의식을 느끼고 동아리를 만들고 실제로 법안을 마련하고 또 국회의원

법에 맞추어 있던 활동에서 행정, 정책에 관한 관심으로 이어진 계기는 동아리 시간 행정부 재편성 추진이었습니다. 대통령이 된다면 정부 조직도 중 어느 것을 없애고 추가할 것인지에 대해 논의하는 활동이었습니다. 저는 '정책, 법은 나침판, 행정은 배의 노'라는 제목으로 외교부의 한 부서로 통일부를 만들자는 의견을 제시하여 우수발표자로 선정되었습니다.

평가
법에서 행정, 정책까지 관심을 끌게 된 계기와 그 과정이 명확하게 나와 있습니다.
또한, 활동 내용도 매우 구체적으로 진정성 있게 서술을 잘 하였습니다.

이 활동으로 한 나라의 체제 안에 정책과 법이 하나의 방향성을 제시하면 행정은 이를 효과적으로 집행하기 위해 꼭 필요한 요소이며 이 세 가지가 유기적으로 연관되어 있음을 깨달았습니다.

평가
잘 쓴 느낀 점의 대표적인 예입니다. 단순히 보람 있었다는 형태의 내용보다는 어떠한 점을 깨달았는지가 명확히 나와 있다는 점에서 매우 좋습니다.

또한, 법을 공부하기 전 그 나라를 경영하는 정책과 행정을 알아야 할 필요성을 느꼈습니다. 이들을 융합한 활동을 통해 많은 것을 배워나가고 싶었고 이 활동으로 이들을 각각 다른 분야로만 아는 친구들의 생각에 변화를 주고 싶었습니다.

평가
가치관에 대해서도 명확히 잘 드러내 있네요. 배려+나눔+실천+전공 적합성 이 4가지 요소가 다 갖춰진 학생이라는 것을 잘 알 수 있습니다.

법학을 중심으로 다른 분야도 아우르는 공부를 하고 싶은 제 목표 실현은 중앙대학교 공공 인재학부 커리큘럼만이 가능했습니다.

> **평가** 법과 행정 정책의 관심이 있으므로 이 대학의 커리큘럼이 가진 장점을 바탕으로 언급을 한 점이 좋습니다.

보편적인 권리, 정의실현의 '노블레스 오블리주'의 학부 목표는 저의 가치관을 어떻게 실현해나갈 수 있는지의 정답을 말해주고 있습니다. 그리고 다양한 정책, 법 활동을 진행하며 사회시스템을 구축하고 싶다는 포부실현과 전공과정에서 배울 수 없는 국제법, 영미법의 공부는 정책학회와 CISSA가 큰 도움을 줄 것입니다. 법학 외에도 다방면 학문의 공부가 필요한 제 꿈에 체계적인 도약이 될 것입니다.

> **평가** 본인의 가치관과 학부의 목표와 가치관이 부합한다는 점. 그리고 이 분야를 어떻게 배우고자 하는지에 대한 실천 목표가 다 담겨 있습니다.

② 지원 전공을 선택한 이유와 대학 입학 후 학업 또는 진로계획에 관해 기술하기 바랍니다(띄어쓰기 포함 1,000자 이내).

중국에 대한 깊이 있는 이해를 바탕으로 중국 전문가이자 중국어를 전파하는 교육자로 성장하고자 서강대 중국문화전공에 지원하게 되었습니다.

> **평가** 전형적인 패턴입니다. 중국에 관해 관심이 있어 중국 전문가가 되기 위해 이 학과에 지원했다는 내용. 명확히 잘 드러내 주었습니다.

평소 중국에 대해 관심이 많던 저는 2학년 때 '중국 속으로'라는 책을 읽고 중국의 영향력이 향상하는 추세에 맞추어 중국과의 관계를 잘 활용해야 할 필요성을 절실히 느끼게 되었습니다.

필요성과 문제의식에 대해 나타나 있습니다.
그 다음 이에 대한 진로 설정과 구체적 실천이 드러나야겠죠.

이를 위해 그만큼 중국지역 전문가와 교육자가 필요함을 절실히 깨달았고 제가 중국지역 전문가가 되어 중국어 교육을 선도하는 역할을 하고 싶다는 생각을 하게 되었습니다.

평
가 　진로 설정에 대한 계기가 명확하게 잘 나와 있습니다. 전형적인 패턴을 잘 따른 좋은 예입니다.

나아가 저는 유능한 중국 지역전문가와 교육자가 되기 위해서는 언어의 유창함뿐 아니라 문화 및 사회 전반에 대한 심층적 이해가 필요함을 느꼈습니다. 그런 점에서, 중국 어학 및 중국 문학에만 치우치지 않고 중국의 실정과 문화까지 심도 있게 다루며, 중국문화센터의 지원을 바탕으로 다양한 활동을 하면서 지역 전문가가 지녀야 할 자질을 기를 수 있는 본교에 지원하게 되었습니다.

평
가 　학과 지원동기가 명확하게 잘 나와 있습니다. 단순한 중국어 교육자보다는 중국어 문화 등을 전공해 배워 중국지역 전문가가 되기 위해 중국어 교육과가 아닌 이 학과에 지원했다는 점을 명확히 잘 드러나 있습니다. 이런 학생들의 경우 잘 참조해주세요.
만일 국어교육 관련 진로를 선택한 학생이 국어국문학과에 지원한다면 이 역시 위 학생과 마찬가지로 왜 국어교육학과가 아니라 국어국문학과를 선택하게 되었는지를 설명해주셔야 합니다. 당연히 성적에 맞춰서 등이 아닌 국어국문학이라는 전공에 관심이 있다는 식으로 서술해 주어야겠지요.

대학 입학 후에는 교과 과정을 충실히 들으며 중국어 기초에서 심화까지의 실력을 탄탄히 다지고, 중국문화 전반에 대한 지식을 쌓을 것입니다.

특히 <영화와 현대 중국>과 같은 강의를 들으며 중화권 영화를 분석하고 그것을 기반으로 토론 및 발표를 함으로써 중국문화를 익히고 싶습니다. 나아가 2학년 1학기에는 청와대 현지 학점 이수제를 통해 현지의 학업 분위기를 느끼고, 중국 학생들 사이에서도 뒤지지 않는 저만의 경쟁력을 갖추기 위해 노력할 것입니다. 그 후로도 중국 관련 토론, 스터디에도 꾸준히 참여하고 다양한 중국어 관련 자격증을 취득하며 학문을 이어나가고 싶습니다.

졸업 후에는 북경대 대학원에서 공부를 계속해 중국문화, 중국 언어와 관련된 박사 학위를 취득해 중국지역 전문가로서의 입지를 굳히고 싶습니다. 이후 가능하다면 본교 교수가 되어 후학을 양성하며 중국어와 문화를 전파하는 교육자가 되고자 합니다. 이와 같은 제 꿈을 본교에서 꼭 이루고 싶고 절실히 배우고 싶어 본교에 진학하게 되었습니다.

PART 03

면접편

제1장

들어가기 전

단계별로 진행되는 학생부종합전형에서는 '면접고사의 성적'이 굉장히 중요하다. 하지만 1단계 학생부, 자기소개서, 추천서 등의 서류 평가 합격으로 안심하고 있는 친구들이 생각보다 많다. 학생부종합 전형에서는 학생을 단순히 서류 평가로 판단하지 않기 때문에 안심할 수 없다. 대부분의 학생부종합전형에서는 1단계에서 서류평가로 모집 인원의 3~5배수를 선발하며, 2단계에서는 1단계의 점수와 면접고사의 성적을 합쳐서 최종 합격자를 선발한다. 따라서 학생부종합전형으로 지원하려고 할 때, 대학이 어떤 방식으로 면접을 치르는지, 면접에서 어떤 비중을 두고 평가하는가를 고려해야 할 것이다.

면접을 대학에서 실시하는 이유는 무엇일까? 제출된 서류의 내용을 확인하는 것만으로는 판단하기가 쉽지 않은 것들은 검증하는 데 그 목적이 있다. 예를 들어, 생활기록부에는 활동의 구체적인 과정보다는 결과만 서술되어 있는 경우가 꽤 많다. 제출 서류에서는 활동의 결과를 보았다면, 면접에서는 활동의 구체적인 과정을 물어보는 것이 면접이다. 입학사정관들은 면접을 통해 지원자의 잠재력, 가치관, 활동 과정뿐만 아니라 서류에서 드러나지 않은 부분들을 평가한다.

이렇게 면접은 대학에서 학생들을 평가하는 매우 중요한 요소인데 대부분의 학생들은 1차를 합격한 기쁨에 취한 나머지 면접을 제대로 대비를 하지 않아 탈락의 고배를 마시는 경우도 매우 많이 보았다. 이 장에서는 면접에 대한 '모든 것'을 알려줄 것이다. 더 이상 학생들이 면접을 포기하고 고민하지 않는 날이 오기를 바란다.

이것만은 꼭! 알고 가자.
면접의 평가 요소: 학업 역량, 전공 적합성, 발전 가능성, 인성

대학은 면접을 통해 학생의 학업역량, 전공 적합성, 발전 가능성, 사회성, 인성까지 평가하고자 한다. 면접의 평가 요소는 서류의 평가 요소와 일치하는 때도 있지만, 면접만의 평가 요소를 별개로 적용하는 때도 있다. 가천대학교의 경우 면접 평가 요소의 수는 총 3가지로 기초학업능력, 전공 적합성의 요소로 학업역량을 평가하며, 그 외에 인성, 성장 가능성을 평가한다. 동국대학교 서울캠퍼스의 경우에는 면접 평가 요소의 수는 총 4개이다. 전공적합성, 인성/사회성, 발전 가능성, 전형취지 적합성을 평가한다. 지원자는 각 학교 지원 시 해당 대학의 모집 요강을 반드시 확인해야 할 것이다.

그렇다면 전공 적합성, 학업역량, 발전 가능성, 인성은 어떻게 평가하는 것인가.

학업역량의 경우에는 서류, 또는 면접을 기반으로 학업을 충실히 수행할 수 있는 기초 수학 능력이 있는지를 검토한다. 구체적으로 학업 성취도, 학업 태도와 학업 의지, 탐구 활동으로 나뉜다. 교과목이수 현황, 노력 등을 기반으로 한 교과의 성취 수준, 스스로 학습 목표를 설정하고 그에 맞추어 스스로 노력한 과정, 어떤 현상에 관심을 가지고 탐구할 수 있는 능력을 평가한다. 자신만의 공부법으로 성적 향상이 되었다는 것은 학업역량에서 높은 평가를 받을 수 있다.

다음으로는 많은 대학에서 주요 평가 요소로 두는 **전공 적합성**이다. 전공 적합성은 대학이 지원자에게 학과에 대한 해박한 지식을 요구하는 것이 아니다. 고교생 수준에서의 이해 수준과 탐구력, 관심을 원하는 것이다. 해당 학과 관련 지식을 얼마나 깊이 알고 있느냐가 아니라 지원자가 자신의 전공, 진로에 대해 얼마만큼 고민을 해왔는지를 평가하는 것이다.

예를 들어, 생명공학과를 지원하는 학생이 있다고 하자. 입학사정관은 지원자가 생명공학에 대해 깊이 있는 전문 지식을 가지고 있음을 평가하는 것이 아니다. 생명공학에 대해서 얼마만큼의 관심이 있는지, 생명공학을 전문적으로 공부할 자세를 갖추고 있는지 등을 확인하는 것이다. 이러한 부분은 학생부에 기록된 독서 활동, 교내 활동 등을 통해 드러낼 수 있다.

다음으로는 **인성**이다. 인성평가는 '착한 아이'를 뽑는 것이라고 착각하는 경우가 많다. 대입에서 평가하는 인성은 다르다. 대학에서 인성은 성실성, 도덕성, 소통능력, 나눔과 배려, 협업 능력을 통해 평가된다. 대학은 지원자가 이러한 인성 요소를 얼마만큼 학교생활 속에서 어떤 방식으로 길렀는지를 평가한다. 인성평가는 학생부, 자기소개서의 3번 문항에서만 평가하는 것이 아니라 출결 상태를 통해 성실성을, '체육반장'이라는 것으로 리더십을 평가할 수 있다. 따라서 인성평가에서는 평상시 학교생활 충실도가 핵심이다.

지금부터 본격적으로 '스스로 면접 준비하기 TIP'을 세세하게 알려줄 것이다. 그 전에 여러분들은 자신감과 초조해하지 않는 마음가짐이 필요하다. 1차 합격 후 면접 준비 기간이 짧다고 초조해하지 않기를 바란다. 기왕 보게 된 면접, 즐겨보자. 면접에서 너무 눈에 띄려고 노력하기보다는 3년간 자신의 학교생활을 정리하며 말로 풀어내는 시간이라고 생각해라.

지피지기면 백전백승
: 각 학교, 학과별 인재상과 학과별 이슈 검색하기

　면접에서 가장 중요한 것은 지원 학교, 학과별 성향을 파악하고 이슈를 검색하는 것이다. 즉, 사전조사이다. 면접관들은 지원자가 각 학교, 학과별 인재상, 가치관, 교육 이념과 맞는가를 파악하고자 한다. 면접 예상 질문을 뽑을 때도, 면접 예상 답안을 준비할 때도 각 학교, 학과별 성향 파악은 가장 기초적인 시작점이다.

1 구글링

　많은 사람이 정보 검색이나 필요한 정보가 있을 때 구글을 많이 이용한다. 각 학교의 이름, 학과를 검색하면 인재상을 비롯하여 많은 정보를 수집할 수 있다. 각 학교, 학과에 관련한 포스팅, 영상 자료, 모집 요강 분석 등 다양한 정보 수집을 통해 전반적으로 각 학교, 학과를 파악해야 한다.

대학/학과를 검색하면 교육과정과 인재상 등을 확인할 수 있다.

 고려대학교 정치외교학과 🔍

2 학교, 학과별 인재상 찾기

면접은 대학의 인재상에 부합되는 학생을 선발하고자 실시하는 전형 요소이다. 따라서 지원자는 각 학교, 학과 인재상을 정확하게 파악한 후, 그 인재상에 맞는 역량을 갖추고 있음을 보여주어야 한다.

예를 들어 건국대학교의 인재상은 ' We 人'을 기반으로 한다. 'We 人'인재는 글로벌 공동체의 이익 실현에 주도적으로 기여 하는 창의 인재를 뜻한다. 따라서 건국대학교의 경우에는 주도적인 창의 인재 인가에 초점을 맞추어 면접을 통해 이를 평가하고자 한다. 이처럼 면접 준비는 인재상 파악을 시작점으로 한다. 인재상의 경우에는 각 학교, 학과 홈페이지 방문 또는 모집 요강을 샅샅이 살펴보면 이를 쉽게 파악할 수 있다. 요즘에는 인재상 관련 블로그 포스팅, 영상들 도 많으니 참고하기를 바란다.

3 학과별 이슈 검색하기

학과별 이슈를 알고 있는 것은 면접에서 유리하게 작용할 수 있다. 지원 시기에 맞추어 학과, 즉 지원학과 관련 분야에 대하여 사회적 이슈, 현상을 알아놓거나, 또는 특정 학과에서 진행되고 있는 프로젝트나 활동이 있다면 이를 파악해놓는 것도 유리하게 쓰일 수 있다. 이는 면접에서 지원학과에 관한 높은 관심으로 평가될 것이다.

ex 경영학과 – 최저임금, 창업 이슈 검색

제 3 장

면접의 핵심
: 공통문항 대비 및 작성하기

자기소개서, 학생부 등 서류 기반의 면접이라고 해도 모든 대학이 공통으로 질문하는 '공통 기출'이라는 것이 있다. 최소 1~2개 정도 출제되고는 한다. 공통 기출 질문은 지원자가 얼마만큼 이 학과, 학교에 관심이 있는가, 학생의 전반적인 학교생활 파악, 가치관 파악을 위함이다. 공통 질문에 대한 답변은 미리 준비해놓는 것이 좋다. 대표 질문 유형과 예시 답변을 분석하며 스스로 준비하는 방법을 알려주도록 하겠다.

1 자기소개 해주세요.

많은 학생이 신경 쓰는 것 중 하나가 자기소개이다. 첫인상을 결정할 굉장히 중요한 부분이기 때문이다. 자기소개 시간은 생각보다 짧다. 자기소개는 너무 길지 않도록 40~50초가 가장 적당하다. 즉, 짧은 시간 안에 나의 진로, 능력을 모두 어필해야 한다. 따라서 필요

없는 말은 없애고 반복되는 말도 줄이고 추상적이지 않고 구체적으로 간결하게 작성하는 것이 필요하다.

(1) 키워드를 선정하자

자기소개를 작성하기 전에, 나를 나타낼 수 있는 '키워드'를 추려 보는 것이 좋다. 그리고 키워드에 따른 구체적인 학교생활 경험을 작성해보자. 나를 잘 드러낼 수 있을 만한 소재의 키워드를 잡고, 그것을 중심으로 자기소개를 작성한다면 본인의 경험을 바탕으로 한 호기심을 자극하는 자기소개가 될 수 있을 것이다.

(2) 지원학과와의 연결고리를 찾자

자기소개를 작성할 때, 지원학과와 어떻게 잘 맞는지를 어필하는 것을 중점으로 두어라. 예를 들어, 교대에 지원한다면 평소 가르치는 것을 좋아하고 소통능력이 좋아야 함을 강조하는 것이 좋을 것이다. 멘토링 활동, 리더십 활동이 있다면 그것을 통해 어떤 것을 느꼈고, 어떻게 교대에 지원하게 되었는지 그 연결고리를 잘 설명하는 것이 필요할 것이다.

예시 답안은 이렇다.

💬 '안녕하십니까. ****고등학교에 재학 중인 ***입니다. 저에 대해서 세 가지 키워드로 설명 드리겠습니다.

→ 자신이 누구인지 밝히고 자신을 세 가지 키워드로 설명함을 밝힌다. 이처럼 첫째, 둘째, 셋째와 같은 구성 방식이 가장 깔끔하고 적합하다.

💬 첫째, 저 김지민은 열정입니다. 3년 장학생으로 공주여고에서 생활하면서 저를 성장시켜줄 수 있는 것들을 스스로 찾아 다녔습니다.

→ '열정'이라는 키워드를 바탕으로 자신을 소개하고 있다. 그

이유에서 3년 장학생이라는 것이 드러나는데 이는 학업역량을 나타내는 소재로 높게 평가받을 수 있다. 또한, 스스로 찾아다녔다는 것에서 주도적인 학습 능력이 드러나고 있다. 이처럼 자신의 장점을 활동을 통해 드러내는 것이 필요하다.

💬 둘째, 저 김지민은 자신감입니다. 중학교, 고등학교 학생회장을 맡으며 자연스럽게 유연한 사고를 가질 수 있었고, 이런 사고는 어떤 어려움이 있어도 이겨낼 수 있을 것이라는 자신감을 주었습니다.

→ '자신감'이라는 키워드를 바탕으로 자신을 소개하고 있다. 학생회장 직책을 맡았다는 것에서 리더십을 나타내고 있고, 유연한 사고라는 것에서 학습 능력, 습득 능력이 드러나고 있다.

💬 셋째, 저 김지민은 법입니다. 어릴 때부터 법조인의 꿈을 키워왔고 법은 저의 심장을 두근거리게 해주는 단어입니다.

→ '법'이라는 키워드를 바탕으로 자신을 소개하고 있다. 진로에 대한 확고함이 드러나는 부분으로 전공 적합성까지 나타내는 문장이다. 또한, 자신의 관심 분야에 대한 열정이 드러나고 있다.

💬 '저는 세상의 흐름을 따라가는 Follower가 아닌 세계의 변화를 이끌어낼 수 있는 first mover가 되는 것이 삶의 목표입니다. 여기서 first mover는 앞으로 이 대학에서 제 것으로 만들어나갈 키워드입니다.'

→ 자신의 가치관, 목표를 드러내는 것으로 인상적인 문구를 하나 준비하는 것은 좋다. 지원 학과, 학교의 인재상, 목표 등에 나타나 있는 문구, 단어를 사용하는 것도 좋다.

위 자기소개의 작성 예시는 키워드를 통해 활동을 나타내고 있다. 또한, 활동을 통해서 간접적으로 지원자의 역량을 파악할 수 있도록 하고 있다. 활동을 통해 지원자 본인을 드러내는 것은 객관적인 지표에서 지원자를 평가할 수 있도록 한다. 따라서 자신을 나타낼 수 있는 활동을 1~3가지로 추리고 키워드를 통해 풀어쓴다면 좋은 자기소개가 될 것이다.

② 학교 관련 질문

지원 학교, 학과에 관한 질문은 공통 질문으로 자주 출제된다. 자신이 지원하는 학교, 학과가 어떤 곳인지는 기본적으로 알고 있는 것이 좋다. 지원학과, 학교에 관해 호기심을 보이는 학생이 면접에서 좋은 결과를 얻을 수 있다. 이러한 자료는 어디서 얻을 수 있는가? 각 학과 홈페이지, 학교 홈페이지에 가면 구체적으로 알 수 있다. 총장, 학과장 인사말을 보아도 글 속에서 그 학교, 학과의 가치관, 인재상을 파악할 수 있다.

총장 인사말을 통해 학교, 학과의 가치관, 인재상을 파악하는 방법이다.

예를 들어 보자. 위의 내용은 숙명여자대학교 총장의 인사말이다. 총장의 인사말에서 볼 수 있듯이 숙명의 창학 정신은 항상 시대와 패러다임에 대한 도전, 미래를 이끄는 선도적인 이념이라고 나와 있다. 즉, 여성 교육의 필요성을 적극적으로 강조하는 대학이다. 따라서 주도적으로 자신의 진로를 개척하고 탐구하는 학생을 높게 평가함을 알 수 있다. 이러한 점을 **리더십을 보여주는 임원 활동이나 탐구력을 보여주는 동아리, 진로활동** 등에서 드러낼 수 있다.

학교에 대한 질문과 예시 답안은 이렇다.

ⓠ 숙명의 의미는?

ⓐ 숙은 맑다, 어질다의 의미를 가지고 있습니다. 명은 밝을 명으로 밝히다, 밝다의 뜻을 가지고 있습니다. 또한, 숙명에는 세상을 바꾸는 부드러운 리더를 배출하는 목표를 함축하고 있습니다.

이처럼 학교 자체에 대한 질문이 나오는 경우도 있다. 이는 지원 학교에 얼마만큼의 관심을 가지고 있는지를 확인하기 위한 과정이다.

③ **대학교의 **과가 왜 자신과 맞는다고 생각하시나요? (지원학과, 학교 관련 질문)

질문의 출제 의도는 지원학과의 인재상에 지원자가 얼마나 맞는가에 관해 파악하기 위함이다.

위의 내용 또한, 지원자가 지원학과, 학교에 관심이 있는지 파악할 수 있는 질문이기도 하다. 지원학과, 학교에 관해 기본적인 내용을 알지 못한다면 위의 질문에 답할 수 없기 때문이다. 각 지원학과, 학교와 왜 본인이 어울린다고 생각하는지 그 연결고리를 찾아 답변을 작성하는 것이 필요하다.

답변을 하기에 앞서 지원 학교, 학과의 교육 이념, 목표, 인재상을 파악해야 한다. 파악 후에 자신이 하고자 하는 일, 진로와의 공통점을 찾고 이를 답변으로 풀어내는 것이 필요할 것이다. 학교, 학과의 이념, 목표, 인재상의 경우에는 인터넷 검색, 학교 홈페이지 방문, 모집 요강 확인으로 쉽게 파악할 수 있다.

학교 홈페이지에 들어가면 쉽게 인재상을 파악할 수 있다. 예를 들어 동국대학교는 이렇다.

대부분의 대학교 홈페이지를 들어가게 되면 대학 안내 카테고리에 교육 이념, 인재상에 대해 나와 있다.

교육목적 및 인재상

🏠 홈 › 대학안내 › 역사/이념 › **교육목적 및 인재상**

교육목적

본교는 **건학이념**에 따라 학술의 이론과 응용방법을 연구교수하여 불교를 비롯한 **한국문화의 세계화**에 노력하며 민족과 인류사회의 이상실현에 기여할 **지도적 인재의 양성**을 목적으로 한다.

EDUCATIONAL PURPOSE

Following the foundational spirit, the University aims at making the Buddhist spirit and the Korean culture known worldwide, and further at cultivating persons of talent with leadership skills, who will devote themselves to realizing ideals of the nation and mankind by researching and teaching academic theories and their application methods.

교육목표(인재상)

동국대학교의 경우에는 도덕적 지도자, 창조적 지식인, 진취적 도전자의 교육 목표를 갖고 있다. 창조적 지식인은 말 그대로 주도적인 고교생활을 바탕으로 전공 분야에 대한 역량과 발전 가능성을 보유한 인재를 말하며, 즉 전공 적합성을 보는 것이다. 또, 진취적 도전자의 경우 성실한 고교생활을 바탕으로 학업역량과 공동체 의식을 보유한 인재를 말하며, 이에 주도적인 탐구 활동 등이 높은 평가를 받는다. 마지막으로 도덕적 지도자의 경우 주어진 환경에서 전공 분야에 대한 역량을 갖추기 위해 주도적인 노력을 기울인 인재를 말한다. 학교 홈페이지 검색을 비롯하여 인재상에 대한 분석은 요즘에는 인터넷 검색으로도 쉽게 찾을 수 있다.

위의 면접 질문 답변의 경우에는 우선 자신의 목표, 희망 진로에 관해 이야기하고, 뒤이어 이와 관련한 지원학과, 학교의 목표, 인재상 등을 강조하며 연관 짓는 것이 필요하다. 동국대학교를 예시로 하였을 때, 우선 창조적 지식인과 관련하여서는 문화와 관련된 경험이 있다면 그 경험과 연관지어 글로벌 인재상을 표현할 수 있다.

또한, 두 번째 인재상인 진취적 도전자는 리더십 경험, 전공 관련 탐구 활동과 연관 지어 표현할 수 있다. 마지막으로 도덕적 지도자에 대하여 동국대에서는 도덕적 의미를 지혜, 자비를 강조하고 있다. 이러한 부분은 나눔, 협력, 배려 등과 관련된 사례를 통해 나타낼 수 있다.

따라서 법학과에 지원하는 학생이라면 법 문화에 관심이 있다는 것을 나타내는 활동에 대해 답변을 하며 창조적 지식인의 인재상과의 적합성을 보여줄 수 있고, 법 관련 동아리를 창립하였거나 법 관련 프로그램 진행을 통해 탐구 활동을 했음을 나타낸다면 진취적 도전자의 인재상과의 적합성을 보여줄 수 있다. 마지막으로 법 관련 활동을 통해 나눔, 협력, 배려가 드러난다면 도덕적 지도자의 인재상과의 적합성을 구체적으로 드러낼 수 있다.

예시 답안은 이렇다.
ⓠ 숙명여자대학교의 법학부가 왜 본인에게 맞는다고 생각하나요?

💬 저의 꿈은 국제인권변호사가 되어서 국제사회 속 판례를 바꾸는데 기여하며, 인권의 사각지대에 있는 사람들의 작은 목소리를 큰 목소리로 바꾸는 데 이바지하는 것입니다.
→ 우선 자신의 목표, 진로, 가치관을 밝히는 것이 필요하다.

💬 이런 저의 삶의 목표가 세계화 시대를 이끌어 갈 여성 지도자를 배출하고자 하는 숙명여대의 비전에 가장 적합하다고 생각합니다.
→ 지원자 본인의 가치관, 목표, 진로가 왜 숙명여자대학교에서 이뤄갈 수 있는 것인지에 대해 그 연결고리를 찾고 있다. 학교, 학과에 대한 부분은 위에서 설명한 것처럼 학교 홈페이지, 학과 홈페이지 또는 구글링을 통해 충분히 정보를 얻을 수 있다.

💬 그리고 저의 꿈을 이루고 싶은 목적이 저를 위한 것이 아니라 국가, 민족, 인류 발전을 위한 것이기 때문에 이 역시도 숙명여대의 목표와 가장 맞다고 생각합니다.
→ 이 역시도 지원자 본인의 가치관, 목표, 진로와 왜 숙명여자대학교와 맞는지에 대해서 설명하고 있다.

❹ 지원동기는?

　흔히 면접에서는 지원동기를 물어본다. 지원동기의 경우에는 얼마만큼 지원학과에 관해 관심이 있는지, 이 학과, 학교가 왜 필요한지에 대해 구체적으로 이야기를 해야 한다. 우선, 나의 가치관, 미래관, 목표와 지원학과 사이에 어떤 연관성이 있는지, 학과의 인재상과 연관 지어 답변해야 한다. 또한, 지원하는 학과에 대한 흥미, 관심도를 드러내야 한다. 지원 학교, 학과에 왜 관심이 생기게 되었는지, 이 학과, 학교에 오기 위해서 어떠한 노력을 했는지 구체적으로 답변하는 것이 필요하다. 그러기 위해서는 지원학과에 대한 애정을 어필하는 것이 필요하며, 학과, 학교 홈페이지를 통해서 교육 이념, 인재상을 파악하는 것이 중요하다. 학과, 학교 관련 보도 자료 등을 사전 조사하는 것도 필요하다. 또한, 지원자 본인의 목표, 미래관을 언급하며 자신의 이러한 목표가 지원학과, 학교에서만 이룰 수 있는 것임을 드러내야 한다. 우선 자신의 목표, 미래관을 밝힌 후에 이 학과, 학교에서 어떻게 풀어나갈 수 있는 것인지 구체적으로 답변해야 한다.

　답변을 구성하는 방법은 다양하다. 우선, 학과, 학교가 가진 교육 이념, 인재상 분석을 시작으로 내적 동기와 외적 동기로 나뉜다. 지원하기로 했다면, 이 학교, 학과의 무엇이 지원자를 이끌리게 했는지, 또는 다양한 활동을 통해 얻은 깨달음의 외적 동기가 있을 것이고, 스스로에서 오는 내적 동기가 있을 것이다. 가장 좋은 지원동기는 외적 동기에서 오는 내적 동기이다. 즉, 활동을 통한 여러 경험으로 얻은 깨달음과 학교, 학과와 연관 짓는 것이다.

예시 답안은 이렇다.

Ⓠ 숙명여자대학교 법학부에 지원하게 된 동기는 무엇인가요?

Ⓐ

저는 외교, 법 동아리에서 토론 발표를 통해 나중에 국제인권 변호사의 꿈을 이뤘을 때, 다른 다양한 지식이 필요하다는 것을 깨달았고, 법만 안다고 모든 일을 해결하는 것이 어렵다는 것을 느꼈습니다.

→ 여러 활동을 하면서 느낀 점을 이야기하며 대학공부와 연관 지어 대답할 수 있다. 활동을 통해 진로의 방향성을 잡았다면, 그 진로를 대학에서는 어떻게 내 것으로 이뤄나갈 것인지 작성할 수 있겠죠. 활동을 통해 깊이 있는 지식을 얻었다면 대학에 와서는 어떠한 공부를 할 것인지 작성할 수도 있다.

저는 로스쿨에 진학하기 전, 4년이라는 시간을 제 꿈을 위해 투자하고 싶습니다.

→ 자신의 진로에 관해 간결하게 이야기하고 있다. 동기에서는 진로를 밝히고 본인의 진로를 이뤄가는 과정에서 이 대학, 학과가 어떠한 역할을 할 것인지 밝히는 것이 중요하다.

법뿐만이 아니라 여러 학문도 접할 수 있는 대학교와 학과 진학이 필요했고, 법학, 정치학, 영문학, 경제/경영학 이 모든 것들을 접할 수 있는 숙명여대 법학부가 이런 제게 가장 맞는다는 생각이 들었습니다.

→ 대학의 어떤 부분이 본인과 맞다고 생각하는지 표현하는 것이 중요하다. 이 대학, 학과에 들어와야 하는 간절함이 들어가야 한다.

그래서 제가 공부할 수 있는 것들을 마음껏 접할 수 있다는 기쁜 마음으로 지원하게 되었습니다.

→ 포부를 간단하게 밝히는 것이 좋다.

자신의 목표를 이야기하고, 이러한 목표를 이루기 위해서는 숙명여자대학교 법학부의 커리큘럼이 필요함을 강조하고 있다. 이러한 답변을 하기 위해서는 지원 학교의 커리큘럼과 위 학교에서 어떤 것을 해나가고 싶은지에 대한 구체적인 계획이 있어야 할 것이다. 지원동기는 정말 이 학교와 학과에 지원하는지에 대한 간절함을 드러내야 한다. 학과, 학교에 대한 열정을 보여야 하며, 얼마만큼의 관심이 있는지 표현하는 것이 필요하다. 외교, 법 동아리 활동을 통한 깨달음, 숙명여자대학교 법학부의 커리큘럼의 외적 동기와 다양한 방면의 공부가 필요하다는 내적 동기를 통해 지원 계기를 설명했다는 점에서 잘한 답변이다.

5 가장 인상 깊었던 활동과 내용

이 질문의 출제의도는 이 학과, 학교에 지원하기 위하여 노력한 과정, 노력을 알고자 하는 것이다. 따라서 지원학과, 학교와 연관된 활동을 중심으로 답변하는 것이 바람직하다. 가장 인상 깊었던 활동과 내용을 물어본 것이므로 한 가지 활동을 구체적으로 답변하는 것이 필요하다.

예시 답변은 이렇다.
가장 인상 깊었던 활동은 1일 여울이 법률사무소 운영이었습니다.
→ 활동소개를 두괄식으로 하는 것이 좋다. 어떤 활동인지 먼저 밝히자.

처음에는 친구들의 고민을 듣고 이에 맞는 법 조항을 제시해주는 활동을 진행하려고 하였습니다. 하지만, 공부하며 법 조항이 너무 방대하다는 것을 깨닫고, 활동계획을 변경하였습니다.
→ 활동 계기를 간단하게 밝히고 활동에서 어려운 점이 무엇이었고, 이를 어떻게 극복하였는지 표현하는 것이 중요하다.

학생으로서 가질만한 고민을 미리 정리하여 이에 맞는 법 조항을 찾고 찾아오는 학생이 자신의 고민과 비슷한 고민을 찾고 이에 대한 법적 자문을 구하는 식의 방식으로 진행하였습니다.

→ 활동의 어려움을 어떻게 극복하였는지 구체적인 설명이 있어야 할 것이다.

저는 법적 자문을 해주는 역할을 맡아 변호사로서 그들의 고민에 공감하며 구체적인 법적 해결책을 마련해주는 경험을 해 볼 수 있는 보람찬 활동이었습니다.

→ 활동에서 본인의 역할은 무엇이었고, 이를 통해 무엇을 느꼈는지 구체적인 설명이 필요하다.

법학과를 지원하는 학생으로서 법 관련 활동인 1일 여울이 법률사무소 운영이라는 활동을 소재로 잡았다는 것은 매우 잘했다. 또한, 활동의 구체적인 내용과 활동을 통해서 느낀 점, 역할을 설명했다는 점에서도 잘한 답변이다. 이처럼 구체적으로 답변하는 것이 필요하다.

💬 조금은 다른 질문과 답변

◎ 본인이 이 과에 지원하기 위해 노력했던 과정 또는 준비한 것이 무엇인지 설명해보세요

이 질문은 이 학과에 지원하기 위해 노력한 과정을 물어보는 질문이다. 이에 대한 답변 역시 지원학과, 전공 관련 활동을 예시로 드는 것이 좋다. 또한, 위 질문의 경우에는 학과, 학교의 인재상, 교육 이념, 목표와 더욱 연관 지어 답변해야 한다.

예시 답변은 이렇다.

Ⓐ 저는 다른 친구들에 비해 국제변호사라는 제 꿈을 위해 더 체계적이고 구체적인 준비를 해왔다고 자신할 수 있습니다.

→ 질문의 핵심은 진로를 위해 어떤 노력을 했는가이다. 따라서 그 노력에 대해 구체적인 자성이 필요하다.

국제변호사도 변호사의 하나로 의뢰인의 아픔과 고민에 공감하고 이해해주어야 하며 이에 대해 합리적인 해결책 마련에 힘써야 할 것입니다.

→ 본인 진로에 관하여 깊이 있는 고민을 했음을 표현해야 한다. 우선, 법&외교 동아리인 하나린과 롤모델 인터뷰 동아리인 C&M 회장으로 활동을 하며 국제사회 속 저를 필요로 하는 곳은 어디인지 제 꿈을 구체화 할 수 있었습니다. 또한, 1·2학년 반장, 그리고 학생회장으로 활동하며 유연하고 종합적인 사고력을 갖추게 되었고 어떻게 하면 다른 사람의 마음을 이끌어낼 수 있는지 등 변호사의 자질들을 하나 하나 배워갈 수 있었습니다.

→ 활동소개와 더불어 활동을 통해 느낀 점을 밝히는 것은 중요하다. 활동에 관하여도 좋지만, 면접관들이 정작 듣고 싶어하는 이야기는 느낀 점이다.

위의 답변에서는 법, 외교 동아리와 롤모델 인터뷰 동아리를 예시로 들었지만, 하나의 예시를 구체적으로 작성해도 좋은 답변이 될 수 있다. 숙명여자대학교의 교육 커리큘럼도 잘 반영된 답변이다. 숙명여자대학교의 법학부의 경우 법학, 정치학, 영문학, 경제/경영학이 모든 것들을 접할 수 있는 커리큘럼이 있어 종합적인 사고력을 요구한다. 이러한 점에서 다양한 교내 활동을 통해 유연하고 종합적인 사고력을 갖추었다는 위의 답변은 굉장히 잘 쓴 답변이다.

6 가장 기억에 남는 책은?

면접관들은 책을 어떤 동기로 읽었는가, 어떤 분야에 관심을 가진 학생인가, 깊이 있는 독서를 했는가를 중점으로 지원자를 파악한다. 따라서 동기, 느낀 점, 읽고 난 후의 변화 등이 면접 문항으로 출제되는 경우가 많다.

독서 활동과 관련한 질문은 공통 질문 중에 가장 많은 기출 문제이다. 책명, 저자명만 쓸 수 있게 되어 있는 학생부의 사실 확인을 위해 할 수 있는 가장 좋은 방법은 면접이기 때문이다. 독서 활동 관련 질문에 대한 답변으로는 지원학과의 분야와 관련된 책을 소재로 삼는 것이 중요하다. 전공 적합성, 학업역량까지 나타낼 좋은 기회이다. 답변은 책의 줄거리 설명에 많은 비중을 쏟기보다는 책을 통해 느낀 점, 배운 점을 중심으로 답변하는 것이 필요하다. 면접관들은 책의 줄거리를 물어보고자 하는 것이 아니라 학생이 독서를 통해 어떠한 변화가 나타났는지에 중점을 두고 평가하기 때문이다. 따라서 책의 줄거리 중 인상 깊었던 부분을 간단하게 설명하고, 이를 통해 느낀 점을 구체적으로 설명하는 것이 필요하다.

예시 답안은 이렇다.

1. 책명을 간단하게 밝혀라

   ex 제가 가장 기억에 남는 책은 우리 모두를 위한 비폭력 교과서입니다.

2. 동기와 인상 깊었던 부분을 소개하자

   책을 읽게 된 동기는 간결하게, 인상 깊었던 부분 자체에 대한 설명은 짧게, 이를 통해 느낀 점은 길게 소개하는 것이 필요하다.

   ex 비폭력에 대해 더 공부하고 싶어 읽은 책으로 '비폭력은 결코 겁쟁이가 하는 행동이 아니다.' 부분이 가장 인상 깊었습니다. 비폭력 행동의 대부분은 합법적이지만, 반드시 그렇지만은 않았습니다. 예를 들면, 비폭력 점거와 같은 갖가지 합법적 수단을 시도한 후에 최후의 수단으로 비합법적 행동을 감행하는 경우가 있다고 합니다. 이렇게 최후의 수단으로 선택할 경우에는 충분한 준비와 내부의 토론을 거듭하고 구성원이나 동료들의 찬성과 지지를 얻어야한다는 것을 알게 되었습니다. 또한, 비폭력 행동의 여러 방법이삽화로 들어와 있어 인상적이었습니다. 항의의 포스터를 붙이거나깃발을 내건다. 서명활동. 대중 청원 행동 등 여러 가지 방법들이제시되어 있었습니다.

3. 책을 통해 변화된 점, 느낀 점은 중요

책의 내용, 동기보다 중요한 것은 느낀 점이다. 면접관들은 독서를 통해 학생들에게 어떠한 변화가 일어났는지에 초점을 두고 평가한다. 따라서 책을 통해 느낀 점은 최대한 구체적으로답변해야 한다.

> **ex** 저는 이 책을 통해 역사가 말해주듯 폭력은 끝없이 악순환되고, 고리를 끊는 길은 오직 비폭력에 바탕을 둔 이해와 사랑이며 그것이진정한 평화와 번영을 이룬다는 것을 깨달을 수 있었습니다.

7 대학 입학 후 진로계획 및 학업계획

대학에서 학업계획, 진로계획을 묻는 이유는 지원자가 학교에서얼마만큼의 성장을 할 수 있는가를 평가하기 위함이다. 학생이 얼마나 진지하게 진로에 대해 고민을 했느냐에 관한 것이다. 따라서 어떻게 학문을 연구해나갈 것인지 의지와 열정을 표현하는 것이 중요하다.

대학 입학 후 진로계획의 경우 자기소개서 4번 문항에 서술되어있는 경우가 많다. 따라서 자기소개서 4번 문항을 반복하여 읽고 가도록 하자. 위의 질문의 경우 구체적으로 언급을 해준다면 더욱 좋다. '나는 커서 멋진 사람이 될 거예요.'라는 추상적인 이야기보다는이 학문을 왜 배우고 싶고, 이 학교의 어떤 커리큘럼, 시스템을 통해자신의 꿈을 이뤄나갈 것인지에 대해 구체적으로 이야기해야 한다.

진로계획, 학업계획의 경우에는 각 학과, 학교 파악이 우선되어야한다. 학과, 학교의 커리큘럼을 비롯하여 동아리 활동, 학과, 학교 행사 등 중에서도 본인의 진로와 연관 있는 것이라면 하나의 진로, 학업계획이 될 수 있다. 각 학교, 학과 재학생이나 주변 사람들에게 질문하여 조사하는 것도 좋은 방법이다. 조사한 것을 바탕으로 자신의 직업관, 가치관, 목표와 연관 지어 학업계획, 진로계획을 작성하는 것이 필요하다. 답변은 우선 자신의 가치관, 목표, 직업관을 이야기하고, 조사한 것과의 연결고리를 찾아 작성하는 것이 가장 올바른 구성이다. 또한, 학년별로 나누어 체계적으로 학업, 진로계획을 작성하는 것도 좋고, 대학 졸업 후의 목표까지 구체적으로 답변한다면 뚜렷한 진로를 가진 학생으로 높은 평가를 받을 것이다.

예시 답안은 이렇다.

Ⓠ 숭실대학교 국제법무학과에서의 진로계획, 학업계획에 대해 말씀해주세요.

Ⓐ

1. 지원자의 가치관: 진로계획, 학업계획에서 가장 중요한 것은 본인의 가치관이다. 학업계획, 진로계획은 모두 가치관에서 시작된다. 따라서 자신의 진로, 학업에 관해 어떠한 생각을 가지고 있는지 구체적으로 표현하는 것이 필요하다.

   ex 저는 미국로스쿨 진학에 가장 중요한 것은 학점인 만큼 학과공부에 모든 노력을 투자할 것입니다.

2. 관련 동아리 활동: 대학의 동아리는 재학생들에게 페이스북 검색 또는 여러 가지 방법을 통해서 직접 연락하여 알아보는 방법이 있다. 또는 대학교, 학과 홈페이지에 들어가서 동아리에 대한 정보를 얻을 수 있다. 동아리 활동의 경우 아직 경험해보지 못했기에 정확하게 동아리에서 무슨 일을 하는지에 대해 구체적으로 알지는 못하지만, 대략적으로라도 안다면 충분히 소재로 쓸 수 있다.

> **ex** 또한, 아시아법학생연합 ALSA에 들어가 국제법과 영미법에 관심을 가진 학생들과 스터디 그룹을 만들고 국제이슈와 연관시켜보는 활동을 진행할 것이며 전공과정에서 배울 수 없는 부분은 스스로 찾아갈 것입니다.

3. 주변 사람들을 통한 조사: 직접 학과에 대한 정보를 가지고 있는 선배, 교수 등에게 직접 연락하여 조사하는 방법이 있다.

> **ex** 그리고 해외 로스쿨을 준비하시는 선배들이 있다는 이야기를 들었습니다. 선배님들뿐만 아니라 교수님들께 조언을 구해 꿈의 방향성 설정에 도움을 받고 싶습니다.

4. 학년 별 학업계획: 학업계획의 경우 체계적으로 정리해서 이야기하는 것이 훨씬 깔끔하게 들린다. 또한, 학년 별로 나뉘어 구체적으로 학업계획을 설명한다면 학과, 학교, 진로에 관해 깊은 고민을 했음을 강조할 수 있다.

> **ex** 그리고 로스쿨 준비에 가장 중요한 영어공부에 학과공부에 투자한 노력만큼을 쏟을 것이며 되도록이면 1학년 때 토플과 로스쿨에서 요구하는 어학 성적을 만들고 싶습니다. 3, 4학년 때는 미국로스쿨 준비반에 들어가 LSAT를 공부할 것이고, 3학년때는 직접 부딪히면 눈으로 배우는 것보다 훨씬 효과가 크다는 것을 알기 때문에 국제모의재판 대회도 출전해보고 싶고, 4학년 때는 외교부 사법재판소 인턴파견 프로그램에 지원하여 외국재판소들의 여러 판례를 현장에서 공부하고 다양한 법적 개념의 이론들을 다른 인턴들과 토론하며 나누고 싶습니다.

⑧ 마지막으로 하고 싶은 말은 무엇인가요?

마지막으로 하고 싶은 말이라는 질문은 생각보다 중요하다. 마지막 질문으로 지원자의 이미지를 결정하는 핵심적인 요소로 작용할 수 있다. 지원 학교, 학과에 대한 열정, 포부를 드러내는 것이 중요하다. 다양한 구성이 가능하지만, 예시 답변을 통해 기본적인 답변의 구성을 알아보자.

이런 제게 숙명여대 법학부는 오아시스와 같았고 미국로스쿨을 체계적으로 준비해나갈 수 있겠다는 확신을 주었습니다.

→ 지원자의 목표에 지원학과, 학교가 얼마만큼 중요한지에 대해 연관 지어 설명한다.

저는 초등학교 1학년 때부터 12년동안 임원생활을 해오면서 지켜온 소신이자 친구들에게 인정받는 것 중 하나는 뱉은 말은 반드시 지키고 다음 학년으로, 다음 학교로 올라간다는 것입니다.

→ 지원자 본인의 장점을 드러내고 있다. 구체적인 사례를 통해서 신뢰성을 확보하고 있다.

그만큼 이 자리에서 말씀드렸던 이 학과에서 이뤄가고 싶은 계획과 목표는 변치 않을 것이며 그 누구보다 열심히 실현해나갈 자신이 있습니다.

→ 자신의 포부를 나타내고 있다.

숙명여대 법학부의 공부를 발판으로 first mover가 되어 국제인권변호사의 꿈을 이뤄갈 수 있는 기회를 꼭 주셨으면 좋겠습니다. 감사합니다.

→ 지원자 본인의 가치관을 드러내면서 동시에 간절함을 드러내고 있다. 마지막 하고 싶은 말에서는 본인의 가치관, 생각을 드러내는 것이 중요하다.

❾ 진로에 대한 질문

진로에 대한 질문은 면접에서 공통으로 출제되고 있다. 그만큼 면접관들은 진로에 대한 부분을 높게 평가하고 있다. 진로희망이 달라진 이유, 진로희망이 꾸준하게 이어진 이유, 진로를 갖게 된 계기까지 다양한 방식으로 진로에 대해 질문을 하고 있다. 예시 답변과 함께 구성 방식을 알아보도록 하자.

진로가 바뀐 이유에 대한 질문의 답변은 '처음 가진 진로에 대한 소개 – 계기와 생각 변화'의 흐름으로 구성되는 것이 일반적이다. 진로가 꾸준하게 이어진 이유, 진로를 갖게 된 계기도 비슷하게 구성된다.

검찰 수사관에서 국제변호사로 진로가 바뀐 친구의 예시 답변이다.

Q 왜 검찰 수사관에서 국제변호사로 꿈이 바뀌었나요?

A

1. 처음 검찰 수사관의 꿈을 가지게 된 계기: 먼저 기존의 꿈을 왜 갖게 되었는지 간단하게 표현하라. 기존의 진로에 대해서는 구체적이지 않고 간단하게 말하자.

   ex 검사가 정의롭게 수사 진행을 할 수 있도록 도와주는 검찰 수사관이 되고 싶다는 생각을 하였습니다.

2. 첫 번째 동기: 진로가 바뀐 계기를 작성하는 것이 매우 중요하다. 진로 변경의 계기는 단지 마음의 변화더라도 구체적으로 설명해야 한다. 마음의 변화라면 그 마음이 왜 변화하였는지 활동이나 외적인 요소를 통해 자세하게 설명해야 한다.

   ex 그 후, c&m 동아리를 통해 다양한 롤모델을 만나 그들과 이야기하며 꿈은 크게 꿔야 함을 말씀하셨습니다.

3. 두 번째 동기

   ex 그리고 우리는 희망을 변론한다라는 책을 읽게 되며 인권변호사라는 직업을 알게 되었고, 소외된 사람에 힘이 되고 싶다는 제 가치관과 가장 잘 맞는 직업이라는 생각이 들었습니다.

4. 세 번째 동기

ex 그 후, 동아리 활동에서 탈북자 인권유린 심각성에 대한 연설영상을 보게 되었고 이 외에도 많은 난민들이 인권유린을 당하고 있음을 알게 되었습니다. 그들을 도울 수 있는 방법의 업무와 서류의 진행은 모두 영어로 진행되고, 국제사회 속 대부분의 판례는 영미법에 근거함을 알게 되었습니다. 그래서 미국변호사 즉, 국제변호사라는 직업을 가지게 되었습니다.

제 4 장

개별 문항(자기소개서, 생활기록부) 및 답변 작성하기

I 자기소개서 기반 면접 준비하기

① 예상 질문 만들기

　　면접 대비에서 가장 중요한 것은 예상 질문 만들기이다. 어떠한 예상 질문을 만들어 대비하느냐에 따라서 면접의 결과가 달라질 수도 있다. 예상 질문을 만드는 양과 시간은 학생의 유형에 따라 길고 짧음이 결정된다.

　　문항별 예상 질문을 만드는 과정을 차근차근 설명하도록 하겠다.

(1) 1번 문항 질문 만들기

　　자기소개서 1번 문항의 경우 고등학교 재학 기간 중 학업에 기울인 노력과 학습경험에 대해 배우고 느낀 점을 중심으로 기술하는 것이다. 즉, 1번 문항은 학업역량을 평가하기 위한 문항이다.

그렇다면 1번 문항의 예상 질문을 만들 때 어떤 부분에 초점을 맞추어야 하는가. 지원자가 공부에 대한 어떠한 방법이 있는지, 전반적인 학업역량에 대해 파악하기 위한 질문을 한다.

자기소개서 1번 문항에 자신만의 공부법을 작성한 경우, 그 공부법을 통해 얻은 것, 공부법 터득 방법, 공부법의 구체적인 실천 경험 등을 질문할 가능성이 크다. 한편, 활동을 통해 학업역량을 드러낸 경우, 활동에서 배운 것들과 이를 통해 변화된 것 등을 질문할 가능성이 크다.

공부법을 주 소재로 1번 문항을 작성한 경우에는 자신의 공부법이 구체적으로 어떤지에 대해서 스스로 정리하며 면접을 연습하여야 한다. 또한, 이러한 공부법을 실제로 어떻게 적용하였는지 구체적인 사례를 통해 표현하는 것이 필요하다. 가장 중요한 것은 이러한 공부법으로 얼마만큼 성장하였는지 이다.

가장 좋은 사례는 공부법 전환이 성적 향상으로 이어진 것이다. 다음으로는 활동을 주 소재로 선정하여 작성한 경우 활동에 대한 정확한 이해가 필요하다. 본인이 작성한 소재인 활동에 관해서는 활동 동기－내용－느낀 점, 깨달은 점을 중심으로 정리해보는 것이 좋다.

(1-1)

자소서 예시

① 어릴 적부터 변호사를 꿈꿔온 저는 법과 정치 공부를 즐겼고 법학 서적을 보며 이론을 열심히 공부해왔습니다. 뉴스를 볼 때면 법을 통해 사건을 해결해나가는 과정이 신기했고 많은 조항을 어떻게 적용할 수 있는지 궁금했습니다.

→ 자기소개서의 문단을 나눈 후에 예상 질문을 뽑도록 한다. 위의 내용의 경우에는 키워드는 법학 공부에 흥미가 있었다는 것이다. 따라서 법학에 왜 관심을 가지게 되었는지 그 계기와 동기에 대해 물어볼 가능성이 크다.

→ 예상 질문: 법과 정치를 공부하며 가장 기억에 남는 부분은

무엇인가요? 관심 있게 읽은 법학 서적은 무엇인가요? 이를 통해 느낀 점은 무엇인가요? 변호사를 꿈꿔온 이유는 무엇인가요? 가장 기억에 남는 법 관련 사회적 이슈가 있나요? 이에 대한 자세한 내용을 설명해주세요. 이에 대한 생각, 의견은 무엇인가요?

② 그러던 중 선생님의 권유로 '전국 고교 법치캠프'에 참가하게 되었습니다. 저는 '사산된 태아의 손해배상청구권에 대한 인정 여부' 토론에서 반대 측 반론을 맡게 되었습니다. 예행연습 전, 손해배상청구권을 인정하지 않은 헌법재판소 판례 등 관련 조사를 하였지만 살아서 출생한 경우에만 이를 인정하는 것은 제762조의 취지를 축소하는 것이라는 상대측의 공격에 반론하지 못했습니다.

→ 위 문단의 경우에는 전국 고교 법치캠프 참여에 관한 내용의 시작 부분이다. 따라서 법치 캠프 참여의 동기, 활동 내용, 느낀 점을 중심으로 면접이 진행될 가능성이 크다. 또한, 활동에서 지원자 본인의 역할에 대한 질문으로 이어질 확률이 크다. 1번 문항에서 활동을 소재로 잡은 경우, 활동의 계기, 내용, 느낀 점을 중점으로 정리하며 면접을 준비해야 한다. 활동을 통해 학업 역량을 드러내는 것이 꼭 필요하다.

→ 예상 질문: '전국 고교 법치 캠프'가 무엇인가요? 예행연습 전에 손해배상청구권을 인정하지 않은 헌법재판소 판례를 조사하였다고 하는데, 그 외에 조사한 것은 무엇이 있었나요? 살아서 출생하는 경우에만 이를 인정하는 것이 왜 제762조의 취지를 축소하는 것인가요? 민법 제762조가 무엇인가요?

③ 그때 조력자 역할을 해주셨던 인권 전문 변호사님께서 같은 법 조항이더라도 다르게 해석될 수 있음을 가르쳐주셨고 상대 측 시각에서도 문제를 바라보기 시작했습니다. 실전 토론에서 상대측은 태아 생명 보호를 위해 국가에 요구되는 최소한의 보호조치마저 취하지 않은 것이라고 주장했습니다. 저는 민법 762조를 해석하기에 앞서 민법 3조를 전제로 해야 함을 주장하고 형법, 모자보건법의 관련 규정을 통해 태아 생명에 직접적 침해위험을 규범적으로 충분히 방지하고 있음을 근거로 반론했습니다. 그 후, 예상 입론을 파악하여 그에 대한 반론을 확실히 준비할 수 있었습니다. 법의 여러 측면을 들며 논리적인 반박을 표했고 최고의 토론자로 선정되었습니다.

→ 1번 문항의 경우에는 어려움을 겪을 때 주변의 도움을 구하거나 여러 활동을 통해 깨달은 점을 바탕으로 이를 극복하곤 한다. 따라서 그 구체적인 과정에 대한 면접 질문으로 이어질 가능성이 크다.

→ 또한, 관심 분야에 대한 탐구를 주 소재로 삼는 경우가 많으므로 관련 지식에 관해서는 정확하게 알아야 한다. 위 자소서의 예시처럼 민법의 조항 등 자소서 소재로 사용한 전문 용어에 대해서는 명확한 공부가 필요하다.

→ 예상 질문: 같은 법 조항이더라도 다르게 해석될 수 있는 예시를 들어주세요. 파악한 예상 입론은 무엇인가요? 이에 대해서 어떻게 반론했나요? 민법 762조, 민법 3조는 무엇이었나요? 민법 3조를 토대로 민법 762조를 해석해야 함을 주장하였는데, 자세하게 설명해주세요. 형법, 모자보건법의 관련 규정에 관해 설명해주세요. 낙태에 관한 법률에는 무엇이 있나요? 최고의 토론자로 선정되었는데 그 이유가 뭐라고 생각하나요?

④ 법률이론을 알면 모든 것이 가능하다고 생각했습니다. 하지만 가장 필요한 것은 논리적 사고였고, 수학 풀이를 할 때 자연스럽게 여러 이론을 떠올리는 것처럼 법률실무도 같은 과정에 의해 해결될 수 있음을 알게 됐습니다. 또한, 태아가 사산된 상황을 설정하는 과정에서 더 나아가 낙태를 윤리적 측면으로 바라보았고 사회에서 실력도 중요하지만, 윤리적으로도 인정받는 변호사가 되어야 함을 느꼈습니다. 그렇게 윤리와 사상 주제탐구 수행평가에서 시사 문제를 윤리적으로 접근해보고 이와 관련된 질문을 하며 올바른 윤리적 가치관을 가진 사람이 되기 위해 노력했습니다. 그렇게 윤리와 사상 주제탐구 수행평가에서 시사 문제를 윤리적으로 접근해보고 이와 관련된 질문을 하며 올바른 윤리적 가치관을 가진 사람이 되기 위해 노력했습니다.

→ 예상 질문: 법 공부와 논리적 사고의 연관 점은 무엇인가요?, 낙태에 관한 자신의 의견, 생각은 무엇인가요? 낙태를 윤리적 측면으로 바라보았다고 하는데 이에 관해 자세하게 설명해주세요. 윤리와 사상 주제탐구 수행평가에서 어떤 시사 문제를 윤리적으로 접근해보았나요?

그 시사 문제에 관한 자신의 의견, 생각은 무엇인가요? 윤리적 가치관을 가진 사람이 되기 위해서 어떤 노력을 했나요?

준비 시간이 없는 학생: 키워드로 질문 뽑기!

위 자기소개서의 경우에는 '법학', '전국 고교 법치 캠프', '사산된 태아의 손해배상청구권에 대한 인정 여부' 토론, '낙태', '윤리와 사상 주제탐구 수행평가'가 핵심 키워드입니다. 이 키워드를 중점으로 예상 질문을 만들어주세요.

---

1. 자신이 읽은 법학 서적은 무엇이었고, 이를 읽고 느낀 점은 무엇인가요?
2. 법 관련 사회적 이슈 중 가장 관심 있게 본 것은 무엇이었고, 이에 대한 생각, 의견은 무엇인가요?
3. 전국 고교 법치 캠프에서 실시한 '사산된 태아의 손해배상청구권에 대한 인정 여부' 토론에서 자신의 역할은 무엇이었고, 이를 위해 어떠한 노력을 했나요?
4. '사산된 태아의 손해배상청구권에 대한 인정 여부' 토론에서 자신의 의견은 무엇이었나요?
5. 낙태에 대한 생각, 의견은 무엇인가요?
6. 윤리와 사상 주제탐구 수행평가에서 한 활동에 관해 설명해주세요.

---

(2) 2번 문항 질문 만들기

자기소개서 2번 문항의 경우 고등학교 재학 기간 중 본인이 의미를 두고 노력했던 교내 활동을 배우고 느낀 점을 중심으로 3개 이내를 기록하는 것이다. 이는 전공에 대한 역량, 발전 가능성, 지원자의 가치관, 노력 등을 파악하는 질문으로 이어진다. 교내 활동에서 배우고 느낀 점이 소재인 만큼 구체적인 활동 경험과 느끼고 배운 점들에 관해 질문할 가능성이 크다. 그래서 자신이 소재로 작성한 활동에 대해서는 확실하게 인지하는 것이 좋다.

2번 문항의 경우에는 크게 ① 전공 적합도를 물어보는 문제, ② 활동 문제 사실 여부를 물어보는 문제, ③ 활동의 과정과 동기를 물어보는 문제로 나뉜다.

우선 전공 적합성을 많이 보는 2번 문항의 경우에는 전공 적합성 관련 질문이 많이 나온다. 전공 적합성 관련 질문은 즉, 전공에 대해 얼마만큼의 깊이 있는 탐구를 했느냐에 초점이 맞추어 나온다. 따라서 전공 관련 활동을 했다면 그 활동에 관해서는 자신이 한 활동이기 때문에 완벽하게 그 내용을 숙지, 이해해야 할 것이다. 그리고 전공에 대한 기본적인 사회적 이슈나 현상, 또는 기초 지식 정도는 기본적으로 알아야 한다. 다음은 활동 문제 사실 여부를 물어보는 문제이다. 활동을 정말 본인이 한 것인지, 활동에 대해 얼마만큼의 이해를 하고 있는지 파악하기 위함이다. 따라서 자신이 한 활동, 특히 자기소개서에 기록한 활동에 관해서는 확실한 이해가 필요하다. 또한, 활동 동기-활동 내용-느낀 점, 깨달은 점의 구성으로 활동에 대해 정리해보는 것이 좋다. 활동의 과정과 동기를 물어보는 문제와는 비슷한 맥락이다.

(2-1)
자소서 2인 예시
① 법, 외교 동아리에서 국제사회를 주제로 발표 활동을 하였습니다. 중동, 아프리카에 반인륜적 행위가 발생하는지에 대한 궁금증 해결을 위해 IS에 대해 다루기로 하였습니다. 조사과정에서 IS의 비인도적 행위는 국제인도법 조항에 크게 반하고 있음을 알게 되었습니다. 이 계기로 국제법에 대해 더 알아보고 싶었고 이것이 법적 재판권은 있지만, 구금 가능한 구속력이 없어 처벌을 이행하는 것도 그들의 자유라는 것을 알게 되었습니다. 저는 국제법의 필요성에 의문이 들었습니다.

→ 활동 중심의 서술로 이어지는 2번 문항의 면접 예상 질문 뽑기의 경우에는 활동의 흐름을 이해하는 것이 중요하다. 활동의 동기-활동 내용-활동을 통해 느낀 점의 흐름으로 정확하게 이해하고 있어야 면접에서 어떤 질문이 나오든지 자연스럽게 대답할 수 있다.

→ 예상 질문: 자신이 생각하는 국제사회가 무엇이라고 생각하나요? IS의 비인도적 행위가 국제인도법의 조항에 크게

반하고 있는 이유가 무엇인가요? 국제법에 관해 알고 있는 대로 설명해주세요. 국제법의 필요성에 의문이 든 계기를 설명해주세요.

② 미국 변호사님께 직접 연락해 이 법은 반인도적 문제를 국제적으로 공론화하고 유엔 회원국들은 IS 제재 결의안과 같이 해결 방안을 모색하고 있음을 알게 됐습니다. 국제법에 매력을 느꼈고 '조용하지만 강한 국제법'의 제목으로 발표했습니다. 법을 이용해 국제적 문제 해결이 가능함을 배웠고 여러 나라의 법도 함께 공부해 공론화된 문제에 구체적인 해결책을 찾아가는 변호사가 되겠다고 다짐했습니다.

→ 활동에 꼬리 질문을 달아 연습하는 것이 필요하다. 활동 내용이 구체적으로 작성되어 있지 않는 자소서의 경우에는 활동 내용 중심의 질문을 할 가능성이 크다. 만약 발표 주제를 선정하였다면 그 계기와 발표 내용에 대해 질문할 것이다. 본인의 자소서에 계속하여 꼬리 질문하여 연습을 하는 것은 매우 중요하다.

→ 이과 친구들은 자기소개서 2번 문항에 과학 실험에 대해 작성하는 경우가 많다. 실험의 흐름을 정확하게 이해하고, 그 과정과 실험 할 때 본인의 역할, 실험을 통해 깨달은 점, 어려웠던 점을 중심으로 예상 질문을 만들어라.

→ 예상 질문: 미국변호사님께 어떻게 연락한 것인가요? 국제법이 어떻게 반인도적 문제를 국제적으로 공론화하고 있나요? 유엔 회원국들이 모색하고 있는 해결방안에는 무엇이 있나요? 조용하지만 강한 국제법이라고 제목을 정한 이유는 무엇인가요? 국제법에 왜 매력을 느끼게 되었나요? 발표 내용은 무엇이었나요? 발표를 준비하면서 어려웠던 점은 무엇이고, 어떻게 해결해나갔나요? 법을 이용해 어떻게 국제적 문제를 해결할 수가 있나요? 그 구체적인 예시가 있나요?

③ 꿈을 찾아가는 과정에 재미를 느끼고 더 나아가 사회에서 필요로 한 일을 하고 싶었습니다.

그 후, ****여름캠프에서 '인류의 문제를 해결하라.'의 메이커톤에 참여하였습니다. 의미 있는 기여가 가능한 아이디어를 생각해내 결과물까지 만들어야 하는 것이 흥미로웠습니다. 주제회의에서 저소득층 가구를 중심으로 한 전기 누진세 문제와 층간소음으로 인한 이웃 싸움 문제의 해결책 마련을 주장하고 이웃 간, 사회 계급 간의 현실문제에 대해 다뤄보자는 의견을 내세웠습니다.

→ 자기소개서에서 전기 누진세 문제, 층간소음 등 사회적 이슈, 현상과 관련 작성이 이루어진 경우, 이에 대한 숙지는 필수이다. 사회적 이슈에 관한 내용을 아는 것도 좋지만, 이에 대한 본인의 생각 정리가 더욱 중요하다. 찬반으로 논쟁이 갈리는 사회적 이슈의 경우에는 본인의 입장을 풀어내는 것도 좋지만, 반대 측에서 본인의 입장을 바라보며 꼬리 질문을 하는 등의 방법을 통해 면접을 연습하는 것이 좋다.

→ 예상 질문: 메이커톤이 무엇인가요? 저소득층 가구를 중심으로 한 전기 누진세 문제에 관해 설명해주세요. 이에 관한 자신의 의견, 생각은 무엇인가요? 저소득층 가구를 중심으로 한 전기 누진세 문제에 관해 설명해주세요. 이에 관한 자신의 의견, 생각은 무엇인가요?

④ 이과 친구들의 도움에 힘입어, 위층에서 소음이 발생할 때 경고등이 켜질 수 있도록 리틀비츠로 '벨벨벨'을 구상하고 적정기술인 모저램프를 모방해 자연채광이 핵심인 'Light House'의 아이템을 만들었습니다. 이는 사회문제를 직접 변화시켜낼 가능성을 느낄 수 있어 보람찼습니다. 피드백으로 현실성의 부족함을 지적받았는데, 실현 가능성을 위해서는 이에 맞는 법, 정

책적인 면도 고려해야 함을 알게 됐습니다. 기술이 개발되고 이를 사회에 적용할 때도 법적인 문제가 따름을 깨닫고 법을 통해 소외된 계층에게 도움을 주고 싶다는 강한 의지를 다질 수 있었습니다.

→ 예상 질문: 리틀 비츠 '벨벨벨'에 관해 설명해주세요 모저램프가 무엇인가요? Light house 아이템에 관해 설명해주세요. 활동 과정에서 어려웠던 점은 무엇이었고, 이를 어떻게 해결하였나요?

⑤ 차기 회장단 선거에 공청회와 공약토론을 제안, 실시한 것은 법을 공부한다는 것이 사회를 위한 일임에 확신을 준 활동이었습니다. 담당 선생님께서 특정 질문자, 학년에 질문이 편중됐던 작년의 문제를 언급하시며 연설만 진행해서 바로 투표를 진행하자고 하셨습니다. 저는 연설만으로 그 사람의 가치관과 리더십을 파악하기 힘들다고 주장했고, 설득 끝에 공약토론과 공청회를 진행하기로 했습니다.

→ 예상 질문: 법을 공부하는 것이 왜 사회를 위한 일이라고 생각하나요?, 연설만으로 왜 파악하기가 힘들다고 주장한 것인가요? 공청회와 공약토론이 왜 필요하다고 생각했나요? 이 과정에서 학생들의 반대는 없었나요? 있다면 어떻게 해결하였나요? 어떻게 설득했나요?

⑥ 회장단이 선출된 후, 후보자들이 결과를 떠나 서로를 축하, 격려해주는 모습을 보았습니다. 선거관리규정 안에서 질문 받는 횟수와 발언 시간을 철저히 하며 공정선거로 이끈 것이 뿌듯했고, 법의 상징인 저울처럼 공평한 법 집행 시, 자연스럽게 공정사회는 만들어지고 사회질서가 유지될 수 있음을 깨달았습니다. 이 과정들은 정의로운 변호사가 되어야겠다는 소중한 방향키를 주었고, 꿈으로 가는 길을 계속 만들어가겠다는 다짐을

했습니다.

→ 예상 질문: 어떻게 공정선거로 이끌었는지 자세하게 설명 해주세요. 저울이 법의 상징인데 그 이유는 무엇인지 아나 요? 공정사회가 무엇이라고 생각하나요? 정의로운 변호사 는 무엇이라고 생각하나요?

2번 문항 키워드로 질문 뽑기

위 자기소개서의 경우에는 '국제사회 주제발표', '국제법의 필요 성', '****여름캠프 메이커톤', '누진세 문제', '층간소음', '법과 정 책', '기술개발과 법', '공청회와 공약토론'이 핵심 키워드입니다. 이 키워드를 중점으로 예상 질문을 만들어주세요.

1. 법, 외교 동아리에서 실시한 국제사회 주제 발표에 관해 구체적으로 설 명해주세요.
2. 국제법이 왜 필요하다고 생각하나요?
3. 국제법에 관심을 가지게 된 계기가 무엇인가요?
4. ****여름캠프 메이커톤에서의 역할은 무엇이었나요?
5. ****여름캠프 메이커톤을 하며 어려웠던 점은 무엇이고, 이를 어떻게 해 결했나요?
6. 누진세 문제, 층간소음에 대한 자신의 의견, 생각은 무엇인가요?
7. 법과 정책이 왜 필요하다고 생각하나요?
8. 기술 개발과 법의 연관점은 무엇이라고 생각하나요?
9. 공청회와 공약토론이 필요한 이유는 무엇이라고 생각했나요?
9-1. 설득 과정에서 어려웠던 점과 해결 방법은 무엇이었나요?

(3) 3번 문항 질문 만들기

자기소개서 3번 문항의 경우 학교생활 중 배려, 나눔, 협력, 갈등 관리 등을 실천한 사례를 작성하는 것이다. 이는 혼자만의 경험이 아닌 타인과 함께해야 가능한 경험으로 집단에서의 모습을 입학사 정관이 알고자 한다. 그래서 지원자의 가치관, 인성을 초점으로 하여 면접 예상 질문을 뽑아낼 수 있다.

3번 문항의 경우 크게 ① 활동 사실 여부 확인하는 문제, ② 가치관을 파악하는 문제로 나뉜다. 활동 사실 여부를 확인하는 문제는 말 그대로 활동에 대한 구체적인 질문이다. 활동 동기 − 내용 − 느낀 점, 깨달은 점을 중점으로 정리하는 것이 좋다. 가치관을 파악하는 문제는 지원자의 인성 파악을 위함이다. 가치관을 파악하는 문제는 대부분 정해진 답이 없는 경우가 많다. 따라서 본인의 생각을 두괄식으로 정리하여 말하는 연습이 필요하다.

(3-1)

자조서 예시

① 법에 무지한 친구들을 위해 법률사무소 활동을 추진하였습니다. 법 조항이 방대하여 학생으로서 가질만한 고민과 관련 법 조항을 찾아놓고, 그중 비슷한 고민을 찾아 이에 대한 법적 지식을 얻어가는 방식으로 진행하였습니다. 기획과정에서 역할 분담을 했지만, 점검과정에서 몇 부원들의 소홀함으로 전체에 차질을 주게 되었습니다.

→ 예상 질문: 법률사무소 활동 추진하면서 어떤 어려움이 있었고 이것을 어떻게 극복했나요? 학생으로서 가질만한 고민과 그와 관련한 법 조항에는 무엇이 있었나요?

② 그 원인은 무작위로 선택된 역할로 인한 의욕상실이었습니다. 이에 저는 개개인이 하고 싶은 일과 잘하는 일을 조사하여 그에 맞는 역할을 제안해주었습니다.

→ 예상 질문: 개개인이 잘하는 일, 하고 싶은 일을 조사하여 역할을 배정했다고 하는데 그 구체적인 예시에는 무엇이 있나요?

③ 그 후, 모두가 적극적인 자세로 임했고, 확실한 준비 덕에 많은 전교생이 참여하였습니다. 각자의 역할에 충실하며 그 과정에서 즐거움이 따를 때, 협력의 가치가 배가 됨을 깨달았습니다. 또한, 법조인의 역할을 맡으며 배움을 나눌 수 있어서 뿌듯했고, 고민을 들어주는 과정에서 남의 의사와 상관없이 먼저 손을 내미는 것이 아니라 기다림의 자세를 아는 것이 진정한 배려임을 알게 되었습니다.

→ 예상 질문: 법률 사무소 활동을 통해서 깨닫게 된 점은 무엇인가요?

④ 추상적인 꿈만 갖고 구체적인 계획이 없던 친구들을 위해 진로 탐색 동아리를 만들었습니다.

→ 예상 질문: 어떤 진로 탐색 동아리인가요? 동아리 설명을 해주세요.

⑤ 직접 롤모델을 인터뷰하는 활동으로 서로 다른 분야의 사람들을 인터뷰하기에는 개개인의 추진력과 용기가 필요했습니다. 하지만 부원들이 연락하는 것에 두려움을 느끼고 시도조차 하지 않는 모습을 보게 되었습니다. 활동하지 않는 친구들이 생겼고 불만도 많아졌습니다.

→ 예상 질문: 동아리를 추진하면서 힘들었던 점과 이것을 어떻게 극복했는지 알려주세요.

⑥ 이를 위해 부원들의 꿈을 조사해 희망하는 롤모델을 찾고, 인터뷰 약속을 잡아 주었습니다. 그리고 연락절차의 설명서와 비전 포트폴리오를 만들어 나눠주었습니다. 그 후, 구체적인 진로를 찾게 된 친구들은 제게 고마움을 전했습니다. 처음에는 관련 없는 롤모델을 함께 찾아뵙는 일이 시간 낭비라고 생각했지만, 친구들이 꿈을 이룰 수 있도록 도울 때 행복이 더 컸음을

느꼈습니다. 진로 고민에 공감하고 동아리 창설로 방향을 제시해준 것처럼 의뢰인의 아픔에 공감하며 법의 보호를 위한 구체적 방안제시, 합리적 판단을 해주고 그들의 삶을 긍정적으로 변화시키는 변호사가 되고 싶다고 다짐했습니다.

→ 예상 질문: 친구들의 진로에 변화를 준 구체적인 사례가 있나요? 어떤 변호사가 되고 싶다는 다짐을 하였나요?

3번 문항 키워드로 질문 뽑기

위 자기소개서의 경우에는 '법률사무소 활동', '인터뷰 동아리'가 핵심 키워드입니다. 이 키워드를 중점으로 예상 질문을 만들어주세요.

> 3번 문항의 경우 주로 인성평가/면접으로 이어지기 때문에
> - 법률사무소 활동을 하면서 어려웠던 점과 극복한 사례
> - 법률 사무소 활동을 통해 깨달았던 점
> - 인터뷰 동아리 활동을 하면서 어려웠던 점과 극복한 사례
> - 인터뷰 동아리 활동을 통해 깨달았던 점

(4) 4번 문항 질문 만들기

- 지원동기/학업, 진로계획

(4-1)

자소서 예시

① 사람의 마음을 치료하는 의사가 되기 위해 의과대학을 지원하게 되었습니다. 중학교 때 교과에서 나와 있던 장기려 의사의 일화를 보면서 막연하게 저도 다른 사람을 도울 수 있으면 좋겠다는 생각을 하였습니다.

→ 예상 질문: 장기려 의사의 일화는 무엇인가요? 이를 통해 느낀 점은 무엇인가요?

② 그 후 장애인과 같은 사회적 약자에 관심을 가지고 봉사활동을 다니며 그들을 이해하고 돕기 위해 노력했습니다. 이와 같은 과정을 통해 장애를 앓거나 아픈 사람들에게 직접적으로 도움이 되는 의사가 되겠다는 구체적인 목표를 설정하기도 했습니다.

→ 예상 질문: 사회적 약자와 관련한 봉사활동을 하였다는데, 어떤 봉사활동이었나요?

③ 그 후 매리 베셋의 강연 영상을 통해 의료격차와 사회구조에 의한 질병으로 고통 받는 사회적 약자가 많다는 것을 느끼게 되었습니다.

→ 예상 질문: 메리 베셋의 강연에 대해 설명해주세요. 이를 통해 느낀 점도 함께 이야기해주세요.

④ 해서 이러한 불평등한 사회구조 속에서 의료격차를 해소하기 위해 앞장서야겠다는 생각을 했고 구체적으로 의료보험에 대한 토론을 통해 생각을 정리했습니다.

→ 예상 질문: 의료보험에 대한 토론은 어떤 내용이었나요? 토론에서의 역할은 무엇이었고, 자신의 생각은 무엇이었나요?

⑤ 오바마케어를 토의 주제로 조사하면서 의료보험이 환자에게 얼마나 중요하게 작용하는지를 깨닫게 되었습니다. 미국과 우리나라의 의료 보험 시스템을 비교한 후 우리나라의 시스템이 적합하다고 생각했고 이는 의료민영화에 대한 반대로 이어졌습니다.

→ 예상 질문: 미국과 우리나라의 의료 보험 시스템에는 어떤 차이가 있나요? 의료 민영화에 대해 반대하는 이유는 무엇인가요?

⑥ 또 자율동아리 '의논'을 만들면서 인공지능, 인턴제도 등의 여러 논제를 두고 토의하고 생각해보는 시간을 가졌습니다. 이를 통해 제가 사회적 약자를 위한 의사가 되겠다는 생각을 굳히게 되었습니다.

→ 예상 질문: 의논 동아리에서 토의한 것 중 가장 기억에 남는 것은 무엇인가요?

⑦ 한편 제가 가진 질병 역시 저에게 의사라는 꿈을 향해 간절하게 다가가도록 해주었습니다. 저는 다한증이라는 질병을 앓고 있습니다. 이 병을 극복해 나가면서 인공심장 개발 연구와 다한증 치료 연구를 위해 힘쓰고 생명과 직결된 질병을 앓는 심장 질환 환자들을 위해 '흉부외과 전문의'라는 구체적인 목표를 정하게 되었습니다. 이러한 관심은 구체적인 공부로 이어졌습니다. 동아리 '유레카'에서 공부를 하며 줄기세포로 인공장기를 만들 수 있다는 사실에 흥미를 느꼈고 흉부외과에서의 줄기세포 이용방식에 대해 궁금해졌습니다. 그래서 '심부전에서 세포치료의 전망'이라는 논문을 공부하며 흉부외과 분야의 지식을 쌓으려 노력하였습니다. 이를 통해 줄기세포의 종류와 그 기능을 알 수 있었고 줄기세포를 투여하는 방식에 대한 의문점을 해결하였습니다.

→ 예상 질문: '심부전에서 세포 치료의 전망'이라는 논문의 내용은 무엇이었나요? 줄기세포에 관심이 많은 것 같은데 줄기세포에 관해 탐구한 내용이 있으면 이야기해주세요. 흉부외과 전문의라는 구체적인 목표를 정하게 된 계기를 자세하게 이야기해주세요.

⑧ 또한, WISET 팀제연구에서 햅틱장치를 연구하면서 VR이 의료 분야에 도움이 될 수 있을 것이라 생각하여 가상현실 치료법에 대해 찾아보았습니다. 가상현실 치료법이 정신적 질병 치료뿐

만 아니라 치료 통증을 완화하거나 재활 치료에도 도움이 된다는 것을 알 수 있었고 이를 수술 전 정서적 안정감 유발을 위해 활용하는 방법에 대해 생각해 보았습니다. 이후 저는 의료기술의 장점을 최대한 활용하고 4차 산업혁명으로 변해가는 사회에 발맞추어 의료 기술을 더욱 발전시킬 것을 다짐하였습니다. 이렇게 다양한 연구 활동을 진행하고 직접 치료하며 봉사하고자 하는 목표를 갖고 있고 이를 연세대학교에서 펼치고 싶습니다. 인공심장, 다한증 분야를 연구하고 있는 연세대학교에서 교수님들과 함께 연구하는 인재로 성장하여 모든 환자가 평등하게 치료를 받을 수 있도록 돕고 아픔을 이겨내도록 힘이 되어주는 의사가 되고 싶습니다.

→ 예상 질문: 어떤 의사가 되고 싶나요? 연세대학교에서 앞으로의 학업계획, 진로계획에 대해 이야기해주세요.

4번 문항 키워드로 질문 뽑기

위 자기소개서의 경우에는 '사회적 약자 관련 봉사활동', '매리 베셋의 강연', '의료보험 주제 토론', '자율동아리 의논', '흉부외과 전문의', '동아리 유레카'가 핵심 키워드입니다. 이 키워드를 중점으로 예상 질문을 만들어주세요.

> 3번 문항의 경우 주로 학업계획, 진로계획을 중심으로 질문이 출제됩니다.
> – 어떤 의사가 되고 싶나요?
> – 앞으로 대학에서의 계획은 어떻게 되나요?
> – 흉부외과 전문의가 되고 싶다고 생각한 이유는 무엇인가요?
> – 연세대학교에서 어떤 공부를 하고 싶나요?

2 예상 질문 답변 준비하기

예상 질문을 뽑는 것도 좋지만, 자기를 가장 잘 드러낼 수 있는 말로 답변을 준비하는 것이 더 중요하다. 제한된 시간 안에 말하고자하는 내용을 모두 전달해야 하기에 간결하게 말하는 습관을 들이는 것이 필요하다. 질문의 핵심을 우선 파악하고 자신의 주장과 생각을 말하고 이를 뒷받침할 수 있는 논거를 들어야 한다.

(1) 답변은 자신의 경험과 연관 지어라

누구나 할 수 있을 만한 답변에 자신의 견해를 뒷받침할 수 있는 구체적인 사례와 경험에서 끌어낸 근거를 붙인다면 나만의 답변이 될 수 있다. 예를 들어 양로원 봉사를 통해 무엇을 느꼈냐는 질문에 A 학생은 '봉사를 통해 배려의 자세를 배웠습니다.'라고 간결하게 이야기하고, B학생은 이에 더하여 봉사의 어떤 활동을 하여 배려의 자세를 배웠다고 이야기한다. 이때 누가 더 좋은 인상을 남길 수 있을까? 일반론으로 그칠 것 같은 내용이더라도 구체적인 나만의 사례를 든다면 나만이 할 수 있는 답변이 될 것이다.

(2) 지원학과에 열정을 비추어라

지원학과, 즉 자신의 전공에 대한 열정을 비추어야 한다. 건축학과에 지원하는 학생에게 가장 인상 깊었던 독서가 무엇이냐는 질문을 던졌을 때, 건축과 관련 없는 독서를 이야기하는 학생이 있다. 절대 안 된다. 답변은 무조건 전공, 지원학과와 연관 지어라. 전공 적합성뿐만 아니라 지원학과에 대한 호기심, 관심, 발전 가능성까지 드러낼 수 있다. 그렇다고 전공 지식만을 연관 지으라는 것이 아니다. 지원학과에서 추구하는 교육 이념, 인재상, 목표 등과 연관 짓는 것 역시 필요하다.

(3) 질문의 유형을 정확히 파악해라

관련 개념에 대한 질문은 기본 원리, 개념을 얼마나 확실하게 알고 있는가를 체크 하기 위함이다. 따라서 명확하고 짧고, 간결하게 개념을 밝힌 후, 자세한 설명을 덧붙이는 것이 필요하다. 한편, 관점에 따라 찬반이 엇갈리는 쟁점에 관한 질문을 하는 경우가 있다. 이런 경우에는 자신의 주장을 먼저 밝히고 이에 맞는 구체적인 사례, 근거를 드는 것이 필요하다. 면접관이 자신의 주장에 반박한다고 해도 자신의 주장을 확실히 어필하도록 하라. 마지막으로 여러 가지 의견을 말해야 하는 질문의 경우에는 중요도로 이야기하는 것이 좋다.

(4) 결론부터 말해라

구체적인 예시보다는 나의 주장, 핵심 문장을 먼저 밝히는 것이 좋다. 그 후에 구체적인 사례, 근거를 덧붙이도록 하자.

위에 예시로 들었던 자기소개서를 토대로 한 일부 예상 질문과 답변이다. 이를 보며 예상 질문에 대한 답변 작성의 감을 잡기를 바란다.

◎ 1 어떤 법학 서적을 읽어 보았나요?

질문의 출제 의도는 지원자의 학업역량을 파악하고 학교생활기록부, 자기소개서 서류상에 드러난 사실관계를 확인하기 위함이다. 또한, 법학과에 지원하는 학생의 지원학과에 관한 관심과 전공 적합성, 발전 가능성까지 파악할 수 있는 질문이다. 따라서 위 질문에 대한 답변으로는 '어떤 법학 서적'을 읽었는가. 어떤 법학 서적을 읽고 어떤 법학 관련 지식을 쌓았는가, 책을 읽은 후의 느낀 점에 초점을 맞추어 작성하는 것이 필요하다.

예시 답안은 이렇다.

Ⓐ1 저는 법과 정치를 공부하면서 의문이 드는 부분은 그와 관련된 책을 읽으며 이를 해결해 나갔습니다. 예를 들어, 법과 정치의 사회계약론에 대한 로크, 홉스, 루소의 입장을 파악하는 과정에서 루소의 입장이 가장 이해하기가 힘들었습니다. 그래서 장 자크 루소의 사회계약설 책을 읽어 보며 일반의지는 무엇을 결정하고 행동으로 옮기는 권력인 주권임을 배웠고, 이를 더 확장시켜 헌법 제1조 제 2항에 대해 생각해보는 시간을 갖게 되었습니다. 국민 주권 사상을 이야기한 루소의 사회계약론이 더 깊은 의미로 다가왔으며, 일반의지를 글로 적어놓은 것이 법으로, 일반의지를 잘 알고 실천할 수 있는 입법자를 선출해야 하고, 선출한 후에도 끊임없이 입법 행위의 감시와 평가가 필요하다는 생각을 하며 폭넓은 사고력을 키울 수 있었습니다.

💬 예시 답안 분석: 장 자크 루소의 '사회계약론'을 예시로 들며 자신이 배운 점과 느낀 점을 밝히고 있다. 또한, 마지막에는 폭넓은 사고력을 갖출 수 있었다는 내용을 통해 책을 읽고 변화된 점 역시 밝히고 있다.

여기서 잠깐! 독서에 관한 답변은 어떻게 하나요?

면접관이 독서 관련 질문은 책의 내용을 얼마만큼 알고 있나를 확인하기보다는 책의 내용을 얼마만큼 이해하고 있고, 깊이 있는 독서를 했느냐이다. 따라서 '어떤 책을 읽었다. ─ 어떤 내용이 인상적이었다. ─ 이를 통해 느낀 점은 무엇이었다. '의 형식으로 답변하는 것이 가장 올바른 방법이다.

독서에 관한 질문의 유형은 두 가지로 나뉜다. 면접관이 특정 책을 골라서 질문하는 경우, 아니면 포괄적으로 인상 깊은 책, 기억에 남는 책을 질문하는 경우이다. 전자의 경우에는 서류에 작성되어있는 독서 활동의 사실관계를 확인하기 위함이 크며, 특정 책의 대략적인 줄거리와 느낀 점에 관해 간략하게 기록해두며 답변을 준비하는 것이 좋다. 후자의 경우에는 전자의 경우와 마찬가지로 얼마만큼의 깊이 있는 독서를 했는지 알아보기 위함으로 지원학과, 관심 분야와 관련한 책을 이야기하는 것이 좋다.

ⓠ 2 뉴스를 볼 때 법을 통해 사건을 해결해 나가는 것 중 가장 기억에 남는 것은 무엇인가요?

질문 출제의 의도는 지원학과, 관심 분야에 대한 흥미, 관심도를 파악하기 위함으로 전공 적합성, 발전 가능성, 학업역량까지 파악할 수 있는 질문이다. 이와 같은 사회적 현상, 사회적 이슈에 관한 질문은 지원자의 가치관까지 파악할 수 있는 질문이다. 얼마나 사회적 현상, 이슈에 대해 알고 있는가를 떠나 그 내용에 대해 깊이 있는 생각을 해보았는지, 자신만의 근거, 의견이 있는지 정리하는 것이 더 중요하다. 질문의 핵심은 법과 관련 시사 중 관심 있는 부분이 있었는가를 알아보기 위함이다.

예시 답안은 이렇다.

Ⓐ 2 일명 '태완이 사건'이라고 일컫는 이 사건은 학습지를 하러 집을 나선 어린 태완이에게 범인이 황산을 끼얹은 사건입니다. 이 때문에 태완이는 49일을 버티다 세상을 떠나게 되었습니다. 태완이 사건에 대해 살인죄를 적용·기소하였으나, 15년이라는 공소시효 동안 범인을 잡지 못하였고 결국 시효가 만료되고 말았습니다. 그 후 공소시효 제도 자체에 대한 폐지론이 언급될 정도로 그 파장이 컸습니다. 국회도 이러한 국민들의 바람에 합리적인 선에서 부응하여 태완이법이 시

행되었습니다. 그로부터 살인에 대한 공소시효가 폐지되고 '장기미제사건전담반'이 만들어지며 현재까지 7건의 미제사건을 해결했다는 뉴스를 보았습니다. 이 사건이 가장 인상 깊습니다. 이 외에도 법을 통해 사건을 해결했다는 뉴스나 해결해나가는 뉴스를 볼 때마다 흥미로웠습니다.

💬 예시 답안 분석: 태완이 사건에 관해 이야기하면서 이 사건을 보며 느낀 점, 흥미 가진 부분에 관해 구체적으로 설명하고 있다.

이와 같은 질문과 유사한 질문으로는 '가장 기억에 남는 사회적 이슈는 무엇이며, 지원자의 생각은 무엇인가요?'이다. 전공, 지원학과 관련 시사는 최소 1~2가지 정도는 알고 있도록 하자. 사회적 현상, 이슈에 관한 내용도 중요하지만, 그것을 이해하고 그것에 관한 나의 생각을 정리하는 것이 필요하다.

⊘ 3 왜 상대측은 살아서 출생한 경우에만 이를 인정하는 것은 왜 제762조의 취지를 축소한다고 주장했나요?

질문 출제의 의도는 자기소개서 1번 문항에 작성한 것에 대한 사실 확인을 위해서이다. 또한, 활동을 얼마만큼 이해하며 깊이 있는 활동을 했는지를 알아보기 위함이다. 질문의 핵심은 '사산된 태아의 손해배상청구권 인정 여부'에 대한 토론에서의 상대측 주장이다. 지원자가 자기소개서 1번 문항에 직접 작성한 것에 대해 구체적인 질문을 한 것으로 위의 질문의 경우에는 활동을 반드시 하고, 이해해야만 답할 수 있다.

기본 소양 면접은 자기소개서나 학생부 등의 제출 서류를 토대로 이루어지기 때문에 자기소개서, 학생부에 기록된 활동 내용은 반드시 숙지하고 있어야 한다. 또한, 자신의 활동에 관해 깊이 있는 이해를 해야 한다.

예시 답안은 이렇다.

Ⓐ 2 민법 제762조는 태아가 출생하기 전에도 손해배상 청구권을 취득할 수 있는 권리능력을 인정하는 것이므로 민법 제3조에 대한 예외를 규정한 특별규정이라고 주장하였습니다. 그래서 살아서 출생한 경우에만 손해배상 청구권을 가진다고 해석하는 것은 태아의 존엄과 가치를 보호하려는 제762조의 취지를 축소시키는 것이라고 하였습니다.

💬 예시 답안 분석: 정확한 개념 설명을 통해 활동에 관해 정확한 이해를 하고 있음을 나타내고 있다.

💬 전공 적합성 관련 질문: 지원학과, 분야 관련 활동의 경우에는 면접 질문으로 나올 가능성이 매우 크다. 명확한 개념을 물어보는 질문의 경우에는 추상적인 대답을 하기보다는 확실한 개념 설명을 통해 구체적인 답변을 하는 것이 좋다. 자기소개서, 학생부에 기록된 활동을 기반으로 한 전문용어는 반드시 숙지하도록 한다. 전문용어 및 관련 기본 지식을 이야기하는 것이므로 간결하게 대답하도록 한다.

Ⓠ 왜 조용하지만 강한 국제법이라고 하였나요?

질문의 출제 의도는 지원자의 의견, 가치관을 알아보기 위함이다. 위 질문의 경우에는 지원자의 국제법에 대한 생각, 의견을 묻고 있다. 이러한 질문에 대한 답변은 자신의 핵심 의견을 먼저 내세운 다음 뒤이어 구체적인 이유, 사례를 덧붙이는 것이 중요하다. 또한, 관련 지식을 구체적으로 설명하기보다는 자신의 의견에 초점을 맞추어 개념에 대한 부분은 짧게, 이에 대한 의견은 길게 답변하는 것이 필요할 것이다.

예시 답안은 이렇다.

Ⓐ 국제법은 법적 강제성이 없는 법으로 법적 재판권은 있지만 구금할 수 있는 구속력을 실행하는 능력이 없고 처벌을 할 수도 그 처벌에 따라 이행하는 것도 그들의 자유라는 것을 알게 되었습니다. 소위 말해 판결을 불이행한다고 해도 강제적인 관할권을 가지지 않아 권고의 구속력은 없었고 지켜야 하는 것은 당사자의 자율이기에 안 지켜도 그만인 것이 국제법이었습니다. 한편, 국제법에 따른 처벌과 그 처벌을 이행하지 않았을 때 안보리는 제재 결의안을 발표하며 압박을 주었고, 국제적으로 공론화하고 있었습니다. 저는 강력한 구속력보다 국제적인 공론화가 많은 사람들에게 알려질 수 있어 더 강하고 큰 힘이 있다고 생각하였고 그리하여 조용하지만 강하다 라는 제목으로 발표하였습니다.

🗨 예시 답안 분석: 우선 국제법의 정의, 성격을 이야기하고, 그 후에 자신의 의견을 덧붙이고 있다는 점에서 간결하고 명료한 답변이다. 모호한 표현을 사용하지 않고 구체적인 예시를 통해 답변을 작성했다는 점에서 잘한 답변이다.

Ⅱ 학생부에 대한 면접 준비하기

학생 생활기록부는 지원자의 3년간 고교 생활을 기록한 것이며 대학에서 서류 심사를 할 때 굉장히 중요한 비중을 차지하는 것이다. 또한, 교사가 직접 작성하는 것으로 대학 측에서는 가장 신뢰할 수 있는 자료 중 하나이다. 면접관은 학생부에 관해 사실관계를 확인하고 학생부에 기록된 것의 뒷이야기에 초점을 맞추어 질문한다.

좀 더 세부적으로 학교생활기록부의 구성을 살펴보면, 10개의 항목으로 구성되어 있다.

1. 인적사항
2. 학적사항
3. 출결사항
4. 수상경력
5. 자격증 및 인증취득상황
6. 진로희망사항
7. 창의적 체험활동상황(자율활동, 동아리활동, 봉사활동, 진로활동/봉사활동실적)
8. 교과학습발달상황(교과성적분석표/세부능력 및 특기사항)
9. 독서활동상황
10. 행동특성 및 종합의견으로 돼 있다. 각 항목 별로 면접을 어떻게 준비하는 지에 대해 설명하겠다.

❶ 출결 사항

출결 사항은 학생부종합전형에서 지원자의 성실성을 파악할 수 있는 요소이다. 만약 개근했다면 개근도 또 하나의 지원자의 장점이 될 수 있다. 이러한 점에서 개근의 비결에 관해 면접관에게 질문을 받을 수 있다. 한편, 질병의 경우 특기 사항이 기재가 안 되어 있는 경우에는 질문을 받을 수 있다. 마지막으로 무단이 1~2회 정도가 아닌 3회 이상이 기재되어 있는 경우에는 질문을 받을 확률이 높다. 이럴 때는 불성실로 평가될 수 있으니 변하고자 노력했다는 점에 초점을 맞추어 답변하는 것이 좋다.

무단이 잦은데 그 이유는 무엇이니? (무단에 대한 이유)

무단이 기록되어 있지만, 특기 사항이 기재가 안 되어 있는 경우 그 이유에 관해 물어볼 가능성이 크다. 1~2번의 합리적인 이유에 의한 무단은 그럴 수 있기에 넘어갈 수 있지만, 잦은 무단의 경우에는 이에 대해 답변을 고민해보고 가야 할 필요가 있다. 무단이 잦을 경우에는 그 이유를 솔직하게 밝히고, 이에 대해 반성하고 바꾸기 위해 노력했다는 것을 강조하는 것이 좋다. 무단의 이유를 밝히는 것도 중요하지만, 그 후에 변화되기 위해 노력했다는 점에 비중을 두는 것이 필요하다.

❷ 수상경력

수상경력에서 가장 중요한 것은 수상 명과 등급이다. 수상 명에서는 어떤 대회인지를 통해 전공 적합성 등을 평가할 수 있으며 등급의 경우에는 우수성을 평가할 수 있다. 수상기록이 없어서 걱정하는 친구들이 많다. 열심히 참여했지만, 수상을 못 했음을 구체적으로 이야기를 한다면 성실성에서 높게 평가받을 수 있을 것이다.

수상경력에서 질문을 뽑고 답변을 준비할 때 주로 보아야 할 것은 수상 명이다. 전공과 관련 있는 활동 또는 과목에 관한 대회라면 전공 적합성에서 우수한 평가를 받을 수 있다. 이럴 경우, 상을 어떻게 받게 되었는지, 그 내용에 관해 질문을 받을 확률이 높다. 따라서 이 상을 어떻게 받게 되었는지의 계기, 내용, 느낀 점의 흐름으로 답변해야 한다. 이 외에 나의 학업역량을 드러낼 수 있는 활동의 경우 구체적인 대회의 내용, 인성 관련 활동의 대회의 경우에는 수상받은 이유에 관해 질문받을 수 있다.

다음으로 보아야 할 것은 등급이다. 우선 우수한 성적을 받은 경우, 우수성을 평가받을 수 있으며, 상을 받게 된 구체적인 내용을 질문할 것이다. 반대로 아쉬운 성적을 받은 상장의 경우에는 어떤 부분에서 이 성적을 받았다고 생각하고, 이를 보완하기 위해 어떠한 노력을 했는지 그 과정을 물어볼 것이다. 마지막으로 같은 대회에 연속적으로 참가했다면 왜 그 대회에 참가했는지를 물어볼 가능성이 크다. 특정 과목, 분야에 관한 같은 대회라면 관심사를 파악할 수 있다.

전공 관련 수상이 없다면 어떻게 해야 하는 걸까? 만약, 참여했지만 수상을 하지 못했다면 그 과정, 이유를 설명하면 되는 것이고,

만약 참여도 하지 않았다면, 동아리 활동, 자율활동 등 다른 활동을 통해 이를 채워 넣기 위해 노력했음을 강조하면 되는 것이다.

(1) 상이 많은데, 어떻게 이 많은 상을 받을 수 있었다고 생각하나요?/상이 적은데 그 이유가 무엇인가요?

상의 개수는 중요한 것이 아니다. 고교별로 운영하는 방식과 기준이 다양하기 때문이다. 따라서 수상 개수, 수상 등위를 평가하기보다는 지원자가 얼마만큼 대회에 참여하기 위해서 노력을 했는지를 평가하고자 한다. 따라서 자신이 주어진 환경 내에서 얼마만큼의 노력을 했는지 구체적으로 설명하는 것이 필요하다. 상이 많다면 그만큼 적극적으로 대회에 참여하기 위해 노력하면서도 지원자의 역량이 대회를 통해 인정된 것을 증명하고 있다. 따라서 지원자의 학업역량, 전공 관련 대회의 수상이 많다면 전공 적합성/발전 가능성, 적극성, 성실성까지 어필할 수 있는 좋은 기회이다. 그 이유에 대해 면접에서 묻는 경우가 많은데, 겸손하게 자신의 성실성, 적극성을 밝히는 것이 중요하다. 모든 대회 참여를 위해 노력한 과정에 대해서 구체적으로 이야기하라. 만약 상이 적은데 수상 실적이 미흡했을 뿐, 적극적인 참여를 했다면 그것을 어필하도록 해라. 상이 적더라도 주어진 환경 안에서 끊임없이 도전, 노력하는 자세와 관심 분야에 대한 지속적인 탐구의 모습을 충분히 보일 수 있다.

(2) **대회에서 **상을 받을 수 있었던 이유가 무엇인가요?/ **대회에 대해 구체적으로 이야기해주세요.

수상경력을 면접 준비할 때 건너뛰는 학생들이 꽤 많다. 절대 안 된다. 대회마다 자신의 역할, 과정을 간단하게 기록하는 것이 필요하다. 위 질문의 의도 핵심은 어떤 대회인지보다는 대회를 통해 학생에게 어떤 변화가 일어났는지를 알아보기 위함이다. 또한, 대회에서 학생의 역할은 무엇이었고, 이를 얼마만큼 성취했는지를 알아보기 위함이다. 따라서 대회 자체를 설명하기보다는 이 대회를 왜 출마하게 되었고, 대회에서 어떤 역할을 했는지, 이를 통해 무엇을 배웠는지 구체적으로 답변해야 한다.

3 진로 희망 사항

진로 희망 사항에서는 가장 초점을 맞추어야 할 부분이 진로 희망 사유의 변화이다. 1, 2, 3학년 전 학년이 같은 진로일 수도 있겠지만, 다른 진로일 가능성도 크다. 이러할 경우 진로 변화의 이유, 계기를 물어볼 확률이 높다. 답변을 준비할 때는 단순히 마음의 변화, 부모님의 설득 등을 이야기하는 것보다는 학생부, 자기소개서에 기재되어 있는 구체적인 활동, 사례를 통해 답변하는 것이 바람직하다. 위 생활기록부 학생의 경우에는 '우리는 희망을 변론한다,'의 책을 읽고 변호사에 관심을 보이고, 그 후 북한 탈북 난민 관련 동아리 활동을 통해 국제변호사라는 구체적인 꿈을 가지게 되었다. 이처럼 구체적으로 진로 변경 계기에 관해 설명하는 것이 필요하다.

(1) A의 꿈에서 왜 B라는 꿈으로 바뀌었나요?

진로의 변화에 관한 질문이다. A에서 B로 진로가 변경된 이유를 묻고 있다. 이러한 질문은 많이 출제되는 유형의 문제이다. 바뀐 진로가 분야가 전혀 다르거나 관련성이 적은 경우, 많이 받는 질문 중 하나이다. 위 질문의 대답을 할 때, A와 B의 연결고리를 찾는 것이 중요하다. A의 꿈을 가지게 된 계기와 왜 B의 꿈으로 바뀌게 되었는지 구체적인 사례를 통해 설명하는 것이 필요하다. 구체적인 사례라는 것은 동아리 활동이나 진로 특강 등 다양한 외적 동기가 있었을 것이고, 외적 동기를 통한 내적의 변화가 있었을 것이다. 이러한 점을 구체적으로 답변하는 것이 중요하다.

(2) A의 꿈을 갖게 된 계기가 무엇인가요?

진로 선정의 이유를 묻는 경우가 많다. 진로 선정의 이유는 지원자가 지원학과에 얼마만큼의 관심이 있는지 확인하는 과정 중 하나이다. 위의 질문에 대답을 하기 위해서는 자신의 진로에 대한 구체적이고 명확한 계기가 있어야 한다. 단지 하고 싶어서, 멋있어 보여서라는 추상적이고 포괄적인 이유보다는 어떤 활동을 통해 무엇을 느꼈고, 이러한 점이 A의 꿈을 가지게 한 이유가 되었다는 구체적인 이유로 답변하는 것이 좋다. 이럴 때는 활동에 대한 소개보다는 활동을 통해 느낀 점에 초점을 맞추어 답변하는 것이 필요하다.

(3) 어떤 A(직업)가 되고 싶나요?

지원자의 직업관, 가치관, 목표를 파악하기 위한 질문이다. 본인의 장래 희망에 대해 얼마만큼의 깊이 있는 고민을 했는지 파악할 수 있다. 따라서 자신의 명확한 직업관, 가치관, 목표를 가지고 있는 것이 중요하다. 답변할 때, 나의 이러한 직업관, 가치관, 목표가 있기에 이 학과, 학교가 필요하다는 것을 어필하도록 해라. 그러기 위해서는 학과, 학교에 대한 정확한 배경지식과 구체적이고 명확한 직업관, 가치관, 목표를 가지고 있어야 한다. 이 둘 사이의 연결고리를 찾아서 답변을 작성하는 것이 필요할 것이다.

④ 창의적 체험 활동

자율활동의 경우에는 주로 학교에서 단체로 참여한 활동이 중심이다. 또한, 학급에서 한 역할에 관해 기재되어 있다. 자율활동의 경우 기본적으로 각 카테고리에서 활동, 제목 키워드를 뽑고, 그 활동 중에서 가장 기억에 남는 구체적인 에피소드를 정리한다. 각 활동에 관한 내용을 1~2문장으로 정리하는 것이 필요하다. 1) 활동 내용 2) 활동을 통해 느낀 점의 흐름으로 정리해야 한다. 만약 자율활동에서 지원학과, 전공과 관련한 활동이 기재되어 있다면, 그것과 관련해서는 확실하게 준비하기를 바란다.

봉사활동에서도 지원학과, 전공과 관련한 봉사활동이면 더 주목해보아야 한다. 기재되어 있는 봉사활동 중 중요도에 따라 1) 활동 내용, 2) 활동을 통해 느낀 점을 순서로 정리를 해보는 것이 필요하다. 면접관이 '가장 기억에 남는 봉사활동과 이를 통해 느낀 점을 말해보시오.'라는 큰 질문을 던질 수도 있다. 이러할 경우 지원학과, 전공과 관련한 봉사활동을 중점으로 이야기를 하기를 바란다. 봉사활동의 내용보다는 봉사활동에서 자신의 역할은 무엇이었고, 이를 통해 느낀 점은 무엇인지 답변해야 할 것이다.

동아리 활동, 진로활동은 전공 적합성을 파악하기 위해 중점적으로 면접의 문제가 만들어지는 곳이다. 대부분 학생은 지원학과, 전공과 관련한 활동을 동아리 활동, 진로활동으로 보여준다. 동아리 활동 역시 각 활동의 키워드를 잡고 전공과 더 밀접한 관련이 있는 순서대로 정리하는 것이 필요하다. 전공 적합성의 평가 요소를 주로 두는 대학 면접의 경우에는 더욱 신경을 써서 정리하기를 바란다.

(1) 가장 기억에 남는 동아리 활동은 무엇인가요?

동아리 활동은 지원자의 구체적인 관심 분야와 지원학과에 관한 관심도를 파악할 수 있는 부분이다. 동아리 활동을 통해 지원자의 적극성, 도전 정신, 탐구력, 문제 해결능력, 소통능력 등을 전반적으로 파악할 수 있다. 동아리 활동 역시 동아리의 개수가 중요한 것이 아니라 어떤 동아리에 들어가서 어떠한 활동을 했는지 질적인 면이 중요하다. 따라서 본인의 주어진 환경에서 얼마만큼의 노력을 했는지를 중점으로 두고 평가한다. 가장 기억에 남는 동아리 활동은 지원학과, 관심 분야 관련 활동 중 하나를 소재로 선정하는 것이 좋다. 이는 전공 적합성, 발전 가능성, 학업역량까지 어필할 좋은 기회이기 때문이다. 동아리 활동에 대한 설명도 중요하지만, 동아리 활동에 대해서는 간단하게 설명하고, 동아리 활동에서 지원자 본인의 역할과 느낀 점에 관해 답변하는 것이 필요하다.

(2) 가장 기억에 남는 봉사활동은 무엇인가요?

봉사활동 역시 봉사시간이 중요한 것이 아니다. 물론 봉사시간이 많다면 성실성을 높게 평가하여 관련 질문이 출제될 수도 있다. 하지만, 전반적으로 봉사시간을 채웠다면 봉사를 통해 학생에게 일어난 변화, 성장할 수 있는 의미 있는 경험에 관해 평가하고자 한다. 따라서 단순히 누적 시간만 채운 봉사의 경우에는 좋은 평가를 받기가 어렵다. 봉사활동은 굳이 전공과 관련된 것이 아니어도 좋다. 봉사활동의 평가 요소는 진정성으로 꾸준한 봉사활동이 높은 평가를 받을 수 있다. 따라서 위 질문에 대한 답변으로는 꾸준하게 참여한 봉사활동을 소재로 삼는 것이 좋다. 물론 꾸준하게 참여한 봉사활동이 전공과 연관이 있다면 더더욱 좋다. 봉사의 내용을 이야기하기보다는 봉사를 통해 느낀 점과 변화된 점을 풀어내는 것이 좋은 점수를 받을 수 있는 방법이다.

(3) 자율활동, 진로활동에서 세부적인 내용에 관한 질문

자율활동, 진로활동의 경우에는 봉사활동, 동아리 활동과 마찬가지로 구체적으로 그 내용에 관해 세부적인 질문을 할 수 있다. 따라서 각 활동에 관해 자신의 역할과 느낀 점, 배운 점들을 간략하게 기록해둠으로써 면접을 대비하도록 한다.

5 교과학습발달 상황

우선 전공과 적합한 과목부터 1순위로 두고 다 설명할 수 있도록 준비하는 것이 바람직하다. 예를 들어 법학과의 경우 법과 정치를, 국어국문학과의 경우에는 국어의 세부특기사항을 중점으로 정리하는 것이 필요하다. 다음으로는 계열을 파악해야 한다. 어문계열의 경우에는 국어, 영어, 한문 등의 과목을, 자연계열의 경우에는 과학, 수학 등의 과목을 중점적으로 파악해야 한다.

그렇다면 비전공과목은 어떻게 준비해야 할까? 비전공과목의 경우 특별한 활동이 있는 경우에만 정리해도 된다. 예를 들어, 법학과에 지원하는 학생이 수학 세부 특기 사항에 법과 관련한 활동이 적혀 있다면 이러한 부분은 꼼꼼하게 준비해야 한다. 또한, 비전공과목에 지원학과, 분야에 관련한 지문, 활동이 있는 경우, 지원자의 가치관, 가치판단이 드러나는 활동, 지원자의 학습과 패턴이 드러나 있는 경우, 면접을 대비하는 것이 좋다.

(1) 세부 특기 사항에 관한 세부적인 질문

세부 특기 사항에는 과목별로 한 활동이 구체적으로 작성되어 있다. 교과학습발달 상황은 지원자의 학업역량, 지원 분야에 관한 관심을 파악하기 위해 가장 적합한 평가 분야이다. 따라서 전공과 적합한 과목에 특히 비중을 두고 면접관이 질문하는 경우가 많다. 한 문장 한 문장 활동 내용을 정리해보며 활동의 내용과 이를 통해 느낀점, 배운 점들을 간단하게 기록해보도록 하자.

> 확률과 통계: 나에게 영감을 주는 통계 그래프 발표 과정에서 '유럽과 세계를 뒤덮은 세계 난민들'이라는 주제로 PPT 발표를 훌륭히 함. 유엔 난민기구의 자료를 바탕으로 2014년까지의 세계난민통계 그래프를 분석하는 과정에서 시리아 난민의 급증에 의문을 품음. 국제엠네스티의 '주변국들의 수용현황' 그래프로 확장 시켜 난민을 수용하는 주변국들의 경제적 위기상황과 수용 능력 여건이 좋은 나라들은 난민문제에 도움을 주지 않는 문제점을 인식함. 친구들에게 국제 난민 문제와 인권유린에 관심을 가져야 할 것을 강조하며 국제인권변호사를 꿈꾸는 자신의 목표를 드러냄.

위의 예시 경우에 확률과 통계 교과 활동에서 '유럽과 세계를 뒤덮은 세계 난민들'의 주제로 PPT 발표를 하였다. PPT 발표에서 왜 세계 난민을 주제로 선정하였는지 - 활동 과정 - 활동을 통해 느낀 점의 흐름으로 답변을 정리하는 것이 필요하다.

(2) 성적 향상의 이유는?/성적 하락의 이유는?

특히 지원학과와 관련한 과목의 성적 향상, 하락은 면접에서 중요한 평가 요소로 자리할 수 있다. 따라서 자신의 성적 향상, 하락의 이유에 대해 구체적인 답변을 준비해두어야 한다. 모든 지원자마다의 약점과 결점이 다르기 때문에 학습 전략, 공부법이 다를 수 밖에 없다. 성적 향상의 경우에는 자신의 어떠한 부족한 점을 어떻게 인지하고 이를 해결하기 위해서 어떤 노력을 했는지 구체적으로 답변을 하면 된다. 한편, 성적 하락의 경우에는 성적으로 지원자 본인의 학업역량을 드러내기에는 역부족이다. 노력했지만, 성적이 나오지 않았던 경우, 이를 어필하고, 교과목에 관한 여러 활동을 이야기하며, 다른 부분으로 학업역량을 드러내는 것이 필요하다. 따라서 성적 하락 같은 경우 공부법의 오류, 노력의 부족 등 그 이유를 솔직하게 이야기하고, 이러한 약점/결점을 어떻게 이겨내기 위해 그 후에 노력했는지에 대해 구체적으로 이야기하는 것이 필요하다. 또한, 이겨내기 위한 과정으로 구체적인 사례, 활동을 들어주는 것이 좋다.

어떤 학생의 경우, 영어 점수가 2등급에서 3등급으로 내려갔다. 하지만, 학생의 노력이 부족했던 것은 아니었다. 그 근거는 학생부의 다른 면에서 드러난다.

성적은 하락했지만, 세부 특기 사항과 수상 실적을 보았을 때, 영어에 관한 관심은 지속 되고 있었고, 오히려 적극적인 참여로 영어 학습 분위기 조성에 힘쓰고 있었음을 알 수 있다. 먼저 성적 하락의 이유를 밝히고, 단순히 등급이라는 성적에서 학업역량을 드러내는 것이 아니라 다른 부분에서 학업역량을 충분히 드러낼 수 있도록 한다.

6 독서활동 상황

　면접을 대비하기 위해서는 학생부에 기록된 책을 소화해서 이해하는 것이 중요하다. 모든 내용을 기억하라는 것이 아니라 그 책에서 인상적인 부분은 무엇이었는지, 느낀 점은 무엇인지, 대략적인 내용은 무엇인지 파악하는 것이 필요하다. '책을 읽은 계기는?', '가장 의미 있는 책은 무엇이었는지.', '**책을 읽고 ~부분이 나와 있는데, 이 부분에서는 어떻게 생각하는가.' 에 관해 준비하도록 하자. 답변의 흐름은 '책의 제목, 저자, 주요 내용, 나에게 미친 영향'으로 준비하는 것이 좋다. 면접관은 책을 읽었는지 확인하는 질문을 하기도 한다. 따라서 학생부에 기재된 독서 활동에 관해 꼼꼼하게 살펴보는 것이 중요하다. 너무 양이 많다면, 전공과 밀접한 책부터 차근차근 준비하도록 하자.

제 5 장

면접 암기의 기술

면접 외우는 방법은 간단하다. 문장, 글 전체를 외우지 말고, 키워드의 순으로 외우는 것이다. 문장, 글 전체를 외우게 되면 오히려 중간에 기억이 나지 않는 경우가 많고, 정해진 틀 안에서 대답을 하게 되는 상황이 나타난다. 또한, 예상 질문이 그대로 출제된다는 보장도 없기에 그대로 외우게 된다면 유동적으로 대답하기가 어렵다. 따라서 키워드와 키워드 순으로 암기하는 것이 필요하다.

이때, 가장 중요한 것, 면접 내용은 암기하더라도 절대 암기한 티를 내지 않도록 한다. 이것이 물론 어려운 것은 알지만 피나는 노력을 하도록 하자. 외운 것처럼 말을 하는 순간 면접관들에게는 정말 메리트가 떨어져 보인다.

우선 말하려고 하는 내용을 글, 문장의 형태로 작성해보며 정리를 하자. 예상 질문을 뽑고 이에 대한 답변을 준비하자. 이후, 작성한 것을 그대로 암기하기보다는 작성한 것을 토대로 키워드를 도출해야 한다. 예를 들어, 지원동기를 이야기한다고 하자.

「저는 외교, 법 동아리에서 토론 발표를 통해 나중에 국제인권변호사의 꿈을 이뤘을 때, 다른 다양한 지식이 필요하다는 것을 깨달았고, 법만 안다고 모든 일들을 해결하는 것이 어렵다는 것을 느꼈습니다. 저는 로스쿨에 진학하기 전, 4년이라는 시간을 제 꿈을 위해 투자하고 싶습니다. 법뿐만이 아니라 여러 학문도 접할 수 있는 대학교와 학과 진학이 필요했고, 법학, 정치학, 영문학, 경제/경영학 이 모든 것들을 접할 수 있는 숙명여대 법학부가 이런 제게 가장 맞는다는 생각이 들었습니다. 그래서 제가 공부할 수 있는 것들을 마음껏 접할 수 있다는 기쁜 마음으로 지원하게 되었습니다.」

'외교, 법 동아리에서의 깨달음', '앞으로의 목표', '본 학과, 학교가 필요한 이유'. 이렇게 말하려는 줄거리의 요점을 기억하고 면접을 대비하는 것이다. 물론 키워드의 순서 암기는 필요하다. 처음 연습을 할 때는 매번 내용이 달라질 수도 있지만, 5번 정도만 반복하면 줄거리를 중심으로 오히려 자연스럽게 말할 수 있다.

지원자의 말에서는 그 지원자의 가치관, 태도를 파악할 수 있다. 따라서 면접에서는 화려한 표현보다는 면접관들이 쉽게 이해할 수 있고, 명확하고 깔끔하게 지원자 자신을 드러내는 표현에 중점을 두어야 한다. 또한, 면접을 시험이라고 생각하지 말라. 서류 전형에서 드러나지 않는 장점을 어필하는 시간이라고 생각해야 한다. 지금부터 설명하는 '면접의 기술'만 잘 알아둔다면 면접에서 주도권을 잡을 수 있을 것이다.

1 공부하듯 면접을 준비해라

학생부종합전형은 제출 서류만 제대로 준비해도 충분히 합격 가능성이 커진다. 입학사정관들은 면접을 통해 서류의 사실을 확인하고, 활동의 동기, 과정, 느낀 점 등을 세세하게 질문한다. 자신의 학생부와 자기소개서를 지겹도록 읽는 것을 권한다. 질문을 받았을 때, 학생부, 자기소개서의 어디 부분에 있는지 알 수 있어야 한다. 그리고 면접에 주로 나오는 공통 질문과 답변은 미리 준비하여 꼼꼼하게 암기하도록 하자. 대부분 대학에서는 최소 1~2개의 공통 질문이 출제되는 경우가 많다. 따라서 '진로 변경 이유', '지원동기' 등의 공통 질문의 경우 출제될 가능성이 크다. 여기서 팁이 있다면, 공통 질문에 대한 답변을 만들 때 문장이 아닌 키워드로 암기하는 방법이 효율적이다.

② 학과, 학교를 제대로 파악해라

면접의 유형이 다르듯 학교, 학과에 따라 면접의 평가 영역이 달라진다. 서류 기반 면접을 준비하기에 앞서 지원 학교, 학과에 관한 꼼꼼한 분석이 필요하다. 어떤 학교는 지원학과에 관한 관심과 열정이 뚜렷한 자기 주도, 창의, 성실형 인재를 뽑는 경우, 어떤 학교는 봉사형 인재를 뽑는 경우 등 대학별 인재상을 파악해야 한다. 이처럼 면접 준비는 대학의 인재상을 파악하는 것에서부터 시작된다.

대학마다 갈리는 평가 요소는 대부분 각 대학의 인재상과 맞닿아 있는 경우가 많다. 인재상 파악의 경우 학교 홈페이지, 모집 요강에 자세히 나와 있다. 인재상과 관련한 질문에 대비하는 것이 중요하다. 중앙대학교의 경우에는 학교 교육 과정과 연계한 '펜타곤 평가모형'을 통해 평가하고 있다. 크게 '자율적 교양인' '실용적 전문인' '실험적 창조인' '실천적 봉사인' '개방적 문화인'이다. 또한, 이와 참의 정신을 바탕으로 사회지도자로서 갖추어야 할 교양과 국가 사회의 발전에 이바지할 수 있는 전문적 지식을 기르고, 민족과 인류 공영에 이바지할 수 있는 열린 세계관을 지닌 인재 양성이라는 교육 이념을 갖는다. 따라서 중앙대학교의 경우 '균형 잡힌 인재'를 추구함을 알 수 있다. 어느 하나를 잘한다기보다는 모두 균형적인 모습을 갖춘 인재를 원하는 것이다. 중앙대학교의 면접을 준비하기 위해서는 학생부, 자기소개서의 전반적인 내용을 세세히 살펴보는 것이 필요하다.

서울 시립대의 경우에는 모집 단위별 인재상이 세세히 갈린다. 영어영문학과의 경우, 기초교과 성취도가 우수하고 특히 영어/국어의 성취도가 우수한 학생, 영어 능력을 바탕으로 영미문학, 영어학/영미문화에 관심과 열정이 있고 창의력과 사고력을 갖춘 학생, 의사소통 능력과 타인에 대한 공감과 배려, 자신과 다른 의견에 대한 포용력이 뛰어난 학생이 인재상이다. 따라서 서울 시립대의 경우에는 각 학과에서 제시한 인재상을 중심으로 관련 교과 과목, 활동을 세세히 살펴보는 것이 중요하다.

이 외에도 각 학과의 교육 목표, 과정 등에 관한 정보를 수집하는 것 역시 중요하다. 이를 반영한 공통 질문과 답변 작성법은 뒤에서 기술하도록 하겠다.

❸ 모의 면접은 필수

면접 예상 질문, 답변이 준비되었다면, 지원자는 실제 자신이 지원하는 학교의 면접 유형에 맞추어 실제 상황과 비슷하게 모의 면접을 경험해보아야 한다. 실제 상황처럼 면접장을 만들어 들어오는 것부터 나가는 것까지 직접 경험해보는 것이 좋다. 이때, 직접 촬영을 하여 스스로 부족한 점을 파악하거나 함께 한 사람들과의 피드백을 통해 냉정하게 평가해보아라.

1. 면접 시간 기억하기

학교별 면접 시간은 다양하다. 특별히 한 학생만 더 많은 시간을 줄 수 없다. 따라서 정해진 면접 소요 시간에 자신을 모두 담아야 한다. 그러기 위해서는 답변을 간결하고 명확하게 해야 한다.

2. 자랑은 그만

자만하는 학생, 겸손한 학생 중 면접관들은 겸손한 학생을 좋아한다. 최선을 다하는 모습, 배우려고 노력하는 모습을 보여라.

3. 거짓말에 주의하자

면접장에서 잘 보이려고 사실과 다른 말을 했다가 자신의 말에 자기가 걸리는 경우가 많다. 솔직하게 답변을 해야 한다.

4. 부적절한 용어에 주의하자

비속어, 윗사람이 아랫사람에게 하는 표현, 상황과 맞지 않는 표현 등은 주의하도록 하자.

5. 답변은 두괄식으로

지원자 중에는 정작 자신이 하고 싶은 말을 하지 못한 채 서론만 장황하게 말하는 경우가 많다. "~입니다. 그 이유는 ~"등 두괄식으로 자기 생각을 명확하게 전달하고 그에 대한 구체적인 추가 설명을 붙이는 것이 좋다.

6. 두 번째 질문에 당황하지 말라

면접관들은 간단한 첫 번째 질문을 한 후 지원자의 답변에 이어 두 번째의 질문을 한다. 일명 꼬리 질문이다. 이 꼬리 질문은 미리 준비된 것일 수도, 즉흥적인 것일 수도 있다. 대부분 학생은 첫 번째 질문에 대한 예상 답변은 준비했어도 두 번째 질문에 대한 답변은 준비하지 못하여 당황하거나 긴장한다. 절대 그러지 말라. 이런 질문이 나온다는 것은 첫 번째 질문에 대한 답변이 보충이 필요하거나 면접관이 지원자에게 호기심을 가지고 있다는 것이다. 따라서 지원자는 '면접관님이 나에게 호기심을 가지고 계시구나.'라는 생각으로 마음을 편하게 가지고 솔직하게 답변하면 된다.

7. 모르는 것은 모르는 것

면접관을 가식으로 대하지 말고 고등학생다운 자세와 답변으로 솔직하게 다가가라. 면접에서 모르는 질문을 받았을 때, '아는 척'을 하는 경우가 많다. 하지만 많은 학생을 봐오고 그 분야의 전문가라고 할 수 있는 면접관은 지원자가 모르고 답변하는 것을 알고 있다. 따라서 모르는 것을 질문받았을 때는 솔직하게 '모르겠습니다.', '미처 생각해보지 못했습니다.'라고 답변하는 것이 좋다. 아니면 재치있게 '이 학교에 와서 차차 배워나가겠습니다.'라는 답변도 적절하다.

8. 동문서답은 금물

질문의 핵심을 파악해야 한다. 면접관의 질문에서는 A를 원했는데, B를 답하는 것은 적절하지 않다. 질문의 핵심을 파악하는 일은 굉장히 어려운 일일 수 있다. 많은 연습이 필요하다. 질문의 핵심이 이해되지 않을 때, '네?' 등의 말이 먼저 튀어나오는 학생들이 있다. 그럴 때는 '죄송하지만 한 번만 더 말씀해주실 수 있을까요?'라는 말로 정중하게 부탁하는 것이 낫다.

9. 긴장해서 생각이 나지 않을 때, 당황하지 않기

면접장에 들어가면 긴장이 되는 것은 당연하다. 긴장돼서 준비된 답변도 제대로 하지 못하는 학생들도 많다. 충분히 생각하면 답변할 수 있는 질문에도 실수하는 때도 있다. 긴장돼서 질문을 받고도 답변이 생각나지 않지만, 생각하면 충분히 대답할 수 있는 질문일 경우에는 어떻게 해야 할까? 이런 경우 '잠깐만 시간을 주시겠습니까?'라고 정중하게 부탁한 후 마음을 안정시키고 대답해라.

10. 기회는 내가 만드는 것

면접장에서의 답변 기회는 내가 어떻게 하느냐에 따라 달라진다. 시간이 지나니 자신의 답변이 부족하다고 느꼈을 때, 뒤늦게 답변이 생각날 때, '~ 질문에 대한 답변을 보충해도 될까요?' '한 번 더 대답할 기회를 주실 수 있을까요?' 등을 질문을 이용해라. 면접에서 자신의 매력을 보이는 것이 굉장히 중요하다.

제 6 장

학과별 면접 대표 예시

① 인문 계열 학과별 면접

(1) 국어국문학과/이화여자대학교/미래 인재 전형

■ 질문 1: 지원동기는?

3년간 막연하게 방송 프로듀서를 꿈꿔왔는데 3학년이 되어 진로를 더욱 구체적으로 설정해야 하겠다는 생각이 들었다. 3년간의 생활기록부를 보니 국어와 관련된 활동이 많았다. 그 후 진로를 국문학을 매체의 소재로 이용해 국문학의 대중화를 이끄는 사람이라고 설정하게 되었다. 그러기 위해선 국어국문에 대한 깊고 넓은 이해가 필요할듯하여 국문학과에 지원하게 되었다.

■ 질문 2: (질문에 이어서) 어떤 작품을 매체의 소재로 이용하고 싶은가?

'박씨전'을 널리 알리고 싶다. 여성의 지위가 상승하고 있는 요즘의 사회에서 이러한 작품을 방송, 영화, 만화 등의 소재로 이용하면 전 연령층에서 가볍게 수용할 수 있고. 무궁 무진한 여성의 능력에 대해 모두가 고민할 수 있을 듯하다. 또한, 한국 고전의 매력을 널리 알리고 싶다.

■ 질문 3: 다양한 활동을 했는데 그중에서 가장 기억에 남는 것은?

우선, 2학년 때 문학동아리 디오니소스에서 학술탐방을 간 것이 가장 기억에 남는다. 학술탐방을 가기 전에 사전조사를 하였고, 이때 유치환의 시를 생명시, 친일시, 사랑시로 나누어 조사하였다. 그 중 가장 흥미를 가진 것은 유치환의 사랑시였다. 하지만 사랑시에 대해 더 알아보니 유치환 시인이 사랑시를 주고받은 상대가 자신의 부인이 아닌 동료 교사 이영도 여사였다는 것이었다. 이에 대해 유치환의 사랑시에 대해 부정적인 감정이 들었다. 그리고 문학으로서의 사랑에 대해 고민해보는 기회가 되기도 하였다.

■ 질문 4: 학술탐방 한 번으로 유치환에 대한 인식이 변화되었다는 게 잘 이해가 가지 않는데 자세히 이야기해주세요.

물론 학술탐방 한 번으로 생각 변화가 일어난 것이 아니다. 유치환 시에 대해 관심이 있어 이후 논문작성을 하면서 여러 차례 작품을 분석하였다(논문 내용과 느낀 점 세세하게 설명). 작품을 분석하며 유치환 시인에 대해 더 자세히 알게 되면서 그에 대한 생각 변화가 일어났고, 더 나가 그 작품들을 보고 학술탐방의 경험을 살려 문학적 사랑에 대해 고민하는 과정을 통해 그들의 사랑을 조금이나마 이해할 수 있었다.

■ 질문 5: 조별과제를 할 때 시험 기간이라 조원들의 참여도가 떨어졌다고 되어있는데 이때 조장으로서 어떤 역할을 했는가.

당시 조별과제의 주제는 여성 혐오 범죄로 설정하였다. 친구들이 조별과제에 대해 크게 관심을 가지지 않는 것 같아 여성혐오 특히 또래의 여학생들이 당한 범죄 사례들을 조원들에게 알려주며 경각심을 일으키고자 하였다. 그래서 ( )의 방법을 통해 조원들의 자발적 참여를 이끌기 위해 노력하였다.

– 경영학과/경희대학교/네오르네상스

■ 질문 1: 당신이 미국 특수부대의 대장이다. 탈레반의 지도자를 잡기위해 아프가니스탄에서 잠복근무를 하고 있는 도중 민간인인 염소를 가진 목동 2명과 14살의 어린이가 지나갔다. 이들을 사살하지 않으면 부대원의 위치가 발각되어 부대원들이 위험에 처한다. 하지만 그들은 명백한 일반인이다. 이 경우 당신은 그들을 사살할 것인가 살려줄 것인가.

저는 그들을 사살할 것입니다. 우선 저는 미국 특수부대의 대장이란 역할을 가진 인물이고, 그에 맞는 역할행동은 임무인 탈레반의 지도자를 찾는 것이기 때문이다. 만약 내가 그들을 그냥 살려둘시 우리 부대원의 위치가 발각되어 내게 주어진 역할행동, 임무에 실패하기 때문이다. 두 번째로 나는 미국이란 나라에 소속되어 있는 특수부대의 대장이다. 그렇기 때문에 나는 우선순위로 미국 국민의 안전을 생각하여야 하고 또 부대원의 대장으로서 그들을 책임질 의무가 있기 때문에 대장으로서 결단력을 가지고 나의 우선순위들을 위해 그들을 사살할 것이다.

■ 질문 2: 전쟁때 민간인 학살 사건이 일어났던거 아시죠? 그렇다면 그 사건에 대해선 어떻게 생각하나요?

아 그 소식을 듣고 정말 마음이 아팠습니다. 죄없는 시민들이 학살당한 것이니까요. 하지만 또 저는 똑같은 선택을 했을 것 같아요. 왜냐면 또 저는 그 나라에 소속된 군인이고 그 임무를 따를 수밖에 없는 입장이기 때문입니다.

■ 질문 3: 자기소개서에 보니 여기 음식 얘기가 많이 있고 마케터란 꿈을 가지게 되었다고 했는데 특별히 이 꿈을 가지게 된 계기가 있나요?

네 저는 학생 생활을 하면서 힘든 일들이 많았는데 그때마다 음식을 먹으면서 행복을 느꼈어요. 이 행복을 막연히 어떻게 하면 더 많은 사람에게 나누고 알릴 수 있을까? 하는 생각을 하다가 마케터란 꿈을 가지게 되었고 생각이 더 커지면서 이 행복들을 알리는 것도 좋지만 직접 만들어서 더 많은 사람에게 나눠주고 싶단 생각에 푸드 프랜차이즈점 창업까지 꿈을 꾸게 되었어요.

■ 질문 4: **훌륭한 마케터가 되기 위해서 어떤 자질이 필요하다고 생각하나요?**

저는 푸드 마케터로 꿈을 설정했지만 실제로 마케터란 직업이 굉장히 광범위하잖아요. 그래서 상품을 예를 들어 얘기하자면 마케터라면 일단 꼼꼼하고 세심한 분석력이 필요한 것 같아요. 분석력으로 장단점을 찾아내고 장점을 부각하여 소비자들에게 홍보를 해야하니까요. 무엇보다 그 상품을 좋아하는 게 중요한 것 같아요. 그 상품을 내가 좋아해야 그 상품을 더 잘 알고 장점과 부각할 점을 캐치해서 소비자들에게 어필할 수 있으니까요.

– 법학과/숙명여자대학교/미래인재전형

■ 질문 1: **자기소개 해주세요.**

안녕하십니까. 공주여자고등학교에 재학 중인 김지민입니다. 저에 대해서 세 가지(손동작) 키워드로 설명 드리겠습니다. ~ 저는 국제인권변호사가 되어서 세계의 흐름을 따라가는 Follower가 아닌 세상의 변화를 이끌어내는 First mover가 되는 것이 목표입니다. 여기서 first mover는 앞으로 숙명여대 법학부에서 제 것으로 만들어나갈 키워드입니다(자기소개 하는 도중, 여자 면접관님께서 계속 웃으심).

■ **질문 2: 법학부에 오기 위해서 한 활동에는 뭐가 있나요?**

간략하게 말씀드리겠습니다. 우선, 법&외교 동아리인 하나린 회장으로 법과 외교 관련 시사 문제에 저의 생각을 적용해보는 활동 등 여러 가지 활동을 통해 제 꿈을 구체화할 수 있었습니다. 또, 롤모델 인터뷰 동아리 C&M 회장으로 활동을 하며 국제사회 속 저를 필요로 한 곳이 어디인지 고민해볼 수 있었습니다.

■ **질문 3: 양심적 병역거부를 할 시 형사 처벌을 받고 있는데, 이게 맞다고 생각하나요?**

(잠시 생각함) 현재 법으로서는 양심적 병역거부를 인정하지 않고 있기 때문에 형사처벌을 해야 하는 것이 맞다고 생각합니다.

■ **질문 4: 전국 고교 법치캠프를 다녀왔네요. 자소서에 보면 하나의 법이라도 그것을 다른 측면으로도 볼 수 있음을 깨달았다고 나와 있는데 구체적으로 이야기해주세요.**

전국 고교 법치캠프에서 사산된 태아의 손해배상 청구권에 대한 토론을 진행하였습니다. 저는 여기서 반대 측 반론을 맡았었습니다. 찬성측은 민법 762조를 전제로 민법 3조를 해석하였고, 반대측은 민법 3조를 토대로 민법 762조를 해석하였습니다. 저는 이 토론을 통해서 같은 민법 762조와 민법 3조이지만 어느 것을 전제로 하느냐에 따라서 해석이 달라진다는 것을 깨달았습니다. 그래서 하나의 법이라도 다른 측면으로 볼 수 있다고 표현한 것입니다.

■ 질문 5: 음 … 민법 762조와 민법 3조도 있지만 다른 법들은 참고를 하지 않았나요?

상대측은 태아의 손해배상 청구권을 인정하지 않는 것은 국가가 태아의 생명을 보호하기 위해 최소한의 책임도 다하지 않은 것이라는 것을 주장하였습니다. 저는 이 입론을 파악하고 민법 762조, 민법 3조도 이야기를 하였지만 다른 법들도 이야기를 하면서 이에 대해 반론하였습니다. 우선, 모자보건법 같은 경우에는 모성과 자식의 생명을 보호하고 있습니다. 그리고 형법 269조와 270조에 한해서 낙태를 처벌하고 있습니다. 마지막으로 동법 시행령 제 15조에 따르면 임신 28주 이전의 임신 중절 행위만 허용된다며 낙태를 시간적으로 규제하고 있습니다. 이처럼 손해배상 청구권을 인정하지 않더라도 충분히 국가의 책임을 다하고 있음을 이야기하였습니다.

■ 질문 6: 사이버 속에서 사람들이 익명성 없이 자신의 의사를 표현을 하면서 문제를 일으키고 있는데 이에 대해서는 어떻게 생각하나요?

저는 고등학교 2학년 국어시간 사이버 규제를 강화해야 하는가의 토론을 하게 되었습니다. 이 때 저는 찬성 측 반론을 맡았습니다. 상대측은 인터넷에서 개인의 의사를 자유롭게 표현할 수 있어야 하며 대중 여론 형성에도 큰 영향을 미칠 수 있다는 주장을 하였습니다. 저는 이에 대해 헌법 37조에도 명시되어 있듯이 표현의 자유라는 기본권을 제한할 수 있다는 주장을 하였고, 이들에게 자유를 주었을 때 채선당 사건과 같이 왜곡되고 편파적인 대중 여론을 형성할 수도 있다고 하였습니다.

■ 질문 7: 정확히는 헌법 37조 2항인데, 모든 기본권에 대해 헌법 37조 2항만 있으면 이를 규제할 수 있다고 생각하는 건가요?

그것은 아닙니다. 상황에 따라 달라진다고 생각합니다.

■ 질문 8: 김영란법이 문제가 되고 있는데 여기에 대해서는 어떻게 생각하나요?

김영란법을 주제로 토론을 해본 적이 있습니다. 이 때 저는 반대 측 반론을 맡았습니다. 김영란법을 찬성하는 사람들은 뇌물수수, 비리와 같은 부패를 근절하기 위한 법이라는 주장을 하였습니다. 하지만, 저는 이 법의 대상이 지나치게 넓어 법 자체의 실효성을 위축시키고, 부정청탁의 개념이 모호하다고 반론했습니다. 그리고 김영란법은 공무원들의 복지부동을 초래할 수 있으며 국민의 청원권이 위축될 수도 있다고 생각합니다.

■ 질문 9: 음 … 그러면 김영란법이 아예 폐지되어야 한다고 생각하는 건가요?

사실 제가 이 토론을 하면서 반대 측 반론을 맡게 되었지만, 그 과정에서 김영란법에 대해서 찬성의 입장으로 바뀌게 되었습니다. 그래서 그 후에 김영란법을 도입해야 한다는 것을 전제로 하고, 이 법의 범위를 언론 종사자, 사립교원까지 포함을 해야 하는가 말아야 하는가에 대한 2차 토론이 진행되었습니다. 저는 언론 종사자, 사립교원으로까지 확대시켜야 한다는 측이었고 지금은 김영란 법에 대해서는 찬성하는 입장입니다(웃으시면서 "김영란법은 이미 사립교원까지 포함되어 있어요."라고 하심).

■ 질문 10: 김영란법에 대해 ～ 피해가 있는데 이에 대해서는 어떻게 해결해야 하나요?

(당황, 도저히 생각이 안남) 잠시 시간을 주시겠습니까? (네. 라고 하심. 하지만 그 후에도 생각이 안남) 제가 이 부분에 대해서는 숙명여대 법학부에 입학하여 충분한 공부를 통해 스스로 해답을 찾아보도록 하겠습니다(여자 면접관님이 웃으심).

■ 질문 11: 그러면 김영란법에 대한 ~ 문제를 해결하기 위해서는 어떻게 해야 한다고 생각하나요? 해결책?

음 .. 한 가지 예시를 들어보겠습니다. 예를 들어 5만원의 밥을 먹게 됩니다. 이럴 경우 3만원은 현금으로, 2만원은 카드를 사용하여 규제를 빠져나가는 사람도 있어서 이런 상황을 잡기에는 굉장히 힘듭니다(웃으심). 그러므로 이에 대한 감시 제도 마련과 같이 해결할 수 있는 구체적인 방안이 필요하다고 생각합니다.

■ 질문 12: 음 … 그러면 모든 사람들을 일일이 쫓아다니면서 이를 감시해야 하나요?

A. 그것은 아닙니다. 제가 김영란법에 대해서는 토론을 할 정도의 공부만을 하였습니다. 하지만, 더 깊게 공부하지는 못한 부분이 있습니다. 그러므로 여기에 대해서는 제가 이 면접장을 나가자마자 더 깊이 있게 공부하고 해결책을 찾아보겠습니다.

■ 질문 13: 만약에 법이 ~ 하는데 이에 맞춰서 처벌을 해야 하는 걸까요?

우선, 법이 확고하게 명시가 되어있기 때문에 그 것을 토대로 처벌을 하는 것이 맞다고 생각합니다. 법이라는 것은 사회정의를 실현으로 해야 합니다. 하지만 처벌할 때 참고하는 그 법이 오히려 사람에게 악영향을 미치고 부정의를 조장한다면 그 법을 토대로 처벌을 하면 안 되고 이런 법을 재개정이나 폐지가 되어야 할 것입니다. 그리고 법에 맞춰서 처벌을 하는 것은 좋지만 주변 상황과 정황도 파악을 해서 처벌을 하는 것이 더 공정하고 객관적인 판결로 이끈다고 생각합니다.

■ 질문 14: 너의 어떤 강점이나 특성이 법학부랑 잘 맞다고 생각하니?

저는 중학교, 고등학교 학생회장을 하며 갈등 조정 시 모두의 이야기를 들어야 했고 그 과정 속에서 유연하고 종합적인 사고력을 가질 수 있었습니다. 저는 숙명여대 법학부에 들어와서 통상학 연계전공을 하고 싶습니다. 이 전공은 법학뿐만 아니라 영문학, 정치학, 경제/경영학 등 모든 학문들을 배울 수 있으며 융합적으로 생각하는 능력을 요하고 있습니다. 그렇기 때문에 저의 이런 특성은 종합적이고 유연한 사고가 필요한 숙명여대 법학부, 특히 통상학 연계전공과 가장 적합하다고 생각합니다.

– 정치외교학과/한국외국어대학교/고른기회전형1

■ 질문 1: (입학사정관) 자기소개 한 번 해볼까요?

안녕하십니까! 저는 한국외국어대학교 정치외교학과 18학번이 되고 싶은 ○○○입니다. 저는 7년동안 정치외교의 꿈을 가져왔습니다. 제가 제일 힘들고 어려웠던 어린 시절 유일하게 제 눈을 반짝이게 해주었던 것은 세계의 리더 이야기였습니다. 그 중 힐러리의 책을 읽으며 나도 저렇게 약자를 위해 당당하게 소리를 내는 사람이 되고 싶다고 생각하였고, 저는 그 이후 바뀌게 되었습니다. 고등학교에 진학해서 모의유엔이나 봉사활동을 통해 직·간접적으로 약자에 대해 경험했고, 그들을 위해 일하는 국제공무원이 되고 싶다는 꿈을 가지게 되었습니다. 저는 그를 가장 잘 실현시킬 수 있는 곳이 한국외국어대학교의 정치외교학과라고 생각했기에 지원하게 되었습니다.

■ 질문 2: (교수님) 1학년 말에 전학을 간 걸로 되어 있는데 그 이유가 있나요?

아빠께서 직장을 옮기셔서 전학하게 되었습니다.

■ 질문 3: (교수님) 아 ~ 그렇구나. 적응하는데 많이 힘들진 않았어요?

어렸을 때부터 워낙 전학을 많이 다녔기 때문에 노하우가 생겨서 빨리 적응할 수 있었습니다.

■ 질문 4: (입학사정관) 어떤 노하우가 있었나요?

친구들에게 먼저 다가가서 말도 걸고 적극적으로 대할 수 있는 노하우가 생겼습니다. 또, 무엇보다 경청하는 것이 중요하다는 것을 그런 경험을 통해 알게 되면서 그것도 중요한 노하우가 되었던 것 같습니다.

■ 질문 5: (입학사정관) 자소서에 보니까 토론동아리에서 빈곤은 개인의 책임인가?라는 주제에서 찬성 측으로 토론했는데 어떤 주장을 했나요?

저는 반대 측에서 정부가 최저 생계비와 미비한 제도 때문에 빈곤이 유지된다는 주장에 대해 그것을 정부의 탓으로만 돌리는 것은 잘못되었다고 반박했습니다. 그리고 최저 생계비는 그 말 그대로 최저 수준으로 생계를 유지할 수 있는 비용일 뿐 개인의 노력이 부가적으로 필요하다고 말했습니다. 사실 이 토론이 즉석에서 뽑아서 했던 토론이였기에 주장에 있어 미비한 점이 많았습니다. 그래서 저는 이 토론 이후 실제로 빈곤은 누구의 책임인가 생각해 보았고, 정부와 개인 한 쪽에 책임을 전가할 문제가 아니라 정부와 개인 모두가 노력해야 할 문제라고 생각하게 되었습니다.

■ 질문 6: (교수님) 그건 절충주의적인 방안이고, 학생에게 정부와 개인 중 빈곤의 책임을 한 쪽에만 꼽으라면 어느 쪽을 택할 건가요?

저는 정부에 책임이 있다고 생각합니다.

■ 질문 7: (교수님) 왜 그렇게 생각하죠?

우리나라는 기형적이고 기득권층에게만 유리한 사회구조를 가지고 있다고 생각합니다. 세금제도만 보아도 직접세보다 간접세의 비중이 크고, 노동처우 개선을 위해 만든 노동법에도 보면 2년 일하고 난 후 2년 연장을 하거나, 전문 파견직을 선호하는 법은 오히려 비정규직을 양산하는 제도라고 생각합니다. 따라서 저는 정부가 이런 미비하고 실효성이 부족한 제도를 개선하는 것이 필요하다고 생각하기에 정부의 책임이 있다고 생각합니다.

■ 질문 8: (교수님) 자소서나 생기부를 보니까 인권에 굉장히 관심이 많아 보이는데 인권에 대해 관심을 가지게 된 특별한 계기가 있는지, 그리고 학생이 생각하는 인권이란 무엇인지 말해볼까요?

저는 다른 친구들에 비해서 좋은 학원이나 활동에 있어 상황 상 그렇게 할 수 없어 어렵고 힘든 점이 많았습니다. 그러나 초등학교 6학년 때 부모님과 캄보디아 오지에 봉사활동을 다녀온 적이 있습니다. 당시 시골마을에서 저보다 더 힘들게 살아가는 아이들을 보게되면서 세계 곳곳에 이런 도움이 필요한 약자들이 있다는 것을 알게되었습니다. 또 그 아이들에게 봉사활동을 통해 도움을 주고 함께 기뻐할 수 있다는 것은 감사하고 행복한 일이었습니다. 그러면서 더 많은 약자들을 위해 제가 돕고 나누고 싶다고 생각하면서 인권에 더욱 관심을 가지게 되었습니다. 그리고 제가 생각하는 인권이란, 저는 우리 사회에 아직 보이지 않는 경제적, 사회적인 지위가 존재한다고 생각합니다. 그런 지위를 다 배제하고 사람이라면 누구나 누릴 수 있는 권리가 인권이라고 생각합니다.

■ 질문 9: (입학사정관) 그럼 학생이 부회장으로 활동하면서 학생들의 인권을 위해 노력한 경험이 있나요?

솔직히 학생들의 인권이라고 말하기는 좀 그렇지만, 그래도 학교 분위기를 조성하고 학업 분위기를 만드는 데에 노력했다고 생각합니다. 저희 학교는 꿈이 다양하고 자율적인 학교라고 알려져 있습니다. 그래서 학기 초에는 조금 분위기가 어수선하고 교칙을 어기는 일도 많았습니다. 그래서 저는 아침, 점심, 저녁으로 선도 활동을 두 달간 하고, 엘리베이터 무단 사용을 막고 다리 다친 친구들이 사용할 수 있도록 도왔습니다. 그래서 엘리베이터에서 사냐는 말을 들을 정도로 나름대로 노력했고, 그 결과 학교 분위기도 많이 좋아졌던 경험이 있습니다.

■ 질문 10: (입학사정관) 마지막으로 하고 싶은 말 간단하게 해보세요.

많은 친구들이 정치외교에 대한 열정을 가지고 지원했을 거라고 생각합니다. 하지만 제가 특별한 점은 제 삶을 바꾸어 준 터닝포인트가 정치외교에 대한 꿈이었다고 생각합니다. 제가 한국외국어대학교 정치외교학과에서 공부하게 된다면 제 삶을 넘어 사회를 변화시킴으로써 기여할 수 있는 사람이 되겠습니다. 감사합니다!

② 공학계열 학과별 면접

- 건축공학과/경희대학교/네오르네상스

■ **질문 1: 보통 물리 2를 수강하는 학생이 많지 않은데 수강했네요? 물리 2 내용중에 가장 흥미로웠던 내용은 무엇입니까?**

플레밍의 왼손법칙이 가장 기억에 남습니다. 전류와 자기장의 방향만으로 힘의 방향을 얻어낼 수 있는 법칙인데, 이는 물리동아리시간에 플레밍의 왼손법칙을 이용한 전지에나멜선 프로펠러 만들기 활동에 활용되었던 것이라 가장 기억에 남습니다.

■ **질문 2: 물리에 관심이 많은 것 같은데 굳이 건축공학과에 지원하게 된 특별한 사례가 있나요?**

물리동아리에서 스털링엔진과 골드버그 장치 제작을 하는 과정에서 설계를 담당하면서 설계에 소질이 있음을 확인하였고, 경주지진을 직접 실감하면서 안전한 건축물 설계의 필요성을 뼈저리게 느껴 국민과 세계인의 안전을 보장할 수 있는 건축물을 설계하는 건축공학기술자가 되겠다는 포부를 갖게 되었습니다. 그래서 저는 이 꿈을 실현하고자 경희대학교 건축공학과에 지원하게 되었습니다.

■ **질문 3: 초등교사를 희망했었던 특별한 이유가 있나요?**

좋지 않은 가정형편과 장애를 가진 형으로 인해 도전적인 일보다는 경제적 수입이 안정적인 직업을 반 강제적으로 선택해야 했습니다. 그래서 주변의 강요에 의해 반강제적으로 교사를 희망하게 되었습니다. 그러다 고등학교에 올라와서 윌리엄 데이먼의 '무엇을 위해 살 것인가'라는 책을 읽었고, 돈은 그 자체가 목적이 아닌 목적을 위한 수단에 불과하다는 것을 알게 되었습니다. 그래서 저는 제가 정말 하고 싶은 일을 하기로 결심했고, 아까 말씀드린 것처럼 물리동아리 활동을 통해 설계관련직으로의 적성을 확인하고 경주지진으로 인해 안전한 건축설계의 필요성을 느끼면서 건축공학기술자가 되고 싶다는 생각을 하게 되었습니다.

■ 질문 4: 물리동아리 활동 중에 골드버그 제작을 했다고 하셨는데 골드버그가 뭔가요?

출발점에서 출발한 구슬이 도착점까지 도달하는 과정에서 단순한 작업을 수행하는 장치를 만드는 것인데 저는 이러한 일반적인 골드버그 개념에서 탈피하여 무한히 순환하는 골드버그를 만들어 보고 싶었습니다. 그래서 소형 DC모터에 스프로킷을 끼우고 체인을 감아 도착점의 구슬을 출발점으로 다시 올려주어 위치에너지를 지속적으로 상승시켜 주었습니다. 그 결과 구슬은 모터의 건전지 하나만으로 무한히 순환할 수 있었습니다.

■ 질문 5: 마지막으로 하고 싶은 말 있나요? 30초 내로 말씀해 보세요.

'양손을 주머니에 넣고서는 성공의 사다리를 오를 수 없다'라는 말이 있습니다. 건축공학기술자의 꿈을 이루기 위해 끊임없이 노력하겠습니다.

– 화학 공학부/ 건국대학교/ KU 자기추천

■ 질문 1: 간단하게 자기소개 부탁드려요.

안녕하십니까? 저는 ○○고등학교에 재학중인 ○○○라고 합니다. 저에게는 '할 땐 하고 놀 땐 놀자.'라는 좌우명이 있습니다. 해야 할 시기를 놓쳐 후회하는 것을 싫어하는 성격이기 때문에 그 시기 안에 효율적이고 실용적으로 일을 끝마칠 수 있도록 노력하는 자세가 되어있습니다.

이 자세를 바탕으로 건국대학교의 '학술의 심오이론 및 응용방법 연구'라는 교육이념에 걸맞는 인재가 되고 싶은 학생입니다. 이상입니다.

■ 질문 2: 3학년 때 진로희망이 화학공학자와 전기공학자로 두 가지가 적혀 있는데 왜 화학공학부에 지원하셨나요?

고등학교 때 화학을 처음 접했는데 다른 탐구과목과 달리 현실세계가 아닌 원자세계를 다루는 부분이 있어 제 흥미를 끌었습니다. 이에 화학공부를 하며 그에 대한 관심을 넓히던 도중 밀양시에서 나노기술을 접목시켜 휴대폰 전자파 차폐 소재 분야에 크게 기여했다는 기사를 접했습니다. 전자파의 해결책이 나노기술이 될 수 있다는 것을 느껴 이 분야에 대해 전문적으로 공부를 하고 저만의 전자파 차폐 소재를 만들고 싶어 이 학과에 지원하게 되었습니다.

■ 질문 3: 실생활에서 미분과 적분중에 한 가지가 쓰이는 것이 있다면 예시를 한 가지 들어주세요.

저는 적분이 실생활에 쓰이는 것이 있다고 생각합니다. 예를 들자면 울퉁불퉁한 강의 넓이를 구할 때가 있습니다. 일반적인 넓이 공식으로는 울퉁불퉁한 강의 넓이를 구할 수 없습니다.

이 때 구분구적법이라는 것을 사용하게 됩니다. 이를 통해 적분이 실생활에 쓰인다는 것을 알수 있었습니다. (웬만한 질문은 자기소개서 2번에 기초한 것들입니다. 자기소개서 2번을 잘 준비해가세요.)

■ 질문 4: 마지막으로 하고 싶은 말이 있다면 한 마디 해보세요.

사람은 작아질수록 기가 죽지만 분자들은 작아질수록 효율이 증대됩니다. 이에 따라 저는 곧 단위인 펨토의 시대가 열릴 것이라 생각하고 있습니다. 나노기술시대처럼 펨토의 시대에도 발빠르게 적응하여 공동체 발전의 선도자가 되도록 노력하는 건국대인이 되고 싶습니다.

③ 의학 계열 학과별 면접

– 간호학과/인제대학교/자기추천자

■ 질문 1: 자기소개 및 지원동기는?

안녕하십니까. 저는 항상 밝은 미소를 머금고 다른 사람들에게 긍정적인 힘을 줄 수 있는 ○○○고등학교 ○○○입니다. 지원동기는 중학교 때 한 친구가 거품을 물고 쓰러졌었는데 그때 보건 선생님께서 빠르게 오셔서 응급처치를 하시는 모습을 보고 그때부터 보건교사를 꿈꾸게 왜 의료계열쪽에서 유명한 인제대학교에서 제 꿈의 첫걸음을 딛고 싶어 지원하게 되었습니다.

■ 질문 2: 구체적 자기 소개

The flowers that blossoms in adversity is the most rare and beautiful of all. 역경에서 피어나는 꽃이 가장 귀하고 아름답다는 뜻입니다. 이 말처럼 저는 어떤 역경이 와도 지혜롭게 혹은 이 악물고 버텨 가장 귀하고 아름다운 꽃이 될 인내심과 용기가 있습니다.

■ 질문 3: 이 학과에 지원하기 위해 3년 동안 한 교과적 · 비교과적 노력은?

일단 교과적으로 1학년 때부터 과학과목에 적성, 흥미가 있어 좋은 성적을 유지하며 교과우수상을 받고 2학년 때 언어쪽으로 관심이 많아 문과에 갔음에도 과학을 포기하지 않고 열심히 한 덕분에 교과우수상을 받을 수 있었습니다. 3학년 때 인제대학교 입시설명회를 듣고 꼭 이 학교에 오고 싶었지만, 성적이 약간 낮아 열심히 공부해 3년 동안 가장 좋은 성적을 받아 지원할 수 있게 되었습니다. 비교과적으로는 2학년 때 학생주도동아리인 E.T(Eager to)에 가입하며 동구 노인종합복지관에서 노인분들을 대상으로 '스마트폰 무료 교육'을 실시하였고 그로 인해 봉사정신을 기를 수 있었습니다. 또한 중학생 때부터 엄마와 함께 요양병원에 가 노인분들 식사하는 것을 도와드리고 오일 발라드리기 등을 통해 봉사정신을 꾸준히 키워왔다고 생각합니다.

■ 질문 4: 본인이 살면서 정직했던 경험과 정직하지 못했던 경험은?

우선 정직했던 경험은 쉬는 시간에 친구들과 놀다가 수업시간에 늦었던 적이 있었습니다. 그때 다른 친구들이 보건실을 갔다오자고 했지만 저는 선생님께서 어디갔다 왔냐고 물으실 때 친구들 모두 말이 없길래 솔직하게 놀다가 늦었다고 죄송하다했고 선생님께서 다음부터 빨리 오라하시며 좋게 끝내었습니다.

■ 질문 5: 친구들의 반응은? 그 후로 그런 적이 있었을 때 또 다른 친구의 반응은?

방금 일은 결론적으로 좋게 끝나서 괜찮았지만, 다음에 솔직히 말했을 때 선생님께 호되게 혼난 적도 있었습니다. 친구들은 투덜거렸지만 이런 일이 친구사이가 틀어질 정도로 큰 일이 아리고 거짓말을 했다 걸리면 더 크게 혼난다며 친구들을 설득했습니다.

특별부록:
재외국민 특례전형편

재외국민 특례전형편

왜 특례 전형 편을 작성하게 되었는가?

나는 국내 최대 특례학원인 S학원에서 대표 컨설턴트로 재직하고 있으며 국내 최고 수준의 특례, 특기자, 수시 전형 컨설팅 실력을 갖춘 거의 유일한 컨설턴트이다.

이처럼 특례, 특기자 등 다양한 유형의 학생들을 컨설팅을 하다 보니 느낀 점은 특례전형을 지원하는 학생들은 심각한 정보 부족과 과도한 수강료 부담에 시달린다는 것이다. 대부분의 수시 학원은 특례 전형에 대해 제대로 된 정보를 가지고 있지도 않으며 일부 있는 특례 학원의 컨설팅 수강료는 500만원에 육박하기도 하다.

또한 시중의 책들을 살펴보니 제대로 특례에 대해 깔끔하고 정확하게 정리된 책들은 전무했다. 그래서 내가 특례 전형을 부록 편으로 이 전형을 대비하는 학생들에게 유형, 컨설팅, 자소서 작성 등의 방법을 가르쳐 줘야겠다는 생각을 하게 되었다. 이 부록 편만 읽어도 학생들은 굳이 수 백 만원의 컨설팅을 받지 않아도 될 것이며 아마 그 이상의 효과를 얻게 될 것이다.

특례전형 파헤치기

1 자격조건

재외국민 특례전형은 크게 3년 특례와 전교육과정이수자 전형(12년 특례)로 나뉜다. 12년 특례의 경우 초, 중, 고교 과정을 해외에서 나온 학생들이 가는 전형이기 때문에 자격조건에서 문제가 발생하지 않는다. 하지만 3년 특례의 경우 해외에서 3년 동안 거주를 하며 학교를 다닌 학생이 해당이 되고 이 기준이 까다롭기 때문에 자격조건에서 많은 문제가 발생한다.

자격조건의 큰 기준은 다음과 같으며 이것은 하나의 '기준'일 뿐이고 각 대학마다 요구하는 자격조건이 매우 상이하기 때문에 확인하길 바란다.

(1) 부모의 거주

특례전형은 부모가 현지에 체류할 때만이 특례 전형으로 인정된다. 보통은 학생 뿐 아니라 부모가 모두 1년 또는 1년 6개월 이상을 체류해야 특례 전형 자격으로 인정하며 이는 부모의 직업에 따라서도 다르다(해외근무 공무원, 자영업자, 교포자녀 등).

(2) 고교 1년, 6학기

일반적으로는 고교 1년을 포함해 중고교 과정 3년(6학기)을 수료한 학생에 한해 특례전형 지원 자격이 부여된다. 이때 고교 1년은 고등학교 1학년 과정이 아닌 고등학교 재학기간 중 1년을 말하며 중 2, 중 3, 고 1처럼 이렇게 3년을 연속으로 마칠 수도 있고 중 1, 중 3, 고 2처럼 3년을 비연속으로 이수할 수도 있다. 이에 대해서는 '일반적으로' 연속, 비연속에 대해 상관을 하지는 않는다.

다만, 일부 학교의 경우 연속 3년, 비연속으로 할 시 4년의 제한을 두는 학교도 존재하니(세종대 등) 이는 대학마다 반드시 조건을 확인해야 한다.

각 대학 전형에 대한 표 만들기

❷ 지필고사

특례전형의 유형은 크게 지필고사와 서류 전형으로 나뉘어져 있다.

지필고사는 각 대학에서 출제하는 자체 선발시험을 바탕으로 당락을 가르는 전형이다.

문과의 경우 일반적으로 국어와 영어를 이과의 경우 영어와 수학을 보통은 치며 이 시험 결과만을 바탕으로 학생을 선발한다. 지필고사는 상당수의 대학에서 실시하고 있는 전형이다.

지필고사 실시 대학

경희대, 국민대, 가톨릭대, 건국대, 단국대, 숭실대, 세종대, 숙명여대, 이화여대, 외국어대, 아주대, 성신여대(면접), 동국대(면접), 홍익대(면접)

* (면접): 지필고사와 면접 실시 대학
* 가톨릭대의 경우 간호대학만 지필고사 실시

❸ 서류전형(서류 + 면접)

서류전형은 서류를 기반으로 정원의 2~3배를 선발한 후 면접을 통해 최종 선발을 결정하는 전형이다. 보통은 인서울 상위권 대학은 고려대, 연세대, 서강대, 성균관대, 중앙대가 서류전형을 실시한다.

이처럼 서울의 주요 대학들은 크게 지필고사와 서류전형을 통해 학생을 선발한다. 하지만, 지필 + 서류, 면접 100%, 적성고사 등을 통해 선발하는 대학도 있으니 반드시 각 대학의 유형과 전형을 확인해야 한다. 특례전형은 대학마다 전형의 유형과 방식이 매우 상이하다.

특례전형 스스로 컨설팅하기

❶ 자격조건을 꼼꼼히 확인하자

(1) 대학마다 조건이 약간씩 상이하다. 꼭 확인하자.

특례전형의 경우 가장 많이 학생들이 어려워하는 것이 자격조건이다. 그만큼 애매하게 해당되는 경우가 많은데 특히 특례는 대학마다 요구하는 조건이 상이하다.

어떤 대학은 부모 모두를 일정기간 현지 거주를 요구하는 곳도 있고 연속 현지 학교 거주를 요구하는 곳도 비연속 현지 학교 거주를 허용하는 것도 있다. 대학마다 요구조건이 다르기 때문에 자격조건이 애매한 학생들은 무조건 각 대학의 조건을 살피고 모르겠다면 대학교 입학처에 문의하도록 하자.

(2) 모든 문의는 학원보다 대학교 입학처에 직접 문의하기!

대부분의 학생과 학부모들은 학원에 특례 자격 조건을 물어보고 상담을 문의한다. 물론 대형 학원의 경우 이를 충분히 상담해줄 실력과 데이터가 있기에 문제가 없겠지만 소형학원과 특례 전형에 대해 잘 모르는 수시 전문 학원은 정확한 안내를 하기 어렵다.

무조건 특례 자격 조건이 해당이 되는지 헷갈릴 경우는 반드시 학원이 아니라 대학교 입학처를 통해 문의하자. 실제로 해당이 안되는데 특례전형을 준비해 낭패를 보는 학생들도 매년 많이 존재한다. 꼭 이런 실수는 없도록 하자.

❷ 선택과 집중이 필수! 서류 전형에 해당되는지 확인하기!

우선 서류 전형에 해당되는지 살펴보자. 서울의 최상위권 대학(고려대, 연세대, 성균관대 등)에 특례로 진학하려면 당연히 서류 전형으로 가야 한다. 그래서 서울의 상위권 대학을 목표로 하는 학생들은 대개는 서류 전형을 준비하게 되는데 이 경우도 조심해야 한다.

서류 전형에서 요구하는 소위 스펙들은 꽤나 까다로워서 학생들이 이를 맞추기 위해 많은 시간을 허비하고 또 그 여파로 지필 전형 준비를 제대로 못할 경우 서류와 지필에서 모두 안 좋은 결과가 나올 수 있다.

다음은 선생님이 다년간 입시를 통해 합격시킨 학생들의 데이터를 바탕으로 한 서류전형의 기준을 제시하겠다. 물론 이 기준 역시 '절대적'인 기준은 아니니 참고만 하길 바란다.

(1) 어학 점수

SAT 1,400~1,450(1,450점을 맞으면 모든 대학에서 안정적이다.)
TOEFL 105 이상
HSK 5급(최소 점수, 중국어 관련 학과 지망시), 기타 외국어는 중급 이상의 점수를 요한다.

(2) GPA/IB

GPA 4.0 이상(AP 가중치 포함 시) 또는 2등급 이내
IB 42 이상(최소 40선 유지)
이 때 AP는 전공과 관련된 AP를 해두면 매우 좋음. 경제학과 지망 시 경제학과 관련된 AP를 들으면 유리하다.

(3) 동아리 및 Activity

봉사활동, 지원하는 전공과 관련된 동아리
그리고 이 모든 것들은 Certificate 등으로 증명이 가능해야 한다.

(4) 자소서

자소서는 뒤에서도 말을 했지만 각 대학마다 문항이 다르고 반영 역시 꽤 많이 하는 편이다. 상대적으로 여기에 해당되는 스펙에 미치지 못하더라도 자소서를 잘 써도 충분히 어느정도는 역전이 가능하다. 만약 서류전형을 준비할 때 여기에 스펙이 약간 못 미치는 학생들은 자소서와 면접 준비에 만전을 기하자.

본인이 위와 같은 내용을 기준으로 아마 판단이 충분히 가능할 것이다. 위와 같은 내용을 충족 시킨다고 판단되면 지체 없이 서류 전형을 준비하라. 하지만 이 내용을 고 3, 3월 정도가 되었는데도 충족을 시키지 못했다면 서류 전형보다는 지필 전형 준비에 매진하는 것이 현명하다.

1~2개 정도는 채우기 위해 고 3 시기에 노력을 할 수 있지만 이

모든 것은 빨리 채우기는 어렵기 때문이다.

어학 시험은 내가 말한 일정 조건을 넘긴 학생이라면 제발! 다시 본다고 시간을 허비하지 말자. 조금 더 잘 받는다고 가산점을 받는 것도 아니며 그럴 시간에 지필을 대비하는 것이 현명하다.

❸ 특례에 절대적인 기준은 없다. 최선을 다해 대비하자.

특례는 인원수가 적고 한정이 되어 있어 대형 학원에서도 가지고 있는 데이터가 그리 많지 않다. 그리고 워낙 카더라 통신이 많고 특례 전형을 준비하는 학부모님들은 꽤나 돈이 많은 학부모님들이라는 인식이 있어 소위 '사짜'들이 특례전형에 정말 많이 존재한다(그래서 가장 고액 컨설팅이 성행하는 것도 특례다). 특례에서 절대적인 기준과 합격 선은 없다. 서류를 준비하든 지필을 준비하든 하기로 했다면 그 전형에 최선을 다해 준비하자.

(1) 특례전형 자기소개서 파헤치기

* 특례 전형 자소서 반영 대학(2017 기준): 가천대, 가톨릭대, 경기대, 고려대, 삼육대, 상명대, 서강대, 성균관대, 아주대, 연세대, 중앙대, 한양대(서울), 부산대, 울산대, 을지대, 전남대, 충남대, 한동대, 광운대, 서울여대, 용인대, 인제대

(2) 특례전형 자기소개서 특징

1. 대학마다 문항이 모두 다르다. 각 대학별 서식을 확인하자!
2. 특례도 자기소개서가 중요하다.
3. 자기소개서로 변별력을 가질 수 있다.
4. 각 문항의 출제의도를 파악해야 한다.
5. 문항이 다 다르니 쓰려면 미리 쓰자!

Ⅰ 자기소개서 작성의 5원칙

1 소재 선정(가장 중요!!)

- 소재 선정이 가장 중요하다.

소재는 참신한 소재로, 참신한 것이 없다면 최선의 소재로, 본인
만 가지고 있는 소재를 선정해라.

2 첫 문장 = 주제

- 모호하게 작성하지 말고, 구체적으로 작성하기!

3 소재를 선정하게 된 이유: 스토리텔링. 최대한 구체적인 사례를 바탕. 일반화 X. 진솔하게 작성할 것.

ex: 나는 왜 본 전공을 선택했는가. 나는 왜 이 동아리를 선택했는
가. 나는 왜 이 활동을 하게 되었는가.

4 소재에 대한 내용 및 과정: 최대한 구체적이고 자세하게. 본인의 사례를 바탕으로

5 느낀 점: 최대한 구체적으로. 뻔한 말 쓰지 말 것.(ex- 보람있었다. 재미있었다. 이 대학 가고 싶다.) 본인의 가치관 또는 학교의 인재상이 드러나도록.

ex: 어떠어떠한 점이 왜 재미있었다. ○○○ 때문에 힘들었지만
○○○해서 보람있었다.

Ⅱ 소재 선정

1 소재 선정 기준

1) 자신만이 쓸 수 있는 소재
2) 자신의 가치관과 자신의 이야기가 들어가 있는 소재
3) 전교 1등 또는 경쟁자가 선택하지 않을 소재(가장 중요!!).
4) 뻔한 소재 → 뻔하지 않은 내용
5) 기승전결 스토리가 있는 소재

2 나쁜 소재

- 봉사활동, 소재 나열, 학과 커리큘럼 및 인재상 나열, 토론 동아리, 학생 회장, K-MOOC 등 누구나 다 하는 내용 및 스펙. 기타 모호한 내용, 교환학생, 학점 등 성적의 우수성 나열

Ⅲ 특례전형 TOP 7 유형별, 문항별 분석 및 작성법

유형 1. 재학 기간 중 학습 경험

문제: 고등학교 재학기간 중 학업에 기울인 노력과 학습 경험에 대해, 배우고 느낀 점을 중심으로 기술해 주시기 바랍니다(1,000자 이내).

1 문항 분석

1) 고등학교 재학기간 중 학업에 기울인 노력과 학습 경험에 대해
   → 고등학교 재학기간에만 한정. 고등학교 이전은 X, 특히 외

국에서 중학교를 나온 학생들의 경우 중학교 내용을 많이 쓰면 안 됨(언급은 가능).

→ 학업에 기울인 노력과 학습 경험 : 얼마나 학교 공부를 충실히 했는지를 묻는 것. 오직, 학업과 관련된 노력과 학습 경험만 작성할 것. 교과목 공부

2) 배우고 느낀 점 중심으로 기술

→ 경험에 대한 자신의 생각과 느낀 점이 가장 중요

→ 현상 나열만 하지 말것

3) 1,000자 이내

→ 1,000자 초과 않됨

→ 소재는 2개 정도(최대 3개). 너무 적으면 Detail이 떨어지고, 너무 많으면 스펙 나열형이 될 가능성이 큼.

❷ 소재 고르기

생기부에서 봐야 할 것: 학교 성적과 교과목과 관련된 동아리 활동. 특정 과목에 대한 상승 여부, 특정 과목에 대해 관심가지고 진행한 활동

❸ 문항 작성 포인트

→ 주로 해외에서 배운 언어에 대한 학습 방법 제시(단, 재학 기간 중 했던 학습이어야 함).

– 내용 전개 예시

ex) 해외에서 4년 동안 영어를 배움. 그래서 영어는 누구보다 잘 한다고 자부하였음. 하지만 회화는 괜찮지만 문법이나 수능형 독해에 어려움. 또 영어를 배운지 오래 되었다 보니 까먹는 문제가 발생. → 영어 관련 동아리, 영어 관련 어떤 학습 방법을 통해 영어를 학습함. 결과적으로 영어도 더 안정적으로 잘 할 수 있게 되고 다른 언어에도 흥

미가 생김 → 그래서 중국어도 배움. 나는 이러한 학습법을 통해 어떤어떤 점을 느낄 수 있었음.

유형 2. 재학 기간 중 교내 활동

문제: 고등학교 재학기간 중 본인이 의미를 두고 노력했던 교내 활동을 배우고 느낀 점을 중심으로 3개 이내로 기술해 주시기 바랍니다. 단, 교외 활동 중 학교장의 허락을 받고 참여한 활동은 포함됩니다(1,500자 이내).

① 문항 분석

1) 고등학교 재학기간 중 본인이 의미를 두고 노력했던 교내 활동
- 고등학교 재학 중 활동한 교내활동 대상(동아리, 방과 후 활동 등)
- 단순한 동아리 활동 X, 진로 특강, 수상 등 모든 교내 활동
- 전공적합성을 평가하는 문제(중요!!)
- 출제의도: 자신의 지원하는 전공과 관련된 활동을 얼마나 많이 했는가
- 자신의 전공과 관련된 활동을 쓰는 것이 중요
- 창의적인, 누구나 하지 않은 활동 선정
2) 배우고 느낀 점 중심으로 3개 이내로 기술
- 현상과 과정은 최대한 구체적으로
- 배우고 느낀 점이 중요.
- 3개 이내의 활동, 2~3개의 활동을 쓸 것.
3) 교외 활동 중 학교장의 허락을 받고 참여한 활동 포함.
- 말 그대로 위의 조건에 해당되는 교외활동만 쓸 수 있음(그 외의 것은 쓰면 X).
4) 1,500자 이내: 1,500자 초과 X. 2~3개의 소재.

② 소재 고르기

　생기부에서 봐야 할 것: 전공과 관련된 수상 실적. 전공과 관련된
동아리 활동
　CASE 1: 지원 학과 국어국문학과, 3년 연속 독서토론 대회 출전,
　　　　　계속 도전해서 처음에는 상 타지 못했지만 결국 상 받음.
　CASE 2: 지원 학과 정치외교학과, 정치, 사회 이슈에 관심이 많음.
　　　　　관련 동아리 및 행사 참가.
　피해야 할 소재: 전공과 전혀 무관한 활동, 그냥 단순한 동아리 활
　　　　　　　　동의 나열, 너무나 뻔한 활동.
　ex) 정치외교학과 : 모의 UN, 토론 동아리
　기본적으로 2번 문항은 특례와 일반 수시 작성법 동일

③ 문항작성 포인트

　→ 주제 － 소재 선정 이유(계기) － 활동 내용 － 배우고 느낀 점

유형 3. 배려, 나눔, 협력, 갈등관리

　문제: 학교생활 중 배려, 나눔, 협력, 갈등 관리 등을 실천한 사례
를 들고, 그 과정을 통해 배우고 느낀 점을 기술해 주시기 바랍니다
(1,000자 이내).

① 문항 분석

　1) 학교 생활 중 배려, 나눔, 협력, 갈등 관리 등을 실천한 사례를
들고
　－ 배려, 나눔, 협력, 갈등 관리 중 실천한 사례를 선택
　－ 4가지 요소가 모두 들어가야 하는 것이 아님. 4가지 중 자신이

위 요소가 가장 잘 드러난 사례 선택

2) 그 과정을 통해 배우고 느낀 점을 기술

- 과정이 중요!! (어떻게 배려와 나눔을 실천했는지, 어떻게 협력을 해서 문제 상황을 해결했는지, 어떻게 갈등이 발생했으며, 그 갈등을 어떻게 해결했는지)
- 과정을 구체적으로 자세하게 기술
- 과정을 통해 배우고 느낀 점 기술. 뻔한 느낀 점이 아닌 나의 경험에서 드러난 생각을 쓸 것.

3) 1,000자 이내

→ 1~2개의 소재, 가급적 본인의 스토리가 있다면 1개의 소재를 선택해 구체적으로 쓸 것.

2 소재 정하기

피해야 할 것: 봉사활동(배려, 나눔), 학급 회장 활동(갈등 관리) 등 기타 뻔한 소재

- 실제 첨삭 학생 중 90% 이상이 봉사활동, 학급 회장 활동을 기술
- 무조건 쓰지 말라는 것이 아니라 본인의 확실한 스토리와 이야기가 있을 때 쓰자!!

CASE 1. 지원학과 간호학과, 노인 요양 전문 간호사가 되고 싶음. 3년 동안 치매 노인 봉사활동을 함.

CASE 2. 지원학과 정치외교학과, 정치인이 되고 싶음, 토론 대회에서 발생한 갈등을 조정하고 해결함.

3 문항 작성 포인트

1) 과정이 중요!! 과정은 최대한 구체적으로 자세하게!!
2) 문제 해결 과정과 그를 통해 배운 점을 잘 기술 할 것!!
* 3번 문항 래퍼토리 예시(특례) - 협동

ex) 오랜 해외 생활을 하고 한국에 돌아옴. 한국에서의 고등학교 생활은 쉽지 않았음. 친구들도 사귀기 어렵고 무엇보다 문화가 다르다 보니 한국생활 적응에 오랜 시간이 걸렸었음. 나는 1년이 지나고 이제 한국 문화, 생활에 적응 했었는데 같은 반에 해외에서 오래 살다 온 친구, 다른 문화권에서 온 다문화 가정 친구 두 명이 들어옴. 나도 이 친구한테 잘 대해주고 문화에 대해 잘 알려줘야겠다고 생각. 그래서 여러 가지 도움을 주고 한국어부터 시작해 문화생활 등을 가르쳐주고 친구가 되어줌. 이러한 일을 통해 나는 어떠어떠한 점을 느낌.

유형 4. 학과 지원 동기, 학업계획, 진로계획

문제예시: 해당 모집 단위에 지원하게 된 동기와 앞으로의 학업계획 그리고 진로계획을 기술하라(1,000자 내외).

❶ 문항 분석 및 작성 포인트

1) 지원 동기
왜 이 학과에 지원하게 되었는가?(진로와 연관지을 것.)
다른 대학이 아니라 왜 이 대학인가.
2) 학업계획
이 대학에 와서 무엇을 할 것인가.
ex) 커리큘럼에 따른 학습 계획 예시: 1학년 때 ○○과목을 듣고 이것을 통해 무엇을 배우고 2학년부터 전공을 어떻게 공부하고 4학년 때 교생 실습을 한다.
대학에서 무슨 활동을 할 것인가
ex) 전공과 관련된 동아리 A, 봉사활동 B, 이것을 통해 무엇을 배우고 싶다.

3) 진로계획

대학 이후에 무엇을 할 것인가.

ex) 대학원, 취직, 창업 등

어떤 가치관을 가진 어떤 인재로 성장하고 싶다(대학교 인재상과 연관).

유형 5. 해외 수학계기, 경험(노력), 해외 수학이 본인에게 미친 영향

문제예시 1: 해외 수학계기와 이러한 환경이 본인에게 미친 영향을 기술하시오.

문제예시 2: 해외 수학 중 본인이 한 노력과 학습 경험을 기술하시오.

1) 해외 수학 계기

언제 왜, 해외에서 수학하게 되었는가.

현상은 짧게 과정은 구체적으로

2) 경험, 학습경험

갈등 사례 또는 활동을 중심으로

유형 1: A 동아리 활동을 통해 언어와 문화를 배울 수 있었다.

유형 2: B 사례 → 차별과 문화의 격차를 느낌 → 힘들었지만 극복.

유형 3: 해당 국가 언어, 과목(학습), 문화 배운 경험.

3) 수학 경험이 본인에게 미친 영향

- 에피소드 → 이것을 통해 어떤 점을 느꼈고 배웠고 어떻게 영향을 미쳤는가.

재외국민 전형 각 대학 별 자기소개서 문항

* 재외국민 전형 자기소개서를 제출하는 모든 대학의 자기소개서
  문항입니다.
* 해당 문항들은 2018년 서식 및 모집요강을 바탕으로 합니다.
* 해당 대학의 자소서 문항을 참고하여 작성하시되 반드시 자소서
  작성 및 제출 전 각 대학의 입학처에서 모집 요강 및 서식을 다
  시 한 번 확인해주시기 바랍니다. 확인하지 않는 것에 대한 책
  임은 수험생 본인에게 있습니다.

〈삼육대학교〉 - 3,000자

1. 고등학교 재학기간 중 학업에 기울인 노력과 학습 경험에 대해,
   배우고 느낀 점을 중심으로 기술해 주시기 바랍니다(1,000자
   이내).
2. 학교 생활 중 배려, 나눔, 협력, 갈등 관리 등을 실천한 사례를
   들고, 그 과정을 통해 배우고 느낀 점을 기술해 주시기 바랍니
   다(1,000자 이내).
3. 입학 후 학업계획과 향후 진로계획에 대해 서술해 주시기 바랍
   니다(1,000자 이내).

〈가천대학교〉 - 2,000자

1. 해외 수학과정(중·고교) 중 학업에 기울인 노력과 학습 경험에
   대하여 배우고 느낀 점을 기술하여 주시기 바랍니다(띄어쓰기
   포함하여 1,000자 이내).
2. 해당 학과 지원을 위해 본인이 한 노력과 활동을 작성하고, 대
   학 입학 후 학업계획 및 진로계획에 대해 기술하여 주시기 바랍
   니다(띄어쓰기 포함하여 1,000자 이내).

〈카톨릭대학교〉 - 3,000자

1. 해외에서 수학하게 된 계기는 무엇입니까? 해외학교와 외국생
   활에 적응하기 위해서 어떤 노력을 하였는지 기술하고, 외국에

서의 학업 및 생활경험이 지원자 개인의 성장에 어떠한 영향을 미쳤는지 구체적으로 기술하세요.

2. 모집학과에 진학하고자 하는 이유와 진학하기 위해 어떠한 노력을 기울였는지 구체적으로 기술하세요.

3. 지원 동기 및 앞으로의 진로계획을 구체적으로 기술하세요.

〈경기대학교〉 - 3,000자

1. 고등학교 재학기간 중 학업에 기울인 노력과 학습 경험을 통해, 배우고 느낀 점을 중심으로 기술해 주시기 바랍니다.

2. 고등학교 재학기간 중 본인이 의미를 두고 노력했던 교내 활동 (3개 이내)을 통해 배우고 느낀 점을 중심으로 기술해 주시기 바랍니다. 단, 교외 활동 중 학교장의 허락을 받고 참여한 활동은 포함됩니다.

3. 학교생활 중 배려, 나눔, 협력, 갈등 관리 등을 실천한 사례를 들고, 그 과정을 통해 배우고 느낀 점을 구체적으로 기술해 주시기 바랍니다.

〈고려대학교〉 - 4,000자

1. 고등학교 재학기간 중 학업에 기울인 노력과 학습 경험을 통해, 배우고 느낀 점을 중심으로 기술해 주시기 바랍니다.

2. 고등학교 재학기간 중 본인이 의미를 두고 노력했던 교내 활동 (3개 이내)을 통해 배우고 느낀 점을 중심으로 기술해 주시기 바랍니다. 단, 교외 활동 중 학교장의 허락을 받고 참여한 활동은 포함됩니다.

3. 학교생활 중 배려, 나눔, 협력, 갈등 관리 등을 실천한 사례를 들고, 그 과정을 통해 배우고 느낀 점을 구체적으로 기술해 주시기 바랍니다.

4. 해당 모집단위 지원 동기를 포함하여 고려대학교가 지원자를 선발해야 하는 이유를 기술해 주시기 바랍니다(1,000자).

〈상명대학교〉 - 3,000자

1. 해당 모집단위에 지원한 동기를 자유롭게 기술해 주시기 바랍니다(1,000자 이내).
2. 최근 학업에 기울인 노력과 학습 경험에 대해, 배우고 느낀 점을 중심으로 자유롭게 기술해 주시기 바랍니다.
3. 최근 본인이 의미를 두고 노력했던 활동을 3개 이내로 기술해 주시기 바랍니다(1,000자 이내).

〈서강대학교〉 - 4,000자

1. 고등학교 재학기간 중 학업에 기울인 노력과 학습경험에 대해 배우고 느낀 점을 중심으로 기술하기 바랍니다(1,000자 이내).
2. 고등학교 재학기간 중 본인이 의미를 두고 노력했던 활동에 대하여, 배우고 느낀 점을 중심으로 기술하기 바랍니다(1,000자 이내).
3. 지원자의 해외수학 경험(혹은 성장과정) 등을 기술하고 이를 통하여 지원자의 삶에 미친 영향을 기술하기 바랍니다(1,000자 이내).
4. 지원전공을 선택한 이유와 대학 입학 후 학업 또는 진로계획에 대해 기술하기 바랍니다(1,000자 이내).

〈성균관대학교〉 - 1,800자

1. 고등학교 재학기간 중 본인이 의미를 두고 노력했던 활동을 배우고 느낀 점을 중심으로 기술해 주시기 바랍니다(띄어쓰기 포함 600자 이내).
2. 재학했던 해외소재 학교의 특색 있는 교육과정에 대해 설명하고, 재학 기간 중 학업능력 향상을 위해 기울인 노력과 그에 따른 성취를 구체적으로 기술해 주시기 바랍니다(띄어쓰기 포함 600자 이내).
3. 다음 중 한 가지 주제를 선택하고 해당 내용을 구체적으로 기술해 주시기 바랍니다(띄어쓰기 포함 600자 이내).

- 지원 모집단위를 선택한 이유와 학업 및 진로계획
- 학교생활 중 배려, 나눔, 협력, 갈등관리 등을 실천한 사례 및 느낀 점
- 성장과정이나 가정환경이 자신의 삶에 미친 영향
- 자신이 경험했던 가장 큰 어려움과 역경극복을 위해 노력한 사례

〈아주대학교〉 – 3,000자

1. 자신의 성장 과정과 환경이 자신의 삶에 미친 영향에 대해 기술하세요(띄어쓰기 포함 1,000자 이내).
2. 지원 동기와 지원 분야의 진로 계획을 위해 어떤 노력과 준비를 해왔는지 기술하고, 본인에게 가장 의미있었다고 생각되는 교내 활동을 기술하세요. 단, 교외 활동 중 학교장의 허락을 받고 참여한 활동은 포함됩니다(띄어쓰기 포함 1,000자 이내).
3. 대학 입학 후 학업 계획과 향후 진로 계획에 대해 기술하세요(띄어쓰기 포함 1,000자 이내).

〈연세대학교〉 – 4,000자

1. 진학동기 및 계획
가. 우리대학교에 진학하고자 하는 이유와 진학하기 위해 어떠한 노력을 하였는지 구체적으로 기술하십시오.
나. 지원자의 장래 목표가 무엇이고, 이 목표를 달성하는 데 우리대학교에 진학하는 것이 어떻게 영향을 미칠 수 있을지를 기술하십시오.
2. 해외수학 경험
가. 해외에서 수학하게 된 계기는 무엇입니까?
나. 해외수학 중 학교생활에서 가장 힘들었던 경험은 무엇이고 그러한 상황을 극복하기 위하여 어떠한 노력을 하였는지 구체적으로 기술하십시오.
3. 교과 외 활동 경험

가. 지원자가 고등학교 재학 중에 했던 활동 중에서 가장 중요하
다고 판단되는 교과 외 활동(임원, 동아리, 봉사, 연구, 취미,
기타 활동 등)을 선택하여 3개 이내로 작성하십시오.

번 호

활동명 역할 및 활동내용

활동시기 10학년 11학년 12학년 학기 중 방학 학기 중 방학
학기 중 방학

1

2

3

나. 위에서 작성한 활동 중에서 자신에게 가장 큰 영향을 주었던
활동 하나를 선택하여 본인의 역할과 활 동 내용을 설명하고,
그 경험이 지원자 개인 또는 주변에 어떠한 영향을 미쳤는지를
구체적으로 기술하여 주십시오.

4. 해외 현지 사회에 대한 이해와 수용 현지의 일상생활 중 정치,
사회, 문화적 측면에서 지원자가 실제로 경험한 가장 인상 깊었
던 점을 언급하고 그러한 경험으로부터 어떠한 영향을 받았는
지를 구체적으로 기술하십시오.

〈중앙대학교〉 - 3,600자

1. 자신의 성장 과정과 환경이 자신의 삶에 미친 영향에 대해 기술
하시오(1,000자 이내).

2. 해외생활(학교생활, 외국생활) 중에 적응하기 위해 노력했던 경
험을 기술하고, 그러한 경험이 한국생활 및 대학적응에 어떠한
영향을 미칠 수 있을지 기술하시오(1,000자 이내).

3. 지원 동기와 지원 분야의 진로 계획을 위해 어떤 노력과 준비를
해왔는지 기술하고, 중·고등학교 재학 중 본인에게 가장 의미
있었다고 생각되는 활동들을 자신의 역할이 나타나도록 구체적
인 과정과 결과를 중심으로 기술하시오(800자 이내).

4. 위 내용 이외에 추가로 기재할 사항이 있으면 자유롭게 기술하

시오(800자 이내).

〈한양대(서울)〉 - 3,000자

1. 고등학교 재학기간 중 학업능력 향상을 위해 기울인 노력과 그에 따른 성취에 대해 기술해 주시기 바랍니다(1,000자 이내).

2. 고등학교 재학기간 중 "소통, 협력, 배려, 갈등관리" 등의 역량을 실천한 사례를 소개하고 그 경험을 통해 자신이 배운 점을 기술해 주시기 바랍니다(1,000자 이내).

3. 아래의 항목 중 본인을 더욱 잘 나타 낼 수 있다고 생각하는 내용에 대한 답변을 작성해 주시기 바랍니다.

▫ 학업 이외의 분야에서 스스로 목표를 세우고 그 목표를 달성하기 위해 계획·노력을 기울인 사례를 소개하고 그 과정에서 배운 점을 기술해 주시기 바랍니다.

▫ 자신이 경험했던 가장 큰 어려움과 그 역경을 극복하기 위해 기울인 노력과 그 과정에서 배운 점을 기술해 주시기 바랍니다.

〈부산대학교〉 - 2,000자

1. 성장 배경, 성격, 학교 생활, 지원 동기, 취미 및 특기 등을 기재

2. 입학 시 수학, 생활 계획 및 장래 희망 등을 기재

〈울산대학교〉 - 2,000자

성장과정, 교육과정(해외수학과정을 중심으로), 특별활동, 인생관, 지원동기, 장래계획을 중심으로 자유롭게 작성하세요(반드시 본인이 직접 한국어로 작성하여야 합니다).

※ 분량: 띄어쓰기 포함 1,000자 이상, 2,000자 이하

〈을지대학교〉 - 2,000자

1. 자신의 성장과정과 이러한 환경이 자신의 삶에 미친 영향에 대해 기술하시오(500자 이내).

2. 지원동기와 지원한 분야를 위해 어떤 노력과 준비를 해왔는지 기술하시오(1000자 이내).

3. 자신이 겪었던 가장 큰 어려움은 무엇이며 그것을 극복하는 과

정을 통해 자신의 어떤 부분이 성장하였는지 기술하시오(500자 이내).

〈한동대학교〉 - 4,500자

1. 고등학교 재학기간 또는 최근 3년간 학업에 기울인 노력과 학습 경험을 통해 배우고 느낀 점을 중심으로 기술해 주시기 바랍니다(2,000 byte 이내).
2. 고등학교 재학기간 또는 최근 3년간 본인이 의미를 두고 노력했던 활동(3개 이내)을 통해 배우고 느낀 점을 중심으로 기술해 주시기 바랍니다(3,000 byte 이내).
3. 해외에서의 경험이 자신의 정체성 및 가치관에 어떠한 영향을 주었는지를 기술해 주시기 바랍니다(2,000 byte 이내).
4. 한동대학교 지원동기와 입학 후 학업계획 및 졸업 후 진로계획에 대해 기술해 주시기 바랍니다(2,000 byte 이내).

〈전남대학교〉 - 3,200자

1. 전남대학교 지원학과(부)에 지원한 동기 및 입학 후 학업(진로)계획을 기술하세요.
2. 지원분야의 진로 계획을 위하여 어떤 노력과 준비를 해 왔는지 고등학교 재학기간 중 본인이 가장 의미를 두고 노력했던 활동(3개 이내)들을 중심으로 구체적으로 기술하세요(800자 이내).
3. 자신의 성장 과정과 환경이 자신의 삶에 미친 영향에 대하여 기술하세요(800자 이내).
4. 자신이 경험했던 가장 큰 어려움이나 역경극복을 위해 노력한 사례, 혹은 해외 생활 중에 적응하기 위해 노력했던 경험을 기술하세요(800자 이내).

〈충남대학교〉 - 2,500자

자기소개

1) 성장배경 - 지금까지 살아오면서 힘들었던 경험, 좌절, 고난을 극복한 과정을 기술하세요.

2) 관심분야 - 지원한 전공과 관련하여 관심과 적성을 보였던 분야 혹은 성취를 이루었던 분야와 그에 대한 동기를 기술하시오.

수학계획서

충남대학교를 선택한 이유와 전공을 선택하기까지의 과정을 종합적으로 기술하시오.

입학 후 자신이 성취하고자 하는 학업목표를 설명하고 그와 관련하여 졸업 후 진로를 자세하게 기술하시오.

〈광운대학교〉

1. 고등학교 재학기간 중 학업에 기울인 노력과 학습 경험에 대해, 배우고 느낀 점을 중심으로 기술해 주시기 바랍니다(1,000자 이내, 띄어쓰기 포함).

2. 고등학교 재학기간 중 본인이 의미를 두고 노력했던 교내·외 활동에 대해, 배우고 느낀 점을 중심으로 3개 이내로 기술해 주시기 바랍니다(1,000자 이내, 띄어쓰기 포함).

3. 학교 생활 중 배려, 나눔, 협력, 갈등 관리 등을 실천한 사례를 들고, 그 과정을 통해 배우고 느낀 점을 기술해 주시기 바랍니다(1,000자 이내, 띄어쓰기 포함).

4. 대학 입학 후 학업 계획과 향후 진로 계획에 대해 기술하세요 (1,000자 이내).

〈서울여대〉 - 1,000자

1. 고등학교 과정 중 가장 어려웠던 교과목(내용)은 무엇이며, 그 어려움을 극복하기 위해 어떤 노력을 했는지 기술하십시오(500자 내외).

2. 전공 선택의 이유 및 배경은 무엇이며, 이와 관련해 어떤 노력을 해왔는지 기술하십시오(500자 이내).

〈용인대〉 - 2,000자

1. 자신의 성장과정과 이러한 환경이 자신의 삶에 미친 영향에 대해 기술하세요(500자 이내).

2. 지원동기와 지원한 분야를 위해 어떤 노력과 준비를 해왔는지 교내, 외 활동 중 본인에게 가장 의미있다고 생각되는 활동을 기술하세요(500자 이내).
3. 입학 후 학업계획과 향후 진로 계획에 대해 기술하세요(500자 이내).
4. 자신이 겪었던 가장 큰 어려움은 무엇이며 그것을 극복하는 과정을 통해 자신의 어떤 부분이 성장하였는지 기술하세요(500자 이내).

〈인제대〉 - 3,000자

자기소개 및 수학계획서(A4 2매 이내 작성)

저자소개

김 영 진

고려대학교 정치외교학과
입시 컨설팅 전문 '삼성자소성가' 대표 컨설턴트
강남 삼성학원 특례 대표 컨설턴트
대치, 부천, 부산, 인천 지역 학원 입시 총괄
대원외고, 부산국제고, 의대, 치대, 한의대 등 상위권 전담지도
프리에듀 입시연구소장
연 1,000명 이상 컨설팅, 300회 이상 강연
홈페이지: www.sjconsulting.kr
유튜브: '프리에듀' 검색
강연 요청 및 컨설팅 문의: rheowjddhl@naver.com

김 지 민

충남 공주 여자 고등학교 졸업
동국대학교 법학과 재학
입시 컨설팅 전문 '삼성자소성가' 전문 컨설턴트

학생부 종합전형 A to Z

펴낸날	초판 1쇄 2019년 5월 30일
저 자	김영진 · 김지민
발행인	현근택
발행처	화산미디어
주 소	경기도 고양시 덕양구 용현로10, 507-102(행신동, 무원마을)
신 고	2009년 2월 16일/제395-2009-000012호
전 화	031-973-6929
팩 스	031-972-6930
블로그	blog.daum.net/kthyun1
홈페이지	www.hwasanm.com
정 가	15,000원
ISBN	979-11-5977-038-8 (53000)